红色遗产 传承与保护

HONGSE YICHAN
CHUANCHENG YU BAOHU

——基于井冈山的实证研究

廖 勇◎著

青海人民出版社

图书在版编目（CIP）数据

红色遗产传承与保护 ：基于井冈山的实证研究／廖勇著 . -- 西宁 ：青海人民出版社，2025. 1. -- ISBN 978-7-225-06739-1

Ⅰ. K878.23

中国国家版本馆CIP数据核字第2024QV3784号

红色遗产传承与保护

——基于井冈山的实证研究

廖勇　著

出 版 人　樊原成

出版发行　青海人民出版社有限责任公司

西宁市五四西路 71 号　邮政编码：810023　电话：（0971）6143426（总编室）

发行热线　（0971）6143516/6137730

网　　址　http://www.qhrmcbs.com

印　　刷　青海雅丰彩色印刷有限责任公司

经　　销　新华书店

开　　本　720mm×1020mm　1/16

印　　张　16.25

字　　数　260 千

版　　次　2025 年 1 月第 1 版　2025 年 1 月第 1 次印刷

书　　号　ISBN 978-7-225-06739-1

定　　价　88.00 元

前　言

红色遗产是红色基因的天然载体，是促进政党认同、国家认同、民族认同的宝贵财富，是一种不可再生的历史资源。井冈山及周边迄今保存完好的革命遗址、旧址共 130 多处，留下了"一根灯芯""朱德的扁担""写满错别字的入党誓词""有盐同咸无盐同淡"等感人的故事，是一片充满红色记忆的红土地。

红色遗产以特有的方式见证了红色政权来之不易、新中国来之不易、中国特色社会主义来之不易，承载着中国共产党为人民谋幸福、为民族谋复兴、为世界谋大同的初心使命、理想信念、价值追求等，是薪火相传、血脉永续的重要依托。

红色遗产承载着新中国的历史和现在、过去和未来、目标和道路，凝结着中国共产党的性质和宗旨、使命和任务、理论和实践，昭示着中国共产党的理念和根脉、力量和生命、灵魂和形象。

目录

绪论

党的十八大以来，习近平总书记多次提到"文化自信"，特别是在党的二十大报告中多次提到"文化"，强调要"以社会主义核心价值观为引领，发展社会主义先进文化，弘扬革命文化，传承中华优秀传统文化"。习近平总书记指出："文化自信是更基本、更深沉、更持久的力量。"①在中国共产党领导下形成的"红色遗产"，是党带领各族人民浴血奋战、争取民族独立、人民解放和民族复兴而留下的宝贵财富，承载着中国共产党人和广大人民群众的初心使命、理想信念和价值追求，是中华民族珍贵的精神财产，它是我们党艰苦卓绝奋斗历程的见证，是实现中华民族复兴的动力源泉。红色遗产是"红色基因"的天然载体，是促进政党认同、国家认同、民族认同的宝贵财富，是一种不可再生的历史资源。红色遗产作为"文化"三个层面中的重要组成部分，因其来源实际、来源群众、来源生活，而深受广大党员干部和人民群众喜爱，同时红色遗产也成为党性教育和价值观培育的平台载体和传播途径，其不断增强着人民对于中国共产党的情感认同、思想认同、价值认同、政治认同。2016年2月3日在井冈山考察时，习近平总书记指出："井冈山时期留给我们最为宝贵的财富，就是跨越时空的井冈山精神。"习近平总书记在多个场合强调："要把红色资源利用好、把红色传统发扬好、把红色基因传承好。"②推进红色基因传承，是习近平总书记视察江西时的殷殷嘱托，是新时代赋予江西的重大使命和历史责任。由此可见，着力阐发红色遗产与中华优秀传统文化的传承机理，开展文化视域下井冈山红色遗产的传承、保护和利用研究，赓续红色血脉有着其理论和现实意义。

---

① 习近平在哲学社会科学工作座谈会上的讲话，2016年5月17日。
② 《习近平：贯彻全军政治工作会议精神 扎实推进依法治军从严治军》，《人民日报》，2014年12月16日，第1版。

本书研究对象是井冈山时期所形成的红色遗产，重点在于红色遗产和中华优秀传统文化内在的逻辑关联、传承机理，在于红色遗产专项普查统计，在于红色遗产如何传承、保护和利用。在已有的研究成果基础上，我们立足丰富的文献资料，依托井冈山红色遗产对党员干部开展党性教育的丰富实践，从红色遗产和中华优秀传统文化内在的逻辑关联、传承机理着手，我们多次到井冈山红色遗产承载地的景区实地调研，基于党政干部、大学生、普通游客等不同调研对象开展实证研究和案例研究，并站在"回顾历史，启迪现在"的角度，试图厘清红色遗产为什么要传承，谁来传承，传承什么，传承给谁，如何传承等基本问题。

一、本研究的基本框架

本研究通过在文化视域下开展井冈山红色遗产的传承、保护和利用研究，力求找到红色遗产和中华优秀传统文化内在的逻辑关联、传承机理，建立井冈山红色遗产数据库，建构红色遗产传承、保护和利用的联动机制，厘清红色遗产为什么要传承，谁来传承，传承什么，传承给谁，如何传承等基本问题，从而为文化自信提供理论支撑，为国家的干部教育事业大局服务，为提升国家文化软实力服务。本研究总体框架分为七个部分。

第一部分为绪论。主要阐述加强井冈山红色遗产的传承、保护和利用研究的必要性和重要性，以及文化视域下红色遗产传承、保护和利用的研究现状，新时代开展文化视域下红色遗产传承、保护和利用研究的重要意义和时代价值。

第二部分为红色遗产（红色文化遗产）概述。主要包括红色遗产的概念以及红色遗产的科学内涵、表现形式、演进历程、生成机理、基本特点、历史地位和可以传承赓续的政治价值、经济价值、文化价值、社会价值、教育价值等时代价值，还包括井冈山红色遗产形成的时代背景、基本特点、发展历程等内容。

第三部分为文化概述。主要包括文化的概念、文化的基本特征以及文化的三个层面：在民族繁衍中形成的中华优秀传统文化、在血与火中锻造出来的红色文化（革命文化）、在民族复兴中创造的社会主义先进文化。本研究的文化特指政治文化，本书的研究对象是政治文化范畴下的红色遗产（红色文化遗产），侧重于与人民幸福、民族独立、政党认同、国家复兴等直接或间接相关的、精神层面的因素，如思维模式、行为方式、核心价值观等，特别是信仰、信念、信心等内容。

第四部分为红色遗产与中华优秀传统文化的关联研究。主要从红色遗产与中华优秀传统文化相关联的理论逻辑、历史逻辑、实践逻辑三个维度展开，分别是：一从理论维度来看，中华优秀传统文化为马克思主义中国化提供了文化沃土，马克思主义中国化、大众化是红色遗产生成和发展的思想指南，传承红色遗产就要始终坚持马克思主义同中国具体实际相结合，不断推进马克思主义中国化、大众化、时代化；二从历史维度来看，中华优秀传统文化是红色遗产生成与发展的历史根基，红色遗产是中华优秀传统文化的继承和发展，中华优秀传统文化为治国理政立德树人提供了历史借鉴、中华优秀传统文化为社会主义核心价值观提供了思想源泉、中华优秀传统文化为文化自信的彰显提供了支撑根基；三从实践维度来看，新民主主义革命的伟大实践为红色遗产的生成与发展奠定了坚实基础，从《汉书》中的"修学好古，实事求是"到中国共产党人实事求是思想路线的确立；从小康思想到中国式现代化再到共同富裕；从阳明心学到共产党人的初心与使命，这些都是中华优秀传统文化创造性转化和创新性发展，成为红色遗产的实践典范。

第五部分为红色遗产传承保护与对中国共产党的认同——基于井冈山的实证研究。研究选取了中国井冈山干部学院、井冈山大学等培训机构及其他高等院校，以及井冈山红色遗产承载地——茨坪景区、黄洋界景区、八角楼景区、大小井景区等5个主要景区，采用观察访谈和问卷调查等方法进行田野调查。数据采集采用以线上收集为主，线下收集为辅的方式（线下收集主要针对低龄和高龄人群）。从2019年4月一直到2021年10月，数据采集工作时断时续开展了两年半左右。调研路径分别为：路径一是通过在中国井冈山干部学院等培训机构发放调查问卷开展调研，共发放问卷3500份，收回有效问卷3143份，有效率达89.80%；路径二是在每年井冈山红色遗产旅游的高峰期，前往井冈山红色遗产承载地——茨坪、黄洋界、八角楼、大小井等景区发放调查问卷，共发放问卷2500份，收回有效问卷2031份，有效率达81.24%。根据表列删除法，即调查问卷在一条记录中，只要存在一项缺失，则删除该记录。研究选取删除缺失记录后的5174条数据做统计分析。调查问卷数据总有效率为86.23%。整个田野调查在现场访谈44人，其中在中国井冈山干部学院等培训机构参加培训的党政干部 26 人，培训机构带班老师 4 人，井冈山革命博物馆以及井冈山会师纪念馆的讲解员 5 人，大学生 3 人，普通游客 6 人。根据党政干部、大学生、普通游客等不同调研对象设计了有针对性的调查问卷，问卷内容包括四个方面：一是调研对象的个人基本信息；二是关于井冈山红色遗产的基本认知；三是关于井冈山红色遗产的体验活动；四是关于中国共产党情感、认知、评价和行为四个层次的测度问题。问题设置大多采用李克特 5 点量表，分为非常赞同、赞同、一般、不太赞同和不赞同 5 个等级，要求调研对象做出选择，每一个等级选项分别按"1~5"分来计算，1 分代表最肯定，5 分代表最否定。在数据统计分析时，采用 IBM SPSS Statistics 24.0 作为描述性统计分析、信度分析和探索性因子分析的工具，使用 Amos 26.0 作为验证性因子分析、结构方程模型的建构及分析的工具。数据处理严格按照 SEM 建模与分析步骤展开，采用 SEM 方法来验证各变量之间的相关性。根据党政干部、大学生、普通游客等不同调研对象对于红色遗产的认知与评价、反馈与修正，最后形成 3 份基于党政干部、大学生、普通游客等不同调研对象的子研究报告，以及合并的研究总报告。

第六部分为文化视域下红色遗产传承、保护和开发利用的历史考察以及井冈山红色遗产的传承、保护与开发利用的现状与对策。对红色遗产传承、保护与开发利用情况进行历史考察，对井冈山斗争时期遗留下来的红色遗产进行专项普查登记，形成井冈山红色旧居旧址索引目录汇编、井冈山红色文物索引目录汇编、井冈山红色文献索引目录汇编三个井冈山红色遗产数据库，对井冈山红色遗产传承、保护和开发利用进行田野调查，指出井冈山红色遗产传承保护和开发利用中存在的问题，同时提出针对性的对策建议，尝试建构井冈山红色遗产传承、保护和开发利用的联动机制，并对井冈山红色遗产传承、保护和利用进行展望。

第七部分为结语。保护红色遗产，利用红色资源，传承红色基因，赓续红色血脉，必须厘清谁来传承，传承什么，传承给谁，如何传承这些最基本的问题。因为红色遗产承载着新中国的历史和现在、过去和未来、目标和道路，凝结着中国共产党的性质和宗旨、使命和任务、理论和实践，昭示着中国共产党的理念和根脉、力量和生命、灵魂和形象。传承和保护红色遗产，是培根固本的基因工程，是厚植血脉的基础工程，是高扬旗帜、走向复兴的强国工程。

二、文化视域下红色遗产传承、保护和利用的研究现状

习近平总书记强调要把红色资源利用好、把红色传统发扬好、把红色基因传承好，红色遗产传承和保护是以习近平同志为核心的党中央近年来十分重视的，也是我国哲学社会人文科学领域和有关科研机构、干部学院、高等院校、各级党校非常关注的一个重大课题。近年来，围绕切实加强和深入研究红色遗产传承和保护等工作，相继建立了一批党性教育基地和研究团队，形成了一批可喜的研究成果，产生了巨大的社会反响和良好的铸魂育人效应。

（一）文化视域下红色遗产传承、保护和利用的研究发展历程与研究对象

在此，让我们先简要地回顾一下国内关于文化视域下红色遗产研究的发展脉络与最新动态。

2004 年，中共中央办公厅、国务院办公厅印发了《2004—2010 年全国红色旅游发展规划纲要》，随后高校思政工作者就如何运用"红色遗产（资源）"加强和改进大学生思想政治教育展开研究。关于文化视域下红色遗产的研究也多散落在基于红色遗产（红色文化、红色资源、红色旅游）与文化自信、党性教育、社会主义核心价值观等视角的研究之中。全国各红色区域的高等院校、干部学院、党性教育基地相继成立了红色遗产（资源）或与之相关的研究机构，建立了相对稳定的研究队伍，进一步加强对红色遗产的调查记录、抢救挖掘、传承保护等的系统研究。如：中国井冈山干部学院井冈山精神研究中心、中国延安干部学院延安精神研究中心、井冈山大学井冈山研究中心、江西师范大学江西红色资源开发与教育研究中心、赣南师范学院中央苏区研究中心、华东师范大学社会主义精神文明研究中心、嘉兴学院红船精神研究中心、湘潭大学毛泽东思想研究中心、黄冈师范学院鄂东红色文化研究中心、龙岩学院古田会议精神研究中心、遵义师范学院红色文化研究中心、临沂师范学院红色文化研究中心、河北师范大学西柏坡精神研究中心、广西百色学院百色起义研究所、海南师范大学琼崖革命根据地研究所……2013 年，教育部、中共中央党史研究室联合设立"高等学校中国共产党革命精神与文化资源研究中心"；2019 年 4 月，据中组部办公厅印发的《中共中央组织部关于印发干部党性教育基地备案目录的通知》，各省（部）党委（党组）批准设立干部党性教育基地 64 个，各干部党性教育基地内部纷纷成立相对应的红

色遗产研究机构；2022年3月15日，全国红色基因传承研究中心在北京中国共产党历史展览馆揭牌成立，全国红色基因传承研究中心由中宣部指导，由江西省委宣传部联合中央党史和文献研究院第七研究部、人民日报社理论部、求是杂志社文化编辑部、中国人民大学中共党史党建研究院、中国井冈山干部学院教学科研部、江西省社会科学院共同建设。

2006年，党的十六届六中全会提出建设社会主义核心价值体系的重大战略任务后，关于红色遗产（资源）的研究，引起了专家学者的广泛关注，他们就红色遗产的传承、保护和利用进行了初步探讨。2009年，在龙岩学院召开了红色资源教育教学理论研讨会暨纪念古田会议八十周年学术研讨会；2011年，黄冈师范学院举办了"大别山红色文化与民族精神"学术研讨会；2012年，中国井冈山干部学院举办了"红色资源与干部教育"学术研讨会；2013年5月，信阳师范学院举办了"全国区域化视角下的红色资源与大别山精神学术研讨会"；6月，中国延安干部学院召开了"弘扬延安精神，改进工作作风，密切党和群众血肉联系"理论研讨会；2014年，焦裕禄干部学院联合举办了"学习弘扬焦裕禄精神理论研讨会"；2015年，井冈山大学召开了"激活红色基因与社会主义核心价值观培育"学术研讨会；2016年，中央文献研究室召开了"红军长征与中国共产党的伟大精神"学术研讨会；尤其是井冈山大学从2014年起连续召开了7届红色文化资源研究理论研讨会；2021年，中国社会科学院当代中国研究所召开了"中国共产党百年红色文化研究"学术研讨会等。这些研讨会分别就红色文化与民族精神，红色遗产（资源）的定位与内涵，红色遗产（资源）的存在形式和教育特点、功能价值，红色遗产（资源）与思想政治教育的融合，红色遗产（资源）与干部教育，区域性红色遗产（资源）的开发与利用，伟大精神与红色文化等专题进行了深入研讨与交流，形成了一批可喜的研究成果。

红色遗产传承、保护和利用研究的对象主要有三大类：一是精神类。如以人名（含集体、单位）命名的革命精神：张思德精神、白求恩精神、雷锋精神、焦裕禄精神等。以地名命名的革命精神：井冈山精神、苏区精神、遵义会议精神、延安精神等。以事件命名的革命精神：五四精神、长征精神、抗美援朝精神、抗击"非典"精神、航空报国精神、"抗疫"精神等。以优良传统作风命名的革命精神（含优良作风、革命品质、规矩纪律等）：抗战精神、艰苦奋斗精神、奋斗精神、垦荒精神等。二是人物类。如李大钊、张太雷、卢德铭、陈毅安、伍若兰、毛泽民、毛泽覃、方志敏、陈树湘、张思德、白求恩、陈潭秋、刘志丹、叶挺、赵一曼、刘胡兰、钱学森、李保国、黄大年、罗阳、王继才、张富清等。三是实物类。如革命旧居旧址、英雄纪念碑、革命历史博物馆、烈士陵园、纪念馆等。

本研究对象侧重于井冈山时期，以毛泽东为代表的中国共产党人带领广大军民浴血奋战而形成的红色遗产，一切具有重要纪念意义、教育意义、史料价值和科研价值的物质文化和精神创造物，包括：旧居旧址、革命遗址、革命故居、革命纪念建筑、革命文物、革命文献、革命标语等物质文化遗产，以及各种革命精神、革命事迹、革命文艺、革命口号等非物质文化遗产。

（二）文化视域下红色遗产传承、保护和利用研究的主要成果

通过运用"中国知网"和超星数据库，对文化视域、红色遗产（资源）、党风党纪党性教育、井冈山等强相关的关键字、研究机构、相关期刊文章、学位论文及学科分类的情况进行统计、归类分析研究，我们可以清楚地看到研究的主题较为集中，研究的机构多数为哲学人文社会科学科研院所、干部学院、高等院校、各级党校等。

1. 从文化视角展开的相关成果

在"中国知网"以"文化视域"为关键词进行搜索，相关成果 16150 项；其中：和红色文化相关的 204 项；和文化传承相关的 234 项；和传统文化相关的 442 项；和社会主义核心价值观相关的 234 项。

以"文化视域 + 红色遗产"为关键词进行搜索，相关成果 1 项，为段婷的《关于红色遗产保护策略特殊性的思考——历史真实性的保护》。

以"文化视域 + 井冈山"为关键词进行搜索，相关成果 8 项，主要包括：温凤鸣的《传播情境理论视域下的井冈山红色文化创意产品设计》、胡勇的《评价理论视域下江西红色旅游文化资源的话语分析——以井冈山革命博物馆的宣传话语为例》等文章。

以"文化视域 + 红色遗产 + 井冈山"为关键词进行搜索，相关成果搜索不到。

在超星数据库，以"文化视域"为关键词进行书名检索，有相关成果：杨庆球编《中国文化新视域》等 11 项，以"文化视域"为关键词进行全文检索，有相关成果 281 项。

以"文化视域 + 红色遗产"为关键词进行检索，相关成果检索不到；以"文化视域 + 井冈山"为关键词进行检索，相关成果检索不到；以"文化视域 + 红色遗产 + 井冈山"为关键词进行检索，相关成果同样检索不到。

在所有检索的成果中，主要有：裴倩倩《文化自信视域下红色文化软实力的提升》、李水弟等《历史与现实：红色文化的传承价值探析》等相关论著。其中，以郑必坚《中华民族文明传统和中国共产党》以及左冰《红色旅游与政党认同——基于井冈山景区的实证研究》为代表。郑必坚基于宏阔的历史视野，围绕实现中华民族伟大复兴，从党的思想路线和政治路线高度，阐述了中国共产党和中华民族的关系，并进而就党的历史实践和中华民族文明传统进行了深度梳理，既"继承传统"又"赶上时代"。左冰根据田野调查采集数据，深度分析了游客对国家认同的认知差异、政党认同的阶层差异以及旅游的政治功能等相关问题。以上研究分别从：文化自信与红色文化软实力、中华优秀传统文化和中国共产党、红色文化的传承价值、红色旅游与政党认同等角度进行了探索，而关于文化视域下井冈山红色遗产的研究还有待于进一步发掘和深入。

2. 从红色遗产的传承、保护和利用视角展开的相关成果

在"中国知网"以"红色遗产"为关键词进行搜索，相关成果 76 项。其中：和红色文化遗产相关的 12 项；和红色文化相关的 8 项；红色遗产保护的 2 项。如闫奇峰、张莉平的《红色文化遗产的保护、传承和利用研究——以甘肃省为例》等文章。

以"红色遗产 + 井冈山"为关键词进行搜索，相关成果搜索不到。

在超星数据库，以"红色遗产"为关键词进行书名检索，相关成果检索不到；以"红色遗产"为关键词进行全文检索，有相关成果 10 项。

以"红色遗产 + 井冈山"为关键词进行检索，相关成果检索不到。

在所有检索的成果中，主要有：肖邮华《井冈山文化遗产保护探析》，何小文《践行科学发展观，加大井冈山红色文化遗产保护力度》等。其中，以湘潭大学韩燕平的硕士论文《红色文化遗产及其保护研究——以井冈山为例》为代表，认为应

该借鉴国外经验，实行红色文化遗产专项普查和登录制度，实施分级管理、引导社会公众积极参与和不断完善我国法律法规，尽快实现红色文化遗产保护的社会化、法治化和标准化，通过多渠道筹集红色文化遗产保护资金，引入"非营利性单位"来经营红色文化遗产。相关研究缺乏关于井冈山红色遗产的内涵特点、生成机制、继承传播、开发利用的系统性理论建构。

3. 从党性教育视角展开的相关成果

在"中国知网"以"党性教育"为关键词进行搜索，相关成果5549项。其中：和红色资源相关的1214项；和红色文化相关的63项；和党性修养相关的138项；和党性锻炼相关的71项。

以"党性教育＋井冈山"为关键词进行搜索，相关成果140项，如柯华的《红色资源在新时期领导干部党性教育中的运用——以中国井冈山干部学院教学实践为例》、甘忠诚的《利用红色资源开展党性教育的理论与实践》等。

以"党性教育＋红色遗产"为关键词进行搜索，相关成果1项：任伟、陈显鸿、杜明的《基于国际文化遗产展示与阐释理论对上海红色遗址遗迹展示与阐释现状的思考》。

以"红色遗产＋井冈山"为关键词进行搜索，相关成果搜索不到。

以"党性教育＋红色遗产＋井冈山"为关键词进行搜索，相关成果搜索不到。

在超星数据库，以"党性教育"为关键词进行书名检索，有相关成果：娄之明、王岁悦主编的《党性教育概论》等10项；以"党性教育"为关键词进行全文检索，有相关成果456项。

以"井冈山"为关键词进行书名检索，有相关成果：梅黎明《大格局视野中的井冈山》等70项；以"井冈山"为关键词进行全文检索，有相关成果485项。

以"党性教育＋井冈山"为关键词进行检索，相关成果检索不到。

在所有检索的成果中，主要有：中国井冈山干部学院编著的《党性教育》系列教材、李小三《弘扬井冈山精神　坚定理想信念》、姚亚平《传承红色基因　滋养精神家园》等论著。其中，以张泰城《论红色资源与干部教育》为代表，研究发现，红色资源是中国共产党人领导中国人民在革命战争年代所形成的具有资政育人功能的历史遗存，蕴含了丰富的干部教育内容；依托红色资源开展干部教育时，可以丰富教育内容，拓展和创新教育形式，增强教育实效；但需妥善地处理好历史与现实、讲授与体验、感性与理性、大局与细节、内容与形式等关系。此类研究主要为依托井冈山红色遗产开展党性教育实践与创新的经验性总结。

从上述涉及本书研究的现状来看，学者们的辛勤耕耘，将文化视域下红色遗产的研究推向了一个新的高度，《中华优秀传统文化传承发展工程"十四五"重点项目规划》更是为相关研究增添了新的动力。尽管研究成绩斐然，但还存在一些不足，如就研究内容而言，主要集中于红色遗产本身的研究上，即就红色遗产论红色遗产；就研究对象而言，没有将红色遗产的传承、保护、利用加以区别，要么一锅煮，要么粗线条；研究时效上，没有与时俱进，有针对性的研究相对匮乏；研究方法上，则未能突破以经验性的总结为主的囿限，定性多而定量少。随着中华民族伟大复兴事业的不断推进，新形势下如何深入发掘红色遗产的时代价值仍有很大的研究空间。习近平总书记的殷切嘱托和相关指示，更是为本研究指明了方向，提出了要求，也是本研究的初衷所在。让历史告诉现在，让历史走进现实、让历史启迪未来。通过文化视域下井冈山红色遗产的传承、保护和利用研究，我们力求找到红色遗产和中华优秀传统文化内在的逻辑关联、传承机理，建立井冈山红色遗产数据库，建构红色遗产传承、保护和利用的联动机制，这不仅可以丰富党史党建的学术研究，还可以为文化自信提供理论支撑，为国家的干部教育事业大局服务，为提升国家文化软实力服务。

三、开展红色遗产传承、保护和利用研究的重要意义

回望过往历程，眺望前方征途，我们必须始终赓续红色血脉，把革命先烈流血牺牲打下的红色江山守护好、建设好，努力创造不负革命先辈期望、无愧于历史和人民的新业绩。这反映了红色遗产所承载的价值与意义，传承、保护与利用红色遗产的重要性。在中国共产党百年历史进程中，中国共产党不仅领导人民不断创造丰富的红色遗产，而且始终高度重视红色遗产的保护与利用，传承红色基因，成为推动党和人民事业的珍贵财富，成为加强党的建设、增进国家政治认同的精神富矿，是培育理想信念引领社会风尚的深厚滋养，是促进经济发展、繁荣社会主义文化的优势资源。

（一）开展红色遗产传承、保护和利用研究，是我们党一贯的政治、思想、作风建设要求

我们党历来十分重视红色遗产的传承和保护。利用红色遗产开展党性党风党纪教育是党的建设工作的重要内容，是加强党的政治建设、思想建设以及作风建设的重要抓手。加强红色遗产传承、保护和利用研究，深入挖掘红色遗产的深刻内涵，依托红色遗产开展党性党风党纪教育，是确保红色江山永不变色的主要途径。

在领导中国革命和社会主义建设探索的历史时期，毛泽东注重在具体的革命建设、改革实践中培育和凝练出中国共产党人的革命精神，并运用革命精神开展党的优良作风教育。习近平总书记多次强调，历史是最好的教科书，是最好的营养剂，要发扬红色精神传承红色基因。

党的十八大以来，党中央先后开展党的群众路线教育实践活动、党史学习教育等活动，传承红色基因、传播红色遗产。驰而不息、久久为功，将党的优良传统作风和革命精神内化于心、外化于行，不断提升红色遗产的历史地位和时代价值。这既深化了党的纯洁性和先进性教育，坚定了理想信念，又强化了思想政治教育，推动了全党全国全社会进一步增强"四个意识"、坚定"四个自信"、做到"两个维护"、坚定拥护"两个确立"，从而赓续红色血脉，把革命先烈流血牺牲打下的红色江山守护好、建设好，努力创造不负革命先辈期望、无愧于历史和人民的新业绩。

（二）开展红色遗产传承、保护和利用研究，是新时代主流意识形态发展的现实需要

从评价标准的历史规律和阶级利益上看，意识形态其实就是人们的价值认同。开展红色遗产传承、保护和利用研究是意识形态底色鲜明的研究。加强党的领导，必须重视和发挥红色遗产在意识形态工作中的重要作用，进一步增强话语权。

当今世界正面临着百年未有之大变局，同样存在意识形态斗争，区域贸易保护主义、霸凌主义抬头，西方一些大国把中国作为主要敌人、把"红色中国"视为"眼中钉""肉中刺"，他们不惜使出浑身解数通过"全盘西化"论、"侵略有功"论、"告别革命"论、"历史人物重评"说、"中国文明外来"说等"西化""分化""丑化"等手段攻击我们。对此，我们不能视而不见。因为"国内外敌对势力往往就是拿中国革命史、新中国历史来做文章，竭尽攻击、丑化、污蔑之能事，根本目的就

是要搞乱人心"一些民众政治观念开始出现淡化、弱化、软化等新情况，一些党员、团员在"西化""分化"攻势面前，受历史虚无主义和文化虚无主义等错误思潮的影响出现了精神滑坡、信念动摇。

必须旗帜鲜明反对和抵制各种错误观点，推动和促进红色遗产传承保护与理想信念教育常态化、制度化相结合；与加强党史、新中国史、改革开放史教育相结合；与实施公民道德建设工程、推进新时代文明实践中心建设相结合；努力营造新时代加强红色遗产传承、保护的浓厚氛围，必须坚持内容为王，要充分发掘和发挥我国丰富的红色遗产优势，切实提高红色遗产传承保护的政治性、思想性、针对性、实效性。切实加强红色遗产传承、保护和利用研究，依托各种革命遗迹、遗址，开展党性党风党纪教育，才能使全党全国人民特别是年轻一代更加了解党的百年光辉历程，了解革命理论在革命运动中的重要作用，克服信仰危机，从而坚定对马克思主义的信仰，高举信仰旗帜，挺起民族脊梁，传承红色基因，促进社会主义现代化建设和民族振兴。

（三）开展红色遗产传承、保护和利用研究，是传承红色基因、赓续红色血脉的战略措施

培养革命事业接班人是开展红色遗产传承、保护和利用研究的必然要求。习近平总书记说过："共和国是红色的，不能淡化这个颜色。"打江山难，捍卫江山、建设江山，确保红色江山永不变色的历史任务和责任艰巨重大。今天的学生，就是明天实现中国梦的主力军，是社会主义建设者和接班人，加强红色遗产传承、保护和利用研究，是培养接班人传承红色基因、赓续红色血脉的重要战略措施。

我们党历来重视培养接班人，重视对年轻一代的革命传统教育。青少年正处于人生的"拔节孕穗期"，身智、心智逐渐成熟，最需要精心引导和栽培。井冈山斗争时期，最早创办的军官教导队就开设"马列主义""政治常识"等课程。中华人民共和国成立后，我们党在中学开设"中国革命常识""共同纲领"，在高校开设"中国革命史""辩证唯物论与历史唯物论"等课程。社会主义建设时期，党中央坚持用中国化的马克思主义武装青年。改革开放以来，党中央先后出台一系列文件，更加重视青少年的理想信念、革命传统、爱国主义的教育。

因未成年人和大学生正处于世界观、人生观和价值观形成时期，党和国家通过革命传统教育,让他们亲身感受和学习革命先辈艰苦奋斗的作风;志存高远、忧国忧民的崇高精神境界;南征北战、视死如归的革命英雄气概;让他们不断加深对民族和国家的苦难史、奋斗史、中国共产党发展史和中国革命胜利史的了解,从而不断消除历史虚无主义和民族虚无主义等错误思潮对他们的负面影响,使他们沿着革命前辈的足迹继续前行,使红色基因内化于心、外化于行、固化于行,努力做一个新时代追梦人,把红色江山世世代代传下去。

四、加强红色遗产传承、保护和利用研究的时代价值

习近平总书记指示:"要把红色资源利用好、把红色传统发扬好、把红色基因传承好。"新时代加强红色遗产传承、保护和利用研究,最重要的是把这"三好"转化为三大优势,要发挥红色遗产的独特优势,发扬好红色遗产的优良传统,传承好红色基因的血脉。从党的百年奋斗历程中总结历史经验,汲取智慧和力量,要始终坚持人民至上的价值立场、坚定中华民族的文化自信,确保红色江山永不变色。

(一)加强红色遗产传承、保护和利用研究的关键在于坚守初心使命

在党史学习教育动员大会上,习近平指出:"我们党的百年历史,就是一部践行党的初心使命的历史。"江山就是人民,人民就是江山。坚持人民至上的价值立场,要尊重人民群众的主体性。唯物史观告诉我们,人民群众是历史的创造者,人民群众是从事精神财富创造的主体。红色基因之所以代际相承、薪火相传的根本原因就在于其始终体现着广大人民的根本利益和诉求。红色基因是党在长期历史实践中凝结出来的"文化基因",只有当人民对其产生政治认同乃至文化认同时,才能够得到广大人民群众的理解、认同和传承。

群众路线和群众观点的核心是把人民利益放在首位,坚持人民至上。无论处于哪个历史阶段,都要积极践行群众路线,群众路线是中国革命精神和革命传统中永不过时的精神法宝,蕴含了中国共产党人的红色基因。井冈山斗争就是践行党的群众路线的光辉典范。在革命年代,井冈山人民与中国共产党人水乳交融、生死与共,民众将最后一口粮送红军,军民团结一家亲。井冈山人民将这种爱党拥军的政治觉悟转化为实际行动,彰显出打破一个旧世界、创造一个新世界的豪情壮志,锻造了军民之间的鱼水情深。我们要把人民至上的红色基因融入革命、

建设和改革的实践中，不断提升为人民服务的水平。

（二）加强红色遗产传承、保护和利用研究的根本在于用好红色遗产

重视、挖掘、整理和利用中国共产党成立以来的红色遗产，才能发挥其独特的资源优势，发扬优良传统，激活红色基因。

可以说，党的百年辉煌历史就是无数红色遗产形成的历史。红色遗产既有有形的物质资源，又有无形的精神资源。革命遗址、革命实物是红色文化的重要遗存，亦是红色基因之载体，凝聚着千千万万革命英烈敢于突破、勇于牺牲、对党忠诚、光照千秋的革命精神。革命文献是对革命斗争史实的反映，对革命文献进行研究不仅能够凸显文献的史料价值，更能深入了解革命的伟大意义，是红色基因得以传承的重要载体。革命精神和革命思想通过文字等形式将红色基因记录、保存并传承下去，激励中华儿女克服艰难险阻、奋勇拼搏。

井冈山及其周边大量的史迹、史料以及纪念场所等都是井冈山斗争的见证，井冈山各级各类培训机构依托独特的红色遗产，精心组织广大党员群众开展党性教育和革命传统培训，把培训对象拉回到那战火连天的岁月，使之感受到井冈山斗争的残酷与红军战士的英勇，从而加深了对井冈山精神的理解，这种教育和培训方式对心灵的冲击是其他教育形式都难以比拟的。通过走进红色遗产的历史深处，零距离地感悟那些波澜壮阔的历史画卷，教育引导党员群众学史明理、学史增信、学史崇德、学史力行，从而传承井冈山精神，赓续红色血脉。

（三）加强红色遗产传承、保护和利用研究的目的在于坚定文化自信

文化自信，是更基础、更广泛、更深厚的自信，更基本、更深沉、更持久的力量。文化自信是民族、国家以及政党对自身文化价值的自我肯定，是对其文化的生命力持有的坚定信心。红色基因相传的深层动力来源于中华民族的文化自信，红色基因存在于中华民族的精神宝库之中，是万千中华儿女特有的精神财富。

红色基因得以传承离不开中国优秀传统文化。求木之长者，必固其根本；欲流之远者，必浚其泉源。文化基因的概念最早由英国学者查理德·道金斯提出，之后中国学者陆续也对文化基因予以界定，主要是从哲学、人类学等领域出发对其作出理论阐释。文化基因内蕴于文化现象，是文化价值和效用价值、文化内部性动力和外部性动力诸要素及其功能的总和，文化基因能够对本民族文化和历史

发展产生深远的影响。红色基因是将马克思主义先进文化因子和中国优秀传统文化因子相结合，形成的具有中国特色的基本文化单元。红色基因扎根于中国本土，是中国文化中特有的"基因"，其独特性彰显出一个国家和民族独特的气质。

中国优秀传统文化扎根于中华民族5000多年的悠久历史，是本民族的"根"和"魂"。马克思主义作为时代的精华，是迄今世界上最先进的文化。通过红色遗产传承、保护和利用的深度研究可以发现，5000多年的中华优秀传统文化内蕴的红色基因经过中国共产党人创造性转化和创新性发展，与马克思主义基本原理相结合，在艰苦卓绝的斗争中自我革新自我成长，在21世纪展现出新的文明光辉。从文化史维度上看，这个文化兴衰的U形曲线中有一条横线贯穿其主轴，那就是文化自信。马克思主义是中国特色社会主义文化自信的根基，为红色基因的传承提供了价值遵循。因此，作为人口最多、国土面积第三大的国家的执政党，中国共产党必须站在全局的高度，加强自身的政治文化建设，认清政治文化的影响力和文化的战略意义，进一步加大红色遗产的传承与保护力度。

第一章　红色遗产概述

第一节　红色遗产的概念

一、文化遗产的含义

文化遗产是指人类社会继承先人所创造的所有优秀文化，可分为物质文化遗产和非物质文化遗产两部分。[①]

文化遗产研究由来已久，相关成果丰硕，学者们对文化遗产进行了概念界定和类型划分，1972 年 11 月，联合国教育科学及文化组织大会在巴黎举行的第十七届会议上通过了《保护世界文化和自然遗产公约》，指出文化遗产主要包括三个方面：

一古迹：从科学、历史或艺术的角度来看，拥有显著的普遍价值的碑雕、碑画、建筑物，具备考古性质的成分或结构物、铭文、洞穴和景观等。[②]

二建筑群：从历史、艺术或科学角度看，在建筑式样、布局或与周边景色之协调方面具有突出的普遍价值的单体建筑群落。

三遗址：从人类学、历史、审美等角度来看，拥有明显的普遍价值的人造景观或人造工程与自然景观融合为一体的遗址、考古地址等。[③]

2005 年，国务院为加强文化遗产保护，发布了《国务院关于加强文化遗产保护的通知》，其中明确指出：文化遗产包括物质文化遗产和非物质文化遗产。物质文化遗产一般是指具有历史、艺术和科学价值的文物，如石刻、壁画、古遗址、

[①] 汪国富：《漫谈文化遗产保护》，《史前研究》，2011 年，第 5 期。

[②] 刘涛、甘桂芬、钱钰：《论古都文化形象的内涵、特征与塑造》，《中国名城》，2015 年，第 10 期。

[③] 岳邦瑞、侯全华、邱茜：《试论风景名胜区的本质任务及其遗产属性》，《西北大学学报（自然科学版）》，2005 年，第 10 期。

古建筑、近现代重要史迹及代表性建筑等不可移动文物。非物质文化遗产是指以非物质形式存在、与人们生活紧密相关、代代相传的各种传统文化表现形式。它包括口述、表演艺术、关于自然界和宇宙、手工艺技能等的传统知识和实践，以及民俗活动和节庆仪式相关的文化空间。

党的十八大以来，习近平总书记高度重视文化遗产保护，他在山西考察调研时指出：“历史文化遗产承载着中华民族的基因和血脉，不仅属于我们这一代人，也属于子孙万代。”2017年，《关于实施中华优秀传统文化传承发展工程的意见》首次以中央文件的形式启动中华优秀传统文化传承发展工程。在优秀传统文化传承发展保护方面，一是抢救和保护非物质文化遗产；二是对传统村落的认定。这两项工作都具有鲜明的时代性和紧迫性。经过多年努力，目前中华大地上的非物质文化遗产情况已基本摸清，我国已建立起具有中国特色的“国家、省、市、县”四级名录体系，累计认定非物质文化遗产代表项目10万余项，认定国家级非物质文化遗产代表项目1557项，已认定传统村落8155个。人们普遍认为，文化遗产有非可再生性、不可替代性、不可复原性以及历史性、艺术性、科学性、纪念性等特点。此外，文化遗产还具有文化性、稀缺性以及具有社会、文化、精神、信仰等多种价值取向的特征，这些都使得文化遗产更加弥足珍贵。

二、红色遗产（红色文化遗产）的概念

红色遗产是红色文化遗产的简称，是一个复合概念。“红色文化遗产”一词最初正式出现在“121工程”中，后来中共中央办公厅和国务院办公厅在2011年共同发布了《2011—2015年全国红色旅游发展规划纲要》，规划纲要要求要尽快建立“红色文化遗产”保护体系，但对红色文化遗产的概念没有作出清晰的界定。

关于红色文化遗产，在研究中常常被引用的概念主要有如下几种：

刘建平认为，中国共产党领导人民在革命和战争中取得伟大成就，在这过程中形成了革命纪念地、革命历史事迹、革命精神、革命标志物等特殊文化资源，这些就是红色文化遗产。[1]

---

[1] 刘建平、刘向阳：《区域红色文化遗产资源整合开发探析》，《湘潭大学学报》，2006年，第5期。

卢丽刚认为，红色文化遗产指的是中国人民在中国共产党领导下，以马克思主义为指导，在长期的革命实践和斗争中留下的有形文化遗产和无形文化遗产。①

韩燕平认为，红色文化遗产是指中国共产党成立后至中华人民共和国成立前，包括红军长征时期、抗战时期、解放战争时期，与重大历史事件、革命运动或著名革命领袖、英雄有关的，有重要纪念、教育、历史、科学价值的重要名人故居、纪念碑、红军遗物、文献资料等文物实体，以及承载着精神财富的革命歌曲、革命故事、革命口号、革命礼仪风俗等非物质文化遗产。②

曹学文认为，红色文化遗产指从中国共产党成立到中华人民共和国成立前夕28年的时间内，包括中央革命根据地、长征、抗战和解放战争时期存留、形成和创设的在历史、艺术、社会学等方面具有重要革命纪念意义纪念价值的建筑、遗迹、文物，或可挪移的艺术品、文献等实物及文学、艺术、制度等人类精神文化产品及其承载和体现的革命历史、事迹、精神。③

李晓蓉认为，红色文化遗产指在1921年中国共产党成立至1949年中华人民共和国成立期间，主要包括土地革命、抗日战争和解放战争时期，与重大革命运动、历史事件或著名革命领袖、英雄有关的以及具有重要教育意义、纪念意义、历史价值、科研价值的重要会议遗址、名人故居、战争遗址、革命遗物和文献资料等文物实体，以及其所承载的精神财富和革命文艺、革命故事、革命口号等非物质文化遗产。④

董懿指出，红色文化遗产是指中国共产党成立后、中华人民共和国成立前，中共在红军长征时期、抗日战争时期、解放战争时期，领导人民进行的重大事件及战斗遗留下的遗址遗迹、红军遗物、文献、陵园、纪念碑、纪念馆、名人故居旧居、会议旧址等有形遗产，也包含在此期间形成的革命文艺、革命歌曲、口号、

---

① 卢丽刚、石玉柱：《红色文化遗产的数字化保护》，《菏泽学院学报》，2009年，第7期。
② 韩燕平：《红色文化遗产及其保护研究——以井冈山为例》，硕士学位论文，湘潭大学，2008年，第15页。
③ 曹学文：《红色文化遗产及其开发利用研究——以湘潭市为例》，硕士学位论文，湘潭大学，2008年，第13页。
④ 李晓蓉：《论红色文化遗产的地方性法律保护——以贵州长征文化遗产为视角》，《世纪桥》，2012年，第23页。

礼仪、习俗等无形遗产。①

伍延基认为，红色文化遗产是指从中国共产党成立至中华人民共和国成立前夕 28 年的历史阶段内，包括中央革命根据地、红军长征、抗日战争、解放战争时期的重要革命纪念地、纪念馆、纪念物及其所承载的革命精神。②

综上所述，红色遗产（红色文化遗产）是指在 1921 年中国共产党成立至 1949 年中华人民共和国成立以前产生的重要历史文化遗产资源。鉴于红色文化遗产的特殊性，本研究认为，中华人民共和国成立后所修建、复原的革命纪念建筑，其兴建时间虽然不属于这一时间范畴，但其产生时间仍然属于这一时间段，其兴建目的和意义本身就是为了纪念这一段历史的，而且很多纪念性建筑本身就是在原有历史遗迹遗存的基础上兴建和复原的，部分纪念馆或者纪念碑，虽然是后来兴建的，但其内部众多文物、资料等却是历史遗存下来的，理所当然应该属于红色文化遗产的范畴。而中华人民共和国成立以来，中国共产党在领导建设、改革和新时代的治理中创造了形式多样、内容丰富、地域广泛的物质财富和精神财富，这些财富以特有的方式见证了社会主义的建设与发展，承载着初心使命、理想信念、价值追求等内容，也是薪火相传、血脉永续的重要依托，也应该属于红色文化遗产的范畴。

因此，所谓红色遗产（红色文化遗产），是指中国共产党领导下广大人民群众在革命、建设、改革和新时代的历史实践中共同创造的，附着在历史遗迹、英模事迹以及革命精神上的，坚持以马克思主义为指导，经过对中国优秀传统文化的传承创新而生成和发展的，代表了广大人民群众初心使命、理想信念和价值追求的文化遗存集成。本研究所指红色遗产（红色文化遗产）侧重于北伐战争、土地革命战争、长征、抗日战争以及解放战争等时期或与重大历史事件有关的，一切具有重要纪念意义和史料价值的物质文化和精神创造物，包括旧居旧址、革命遗址、革命故居、革命纪念建筑、革命文物、革命文献、革命标语等物质文化遗产，

---

① 董懿：《基于"两型社会"建设的湘潭市红色文化遗产利用研究》，硕士学位论文，湘潭大学，2011年，第 17 页。
② 伍延基、王计平：《红色文化遗产的保护与开发对策研究——以福建省为例》，《淮海工学院学报》，2008 年，第 3 期。

以及各种革命精神、革命事迹、革命文艺、革命口号等非物质文化遗产。

红色遗产（红色文化遗产）是我国历史文化遗产中非常重要的组成部分，是中国共产党领导中国人民在革命、建设、改革和新时代历史实践中的产物，它蕴含着中华民族独特的文化特色和精神价值，体现了中华民族的创造力和活力，是中华民族珍贵的精神财富，它是我们党艰苦卓绝奋斗历程的见证，是实现中华民族复兴的动力源泉。为研究的便利，除特殊情况下，以下各章节统一使用"红色遗产"一词。

三、红色遗产的分类

红色遗产是一种以物质、信息和精神为载体的资源。物质，主要指中国共产党在革命、建设、改革和新时代实践中留下的各种物品，如革命遗址遗迹、各种器物和文物等。信息，主要是指以文字或声音、图像、符号等形式存在的资源，如革命和建设时期遗留下来的一些数据、文件、声音、图像、照片、歌曲、标语等；精神，主要指抽象意义的观念，如井冈山精神、长征精神、延安精神等。红色遗产正是借助多种载体形式，把崇高的理想信念、深厚的先进文化、丰富的革命精神和崇高的人格魅力融于一体，表现出直观、形象、富有感染力等特点。按照不同的分类方法，我们可以将红色遗产划分为不同的类型。

按照时间阶段划分，我们可以将红色遗产划分为北伐战争时期的红色遗产、土地革命战争时期的红色遗产、长征时期的红色遗产、抗日战争时期的红色遗产、解放战争时期的红色遗产、建设时期的红色遗产、改革开放时期的红色遗产、新时代的红色遗产等。

按照层次划分，可以将红色遗产划分为物质层红色遗产、制度层红色遗产、精神层红色遗产。

按照存在形态划分，可以将红色遗产划分为物质类红色遗产和非物质类红色遗产。

本研究按照存在形态划分，将红色遗产划分为物质类红色遗产和非物质类红色遗产。物质类红色遗产包括红色旧居旧址（革命遗址遗迹、革命故居、旧居住址），红色文物（革命遗物、革命纪念建筑物），红色文献等，非物质红色遗产包括各种红色遗产所承载的革命精神、革命文艺、革命故事、革命标语等，本研究的对象主要是土地革命战争时期在井冈山斗争中所形成的各类红色文化遗产。

（一）物质类红色遗产

1. 红色旧居旧址

红色旧居旧址包括：革命遗址、旧居住址、革命故居和相关的革命纪念建筑。

革命遗址遗迹是指在北伐战争、土地革命战争、抗日战争、解放战争期间，在革命活动发生地遗留下来具有纪念价值的建筑物，如中共一大会址、武昌起义旧址、井冈山湘赣边界一大会议旧址、井冈山黄洋界红军战壕遗址、广州农民运动讲习所旧址、平型关战役遗址、中共六大会址、红岩八路军办事处旧址、西柏坡中共中央旧址、冉庄地道战遗址等。因为中国新民主主义革命时间长、范围广，期间发生了许多战争和活动，这样的物质红色文化遗产很多。全国革命遗址普查后，中共中央党史研究室组织出版了《全国革命遗址普查成果丛书》，丛书共 31 卷，约 150 册。其中：已登记革命遗址近 5 万处，其他相关遗址 5000 多处。在 719 处重要的近现代史迹、代表性建筑和全国重点文物保护单位中，有革命遗址 477 处，其中记载了中国共产党领导的革命斗争的有 231 处。

红色旧居旧址主要是指革命伟人、名人以及革命烈士等曾经生活和工作过的寓所，如井冈山茅坪八角楼毛泽东旧居、井冈山茨坪朱德旧居、井冈山大井彭德怀旧居、井冈山龙市陈毅旧居等。当年革命先烈为革命事业呕心沥血，抛头颅、洒热血，现在他们的旧居已成为后人纪念和致敬他们的重要场所。

革命纪念建筑指为纪念革命先辈和重大革命历史事件而建造的一系列纪念建筑和场所，包括革命纪念地、纪念碑、烈士陵墓、烈士墓碑、纪念亭、纪念塔、烈士纪念陵园、革命烈士（英雄）纪念碑等。如井冈山革命烈士陵园、井冈山革命烈士纪念碑就属于这一类红色遗产，这些革命纪念建筑物真实地展现了当时那一幕幕催人奋进的场景。

2. 红色文物

革命遗物主要是指在纪念馆、陈列馆、博物馆或个人收藏、保存、陈列、展示的革命志士使用、遗留的手稿、器物等文物。革命遗物属于红色文物的一部分。从《中华人民共和国文物保护法》的角度看，红色文物包括有史料价值的名人旧居、会议旧址、资料文献等，这些均属于红色遗产，可将其归为物质红色遗产中的红色文物类。红色文物也称为：革命文物，但本研究为了统一，我们不采用"革命文物"这一概念，而采用"红色文物"这个概念。

红色文物凝结了中国共产党的光辉历史，记录了中国革命的感人事迹和壮丽历程，呈现了近代以来中国人民英勇斗争的华丽篇章，是党和国家的珍贵财富，是红色文化的物质载体，是振奋民族精神、激发爱国热情的深层滋养。党的十八大以来，红色文物保护状况持续改善，红色文物教育功能不断强化。首次全国可移动文物普查显示，我国红色文物收藏量超过 40 万件（套）。

3. 红色文献

红色文献资料主要是指 1921 年中国共产党成立到 1949 年中华人民共和国成立期间，在土地革命、抗日战争以及解放战争时期，由中国共产党机关出版发行、印制或者制作产生的各种文献资料，包括革命领导人的著作或者经典发言、党组织及其相关机构的各类文件、各种会议记录、决议、纪律制度等档案材料，还包括出版的各类革命书籍及报纸杂志，相关历史图片照片等。

（二）非物质红色遗产

1. 革命精神

中华优秀传统文化是国家、民族发展的根与魂，是炎黄子孙千百年来赖以依存的精神命脉。中华优秀传统文化的核心是精神。精神是一个民族的文化品格和文化气质，它会对一个民族的生存发展产生深刻影响。中国共产党与其他政党显著不同的一个标志是，在近百年的风雨历程中，它带领人民铸就了许多惊天地泣鬼神的伟大精神。

以伟大建党精神为源头的中国共产党人的精神谱系，是对伟大民族精神的极大丰富和发展。树高千尺有根，水流万里有源。100 年来，中国共产党在应对各种困难挑战中培育的革命精神，来源于党领导的革命斗争的实践，其形成与发展离不开马克思主义的指导，集中体现了中国共产党的性质、宗旨，彰显着中国共产党鲜明的价值取向和永恒的政治本色，是马克思主义指导中国革命的时代结晶，是我们党拥有的强大精神支柱。

在中国革命的千锤百炼中，中国共产党迎难而上，在克服困难中实现精神成长，成为一个充满革命精神的伟大政党。中国共产党人在近百年的革命、建设、改革和新时代的征程中，以伟大建党精神为源头的井冈山精神、苏区精神等革命精神谱系，依然是中华民族伟大复兴、现代化强国建设、实现共同富裕的强大精神支柱。中国共产党革命精神具有内涵丰富多样性、本质内在统一性、实践发展时代性等共同特征。在此，本人就中华人民共和国成立前铸就的以伟大建党精神为源头的系列革命精神作简要介绍。

伟大建党精神。习近平总书记在庆祝中国共产党成立100周年大会上指出："一百年前，中国共产党的先驱们创建了中国共产党，形成了坚持真理、坚守理想，践行初心、担当使命，不怕牺牲、英勇斗争，对党忠诚、不负人民的伟大建党精神。"这一伟大建党精神既是中国共产党精神谱系浓墨重彩的开篇，也是中国共产党成就千秋伟业的精神之源。坚持真理、坚守理想是中国共产党的方向保障和动力源泉。中国共产党从诞生之日起，就坚持马克思主义，坚信马克思主义是救国救民的真理，是国富民强的真理，这种坚定的信仰是建立在科学真理的基础上的，是源于对自身国情实际且深刻的认识之上的。中国共产党人一选择马克思主义，就坚定地把马克思主义、共产主义作为自己的信仰，以马克思主义真理武装自己、以共产主义远大理想指引自己，将马克思主义写在了自己的旗帜上，将马克思主义作为认识世界、改造世界的最有力的思想武器。无论是面对众多党员被反动势力逮捕和屠杀的艰险，还是在反动势力围追堵截、危机环伺的长征时期，中国共产党人始终坚持真理、坚守理想，唤起无数后来者前仆后继，集中展现出了坚持真理、坚守理想的革命必胜信念。

践行初心、勇担使命，彰显了中国共产党人勇于担当的历史自觉。我们党的100年历史，是履行党的初心使命的历史，是不断强化自觉担当的历史。中国共产党诞生于民族危亡之际，这是中国共产党人历史自觉的真实写照，充分彰显了中国共产党坚守理想、持之以恒的担当品格。践行初心，就不会迷失方向，就会有明确的价值指引；担当使命，就不会精神懈怠，就会有强大的奋斗动力。践行初心、担当使命是激励中国共产党人不断取得胜利的根本。不同的历史时期，社会主要矛盾和主要任务会发生变化，唯有永远铭记初心和使命，以历史自觉推进行动自觉，才能在民族复兴的千秋伟业中书写新的绚烂篇章。

不怕牺牲、英勇斗争昭示着中国共产党人的鲜明政治品格。一百年来，中国共产党人始终坚持不懈奋斗的主基调，其凝结成指引党员干部守初心、担使命、冲锋在前的红色基因。中国共产党刚诞生的时候仅有五十几名党员，面临白色恐怖的威胁，我们党不惧牺牲、坚持斗争，历经诸多斗争实践，以大无畏的牺牲精神，以强烈的革命乐观主义和英雄主义气概展现历史担当，无论是枪林弹雨的战争岁月还是热火朝天的建设年代，广大党员总是殚精竭虑、鞠躬尽瘁，李大钊、瞿秋白、方志敏、刘胡兰、雷锋、焦裕禄、王进喜等一连串熟悉而又响亮的名字温暖着我们的心田，革命年代他们舍生忘死、不怕牺牲，和平时期他们无私奉献、不惧风险，他们用青春和热血创造出感天动地的人间奇迹，赓续着共产党人的精神血脉。

对党忠诚、不负人民展现着中国共产党人的鲜亮本色。这一本色既是建立在对共产党科学认识的基础之上的，也是基于对共产党初心使命的科学认识之上的。中国共产党的鲜亮本色在于吸引、凝聚、锻造了一大批优秀的先进分子为伟大事业奋斗终身。他们对信仰矢志不渝，对组织无限忠诚，对人民无私奉献。我们党为民而生，因民而兴，始终与人民站在一起，为人民利益不懈奋斗。建党以来的历史充分证明，对党忠诚与不负人民是相统一的，是一致的。为人民服务，是中国共产党精神谱系的鲜亮本色，要牢牢坚守人民立场，赓续中国共产党的精神血脉，始终确保党的根基永固、血脉永续。

伟大建党精神是中国共产党的精神之源，是中国共产党精神谱系中最厚重、最深沉的精神血脉。第一，伟大建党精神的提出，昭示着中国共产党人牢记初心与使命、勇于担当的自觉意识，这成为一代一代不懈奋斗的精神血脉。第二，伟大建党精神的提出，是中国共产党对中国人民的一个伟大精神宣示，是激发广大共产党员使命担当意识的精神号角。初心易得，始终难守。红色血脉是无数革命先辈和广大人民群众在革命斗争实践中用生命和鲜血灌溉而成的，这不仅是激励一代代中国共产党人前仆后继、矢志奋进的不竭动力，也是中国共产党抵御各种风险、经受住各种考验，始终走在时代前列的精神旗帜。第三，伟大建党精神的提出，是对建党宗旨的初心回顾，也是对未来奋斗目标的鲜明昭示。使命不息，奋斗不止。展望未来，百岁正盛，只有以高度的历史自觉激发行动自觉，赓续百年红色血脉，才能永葆一往无前的锐气和勇气，才能确保行稳致远、永远立于不败之地。

井冈山精神，是伟大建党精神在罗霄山脉中段的传承和弘扬。2001年5月29至6月3日，江泽民在视察江西井冈山时提出："井冈山精神，最重要的方面就是坚定信念、艰苦奋斗，实事求是、敢闯新路、依靠群众、勇于胜利，是我们不断前进的强大精神动力。"这"二十四个字"后来被普遍认为是井冈山精神的内涵。2016年2月2日，习近平总书记进一步指出："我们要结合新的时代条件，坚持坚定执着追理想、实事求是闯新路、艰苦奋斗攻难关、依靠群众求胜利，让井冈山精神放射出新的时代光芒。"21世纪，面对国内外各种错综复杂的问题与矛盾，要想使我国屹立于世界民族之林，就必须始终继承和发扬井冈山精神。不管时代风云如何变幻，具有强大生命力的井冈山精神，永远是我们实现中国梦的一个重要精神支柱，是我们在建设社会主义现代化国家中不可缺少的意志和力量。

苏区精神。苏区精神是中国共产党执政为民思想的重要实践。中国共产党提倡的"全心全意为人民服务"的建党宗旨，也是在中央苏区时期初步形成的。新形势、新变化要求广大共产党人，一方面提高治国理政的本领，同时永远不要忘记共产党人"一心为民"的宗旨。不管时代环境如何变化，这一宗旨，永远要写在广大党员干部心头，共同为建立一个更加美好的家园而奋斗。

遵义会议精神。2015年6月，习近平总书记在贵州调研时指出："我们要运用好遵义会议历史经验，让遵义会议精神永放光芒。"遵义会议精神的科学内涵为：坚定信念、实事求是、独立自主、敢闯新路、民主团结等。在中国革命危急关头，全党全军不恐慌、不懈怠、不放弃，理想信念坚如磐石，"上下同心，其利断金"。实事求是地解决面临的所有重大问题，独立自主地决定关系中国革命前途命运的关键问题，开辟出中国革命的新路。遵义会议既是发扬民主、集思广益、凝聚集体智慧的典范，又是面对重大危机时万众一心、团结一致、齐心协力、众志成城的典范。

长征精神。"伟大长征精神，就是坚定革命的理想和信念，坚信正义事业必然胜利的精神；就是为了救国救民，不怕任何艰难险阻，不惜付出一切牺牲的精神；就是坚持独立自主、实事求是，一切从实际出发的精神；就是顾全大局、严守纪律、紧密团结的精神；就是紧紧依靠人民群众，同人民群众生死相依、患难与共、艰苦奋斗的精神。"① 这正是红军长征能够取得最终胜利的重要原因。长征精神启示我们，一个人乃至一个民族，只有艰苦奋斗、实事求是、无私奉献，才有可能成就伟大事业，铸造辉煌的业绩。虽然时代环境在不断发生变化，但先辈们那种大无畏的革命气概，艰苦奋斗的实干精神，不屈不挠的意志并没有随着岁月的流逝而失去光泽。

延安精神。延安精神是中国革命精神的集中体现。清正廉洁、自力更生、实事求是、艰苦奋斗是延安斗争时期党的思想路线的生动体现，"实事求是"贯穿整个延安整风运动。中国共产党本着实事求是的原则整顿了"三风"，把艰苦奋斗的精神不断发扬光大并形成了南泥湾精神。正是充满着时代气息的延安精神吸引了中国进步青年从全国各地汇聚至延安，为了革命抛头颅、洒热血，为最终赢得新民主主义革命的胜利奠定了重要的基础。新时代延安精神并没有过时，永远是我们事业成功的保证。

西柏坡精神。西柏坡精神的内涵就是"两个务必"，"务必使同志们继续地保持谦虚、谨慎、不骄、不躁的作风，务必使同志们继续地保持艰苦奋斗的作风。"②2013年7月，习近平总书记在西柏坡考察时指出，"正是因为始终强调和坚持'两个务必'，我们党才能保持同群众的血肉联系，团结带领人民战胜了前进道路上的各种风险和挑战，不断从胜利走向胜利。"③习近平总书记再次强调"两个务必"，体现了西柏坡精神的具体内涵。打江山不易，守江山更难，党员干部容易出现骄傲自满的问题，这些均是对党长期执政的巨大考验。六十多年过去了，斯人已去，净言犹存，"赶考仍在路上"，面对新情况、新问题的不断滋生，需要广大党员干部继续坚持"两个务必"，永不满足，永不懈怠，永远奋斗。

综上所述，中国共产党在不同历史时期形成的革命精神，既包含了不同历史时期涌现出来的英雄人物和时代楷模身上的优秀精神品质，也是中国共产党人革命精神的时代性、整体性的体现。尽管时代和历史方位不断变化，但中国共产党红色精神图谱中蕴含着的红色基因，却始终赓续传承，已经成为中国共产党人不

---

① 胡江霞：《长征精神的历史传承与时代接力》，《湖北日报》，2016年10月24日。
② 毛泽东：《毛泽东选集》第四卷，北京：人民出版社，1991年，第1438—1439页。
③ 李斌、谢磊：《习近平：党面临的"赶考"远未结束》，《人民日报》，2013年7月14日，第01版。

变的精神"道统"，在新长征路上愈益焕发出更加耀眼的时代光芒。

2. 革命文艺

革命文艺指的是革命战争年代产生和遗留下来的文学艺术作品，其主要包括革命歌谣、革命戏剧电影、革命文学等。革命历史时期特殊的精神产物之一就是革命文艺，革命文艺是红色遗产的有机组成部分。

革命歌谣包括歌曲、民谣、山歌、快板词、戏曲等众多形式。如《十送红军》等红色歌曲，以及大量用民谣、山歌、快板词、花灯等民间歌谣形式传唱的红色歌谣。

革命戏剧电影，主要是以革命战争为题材，以反映革命战争年代人民生产生活、革命战斗等为主的戏曲、电影、电视剧等。如《智取威虎山》《红色娘子军》《沙家浜》《大决战》《地道战》《烈火春风斗古城》等。

革命文学主要指在革命时期创作的具有革命精神主题的诗歌、通讯报道、漫画、散文、小说、论著等。例如毛泽东诗词、夏明翰就义诗、黄镇长征时期画的漫画《长征画集》等。

以上这些红色革命文艺作品，反映了革命者的精神风貌，不断激励和鼓舞着我们。

3. 革命标语

革命战争年代，利用革命标语宣传党的路线方针、发动群众是一种普遍的形式，革命标语曾鼓舞革命者前赴后继，是非物质类红色遗产的一部分。井冈山斗争时期留下的革命标语、口号，形式多样、内容丰富，有宣传红军性质的，有鼓励打土豪分田地的，也有宣传革命真理的。红军一到某个县驻扎，不到三个小时，整个城市就会布满了红军的宣传口号。很多老百姓说："红军一到满街都是红色，像过年一样。"每个小分队还组织了宣讲队和标语队。每到一个村镇，标语队就开始刷写标语，他们把所有能写的标语都写在墙上。主要是"打倒帝国主义""打倒土豪劣绅""红军是穷人的队伍"等内容。在井冈山时期老红军谭冠三担任军需处文书，他回忆道："为了能随时随地写标语，给群众作宣传。大家用石灰水写字，还在各处张贴油印的小标语。只要是群众看得见又能使标语保存很久的地方，都被贴上小标语。打下永新后，我们还用石刻机印了一些标语。"当时的标语简明扼要通俗易懂，宣传内容主要针对工人和农民。所以红军说，红军的每一个口号都抵得上一支队伍。

4.革命事迹和革命故事

在革命时代先辈们抛头颅洒热血，涌现出了许多关于革命英雄的感人革命故事及革命事迹，这些真人真事的红色故事有的是回忆录记载的，有的是后人撰写的，还有的是口头流传至今的，不管是哪种类型，都反映了当时的时代背景和特色，歌颂了优良的革命精神，展现了革命先辈英勇不屈的斗争精神，如江姐的故事、抗日小英雄王二小的故事、"生的伟大，死的光荣"的刘胡兰的故事、毛泽东在井冈山留下的"一根灯芯"的故事，这些故事至今还被人们传诵着。开国上将朱良才专门撰写了四篇回忆井冈山斗争的文章，其中有一篇题为《朱德的扁担》。此文先是在内部刊物《红旗飘飘》上刊登，1958年在《星火燎原》第一卷中正式出版，产生了很大的影响。应教育部门要求，从1961年开始，《朱德的扁担》正式收入中小学语文课本。1962年3月4日，朱德偕夫人康克清一行重上井冈山。第二天上午，朱德、康克清等人来到了井冈山革命纪念馆（即今天的井冈山革命博物馆）参观展览。朱德在博物馆里仔细观看了每一件文物和照片，当他看到橱窗里陈列着自己挑粮用过的扁担时非常兴奋，还与陪同的讲解员有过一段对话。朱德问讲解员："小同志，你来讲一讲，这个扁担的意义在哪里呀？"由于是面对朱德讲"朱德的扁担"，讲解员一时不知如何作答。好在朱德自己先说开了："当年我年纪也大了，挑着粮食登山，多走几里山路，我肩膀也痛。但是，只要我带头，大家的积极性也起来了。"革命先辈留下的坚定的理想信念、不怕牺牲的革命故事和革命事迹，都是留给我们的珍贵红色遗产。

第二节　红色遗产生成与发展的演进历程

一、红色遗产生成的时代背景

20世纪初，中西文化交融，各种文化思潮层出不穷。十月革命把马克思列宁主义带到了中国，指明了中国革命的新方向。1919年五四运动爆发，中国无产阶级从此走上历史舞台。1921年，中国共产党——红色遗产的创作主体诞生了，红色遗产由此被创造出来，并不断地被继承发展。

（一）红色遗产根源于五四运动

五四运动是红色遗产产生的根源所在。1919年，处理第一次世界大战的遗留问题并奠定战后秩序的巴黎和会被英、美等西方大国操纵，不仅无视中国的贡献和权益，而且还要进一步损害中国的权益。5月4日，在天安门前，北京高校学生集会示威反对北洋政府的行为。6月5日，上海工人大罢工，接着商人罢市。工人阶级从此开始在政治舞台上展现出巨大的力量。"五四"精神因此形成，其核心就是爱国主义。

"五四"精神在五四运动中产生，工人阶级和人民大众是"五四"精神的创造主体。此时，中国共产党尚未成立，工人阶级在五四运动中不但起了主导作用，还得到了锻炼。

（二）马克思主义的传播是红色遗产生成的思想源泉

新文化运动期间，改造和发展中国的思潮或学说屡见不鲜，部分思想先进的中国人进行了思考和选择。中国先进知识分子在马克思主义传播下觉醒了，其中的优秀分子成了中国早期的马克思主义者。

1920年8月，陈望道译的《共产党宣言》出版。此后，马克思主义著作纷纷被译出版，陈独秀、李大钊、毛泽东、周恩来等一大批先进的知识分子学习并掌握了马克思主义，为了宣传和践行马克思主义，各地纷纷建立党小组。这些小组积极宣传马克思主义，这也为中国红色遗产的产生和发展提供了强大的思想武器和组织基础。

马克思主义的传播推动了新文化运动向新的方向发展。1915年9月，陈独秀在上海创办了《青年杂志》。杂志的主要内容是批判儒家思想，"打倒孔家店"，开展文学革命。后来先进知识分子受马克思主义在中国的传播影响而觉醒了，就像毛泽东所说的："五四运动后中国的新文化是新民主主义文化。"马克思主义的传播使先进分子对工农群众的态度和对社会变革的认识有了质的飞跃。在马克思主义传入中国之前，剥削阶级因阶级偏见看不起工农劳动者。马克思主义传入中国后，李大钊、陈独秀、毛泽东等人用唯物史观来观察这个问题，尤其是他们参加工农群众运动后，他们更加深刻地认识到劳动人民的重要性。

俄国十月革命在1917年11月7日爆发，世界上第一个社会主义国家因此建立。

它开创了人类历史的新纪元。受其影响，马克思主义开始真正在中国传播。1840年鸦片战争后，康有为、严复、孙中山等人远赴英、法、美、日等国寻找真理。

1921年7月23日，中共一大在上海法租界召开，在会上通过了党纲，确定党的名称为中国共产党。随着中共一大、中共二大先后召开，中国共产党确立了自己的纲领、党章、阶级属性，从此中国革命进入新时代，随之产生了大量的红色遗产。

二、红色遗产生成与发展的演进历程

红色遗产是中华民族珍贵的精神财产，它是我们党艰苦卓绝奋斗历程的见证，是实现中华民族复兴的动力源泉，其以强大的自我调适能力不断自我更新，为推动中华民族伟大复兴提供了强大的精神支撑。基于红色遗产在中国革命、建设、改革和新时代的历史实践中的不同价值和意义，可将中国红色遗产的百年演进史分为四个阶段，即萌芽（1921—1927）、生成（1927—1935）、发展（1935—1949）和转型发展（1949—如今）四个阶段。

（一）中国红色遗产的萌芽：1921—1927

萌芽时期的中国红色遗产与新生的中国共产党的成长之路相伴。我们党在从事政治革命和社会革命的同时，也在探索着一条文化重建之路，中国红色遗产在重建的过程中得以萌芽。这一萌芽是我们党在多重努力下共同促成的结果，一方面，中国共产党将马克思主义确立为我们党的指导思想；另一方面，党领导广大工农群众从事马克思主义理论指导下的革命实践。为了确立马克思主义理论在党内的指导地位，新生的中国共产党作出了巨大努力，其中包括：通过创办各级各类学校，积极宣传和普及马克思主义；创办了一批刊物和出版社为马克思主义传播提供平台；在与各种非马克思主义思想作斗争的过程中破旧立新，宣传和普及马克思主义。开展的这些工作，奠定了红色遗产萌芽的思想基础，又向群众展现了党的先进性，增强了党的号召力影响力，为党的发展壮大和中国红色遗产的萌芽奠定了群众基础。

中国红色遗产萌芽始于马克思主义理论指导下的革命实践。中国共产党的诞生为中国红色文化萌芽提供了组织前提。中国共产党成立后，始终坚持以马克思主义为指导，培育人民群众反帝反封建的民族觉悟，并以追求民族独立、国家富强、人民解放为目标，开展了一系列革命实践活动。这些革命运动的开展，既唤醒了各地区、各阶层人民的民族意识，为大革命失败后重新唤起革命热情奠定了思想基础；又使人民群众积累了革命经验，为新的革命高潮的到来打下了坚实的群众基础，还积累了相对丰富的革命斗争经验。从此，反帝反封建的民族意识和阶级意识、力求民族独立和人民解放的政治追求、以马克思主义理论为指导思想等内容成为广大人民群众心中抹不去的思想烙印，中国红色遗产的理论基础和思想基础已在人民群众中生根发芽，只待革命实践的进一步推动将其激活，焕发出生机和活力。当时，马克思主义已经确立为党的指导思想，但普及程度尚待提高；群众运动以无产阶级思想为指导，但其仍在隐蔽状态下进行，失去了无产阶级的领导权，这些使革命受到重创。

（二）中国红色遗产的生成：1927—1935

经过革命实践的锤炼和锻造，中国共产党日渐成熟起来，党领导下的中国革命形势也持续向前发展。为适应革命形势的需要，充分调动革命热情，提高革命素养，从 1927 年到 1935 年起，中国共产党将马克思主义大众化推向深入，在解构与建构的双向过程中构建思想和文化体系，铸就了中国红色遗产的架构，为中国革命顺利推进奠定了坚实的思想文化基础，为党的执政地位的确立和巩固提供了思想指导。中国红色遗产的产生是在解构与建设的双向过程中实现的。

所谓解构，就是指党领导人民群众同错误主张作斗争，从而宣传马克思主义扩大其影响力，在群众中普及马克思主义理论，使其深入人心并使马克思主义大众化。正在摸索中的中国共产党因对马克思主义理论理解不深刻，造成了一些错误，分别表现为罗米那兹和瞿秋白指导下的"左"倾错误、陈独秀和彭述之为代表的托陈取消派、"立三路线"、王明和博古主导下的"左"倾冒险主义错误以及关门主义泛滥等错误。任何一种理论的传播都是在与各种错误思想的斗争中实现的。马克思主义的传播也是如此。面对这些错误的理论观点和政治主张，我们党的中坚力量进行了旗帜鲜明的回击，这也是实现马克思主义大众化的过程。

所谓建构，就是随着革命根据地建设及红军长征的开始，党领导军队和人民从文化建设和文化传播的层面推进文化工作，渐渐构建起红色遗产的初步框架，在积极开展文化建设中构建中国红色遗产体系，不断提高根据地人民的政治素质和文化素养。这些文化建设的举措包括：通过倡导"三大纪律，六项注意"、实行民主主义、加强基层党建、加大宣传力度等，通过这些举措来提升思想政治素质，大力发展根据地教育文化事业，为中国红色遗产生成提供传播途径和平台，大力发展革命文艺（如成立专业文艺团队、引导文艺价值取向、拓展文艺表现形式等）为中国红色遗产生成提供多样化渠道。

此外，我们党还积极创办革命刊物、积极同文艺思想战线上的错误观点和主张作斗争、积极占领和扩大宣传阵地，这些都成了中国红色遗产的重要组成部分。当时，马克思主义大众化程度显著提升，但更多集中在知识分子群体中；马克思主义中国化已经开始酝酿，"没有调查，就没有发言权"的思想路线已经出现。

（三）中国红色遗产的发展：1935—1949

1935 年 1 月，遵义会议召开，它标志着中国共产党开始独立自主地领导中国革命和根据地各项建设事业，政治、经济、文化以及社会工作等各项工作有序开展，直到 1949 年 3 月中共中央迁往北平，党领导下的中国红色文化在这一时期取得了长足进步。

日益成熟的中国共产党坚持"用辩证唯物论和历史唯物论的观点"[①] 这一时期的中国共产党领导成立了一批从事翻译和出版马列著作的团队和出版社（如马列学院、解放军出版社、新华书店等），加强宣传推广马克思主义，还围绕马列著作中部分内容展开分类研究（如整风运动中针对性的《思想方法论》）以指导中国革命和根据地建设，并大量印发单行本和文集以促进马克思主义的宣传和推广；这一时期我们党还通过教育和研究加强干部的马克思主义理论水平和实践能力，尽可能地推动马克思主义教学和研究工作；这一时期我们党还通过先后成立出版社发行马列著作、借助报纸和刊物扩大马克思主义理论在国统区的影响力、加强地方党组织传播马克思主义思想的力度等，通过多种途径积极开展大后方的马克思主义宣传工作，1938 年"马克思主义中国化"理念首次在党的六届六中全会上提出。

积极开展文化建设，提高群众文化生活水平。文化建设对于革命胜利具有重大意义，这一重大意义不仅表现在革命斗争的进程中，还表现在根据地的社会建

---

① 毛泽东：《在延安文艺座谈会上的讲话》，《毛泽东选集》第三卷，北京：人民出版社，1991 年，第 874 页。

设上。这一时期，根据地和解放区的文化建设都风风火火地开展了起来：涵盖图书、通讯、广播、报刊等在内的新闻出版事业得到快速发展；文学、艺术等各项事业也快速发展起来;教育事业的发展是这一时期文化建设的重要内容,干部教育、民众教育得到快速发展；根据地积极扩大抗日文化统一战线，助力中国革命事业的发展。

当时，马克思主义大众化和中国化程度显著提高，我们党自遵义会议开始独立自主地领导中国革命和中国文化事业的建设与发展；马克思主义理论作为党的指导思想在特定的时代背景下为中国革命的胜利提供了精神指南，并在中国化的过程中形成了第一个理论成果，即毛泽东思想。

（四）中国红色遗产的转型：1949—如今

1949 年 10 月 1 日，中华人民共和国成立了。中华人民共和国坚持党的统一领导、坚持以马克思主义为指导。马克思主义指导下的中国红色遗产必将随着时代的变迁而发生变化。我们以习近平总书记关于"正确认识改革开放前后两个历史时期"的重要讲话为划分依据，将中国红色遗产的转型分为改革开放前和改革开放后两个历史时期。两个不同的历史时期，中国红色遗产呈现出不一样的转型发展态势。

改革开放前：（1949—1978），中国红色遗产在曲折中探索发展。中华人民共和国的成立宣告着中华民族摆脱了帝国主义和封建主义的双重压迫，实现了民族独立和人民解放，这也是马克思主义指导下的中国红色遗产的新生。此后，在党的领导下，中国红色遗产以马克思主义为指导思想不断在探索中发展。在此期间，反"右"派斗争扩大化、"文化大革命"等挫折，给我国思想文化建设带来了剧烈冲击，中国红色遗产的发展也因此而受到束缚。但从历史发展的长远视角审视这段历史，我们看到的依然是中国红色遗产在曲折探索中的前行与发展，这可以从马克思主义是如何深入人心的历史进程中找到答案。为了推进马克思主义中国化、大众化进程，我们党带领人民做了许多努力。

一是改革教育制度,搭建马克思主义教育平台。从中华人民共和国成立前开始，我们党就高度重视教育。随后，为发展和完善社会主义教育，学校在各级党组织的统一领导下对教学内容和课程设置进行了调整，着重加强马克思主义理论教育，既丰富了学生的学习生活，又推进了马克思主义理论教育和道德品质教育的有效开展。

二是出版经典著作。出版和发行大量马恩列斯著作和毛泽东思想专著，为广大民众提供更多的理论读物。1953年，为宣传和普及马克思主义理论，毛泽东批准成立了马恩列斯著作编译所，一方面大量培养理论教师，另一方面则大量翻译出版马恩列斯著作。

三是开展批判运动，抵制非马克思主义的思想侵蚀。随着马克思主义理论学习和教育活动的深入开展，从1953年起，我国思想文化建设的重点转向学习马克思列宁主义关于社会主义的理论和学说，彻底清除和无情批判学术上的资产阶级唯心主义思想。这场学术批判从反对唯心主义思想的批判开始，后发展为学习马克思主义理论、批判资产阶级唯心主义。批判资产阶级唯心主义运动的开展，一方面肃清了资产阶级唯心主义思想在人民群众思想深处的遗毒，另一方面又在批判和争论中辨明了马克思主义的唯物主义思想，这有助于学术和文化事业的发展与进步，为确立马克思主义的指导地位创设了良好环境，对马克思主义在中国的发展具有重要意义。

改革开放后：（1978—2012），中国红色遗产在创新传承中推进。经历了"文化大革命"十年的冲击后，我国思想文化领域存在一些不和谐的声音，对马克思主义的指导思想地位造成了一定程度的挑战。为了纯洁党领导下的思想文化领域，肃清党员干部和广大人民群众中存在的不和谐音符，我们党领导人民做出了巨大努力。巩固了马克思主义的指导思想地位，中国红色文化也在巩固中得到进一步发展。这些发展举措包括：

一是涤荡错误理念，扫清改革开放的思想障碍。"文化大革命"结束后，对"两个凡是"进行了批判和抵制，并围绕真理标准问题进行了大讨论，确立了解放思想、实事求是、实践是检验真理的唯一标准等马克思主义辩证法的基本理念，为改革开放扫清了思想障碍。

二是廓清思想迷雾，奠定中国特色社会主义建设的思想基础。"文化大革命"十年桎梏了人们的思想和行为，为此进行了真理标准问题大讨论。据统计，仅1978年下半年，各类报刊上围绕真理标准问题的文章就达650篇之多，不包括中央在内的各个层面围绕这一话题开展的研讨会共计 70 余次。[①] 这次大讨论为全面拨乱反正和开创中国特色社会主义建设新局面廓清了思想迷雾，奠定了思想基础。

三是确立宏观架构，建设社会主义精神文明。党的十一届三中全会开启了中国特色社会主义现代化建设，同时也针对思想文化领域存在的各种新情况新问题，从民族发展和国家建设的高度提出了"社会主义精神文明建设"的宏大构想。以人类文明的一切有益成果作为文化来源建构社会主义精神文明建设，开展形式多样的精神文明创建活动，丰富和拓展社会主义精神文明的理论形态，为中国特色社会主义现代化建设提供精神支撑。

四是构建理论体系，建设中国特色社会主义文化。外有西方社会的和平演变和文化渗透，内有资产阶级自由化思想的腐蚀与侵害，我国的文化建设面临巨大挑战。如何在政治多极化和经济全球化的时代背景下进行文化建设，如何使社会主义的共同理想、价值观念和道德规范深入人民群众的内心深处，这就需要及时构建中国特色社会主义文化理论体系。

五是推动社会主义文化大发展大繁荣。文化体制的改革试点工作早在 2003 年初就已初步确定，首先确定在北京、上海等 9 省市进行文化体制改革试点，包括中国电影集团公司、国家图书馆、山东大众报业集团等共计 35 家单位开展试点。经过 3 年的试点，《国家"十一五"时期文化发展规划纲要》出台，对"十一五"时期我国文化发展和文化体制改革做出了整体部署，这是我国首个关于文化建设问题的中长期规划。

党的十八大以来：(2012—如今)，中国红色遗产以新的姿态继往开来。中国红色遗产，作为中华优秀文化的重要组成部分，它以民族性、时代性、人民性在文化强国构想中发挥着不可替代的作用。2012 年，党的十八大提出建设社会主义文化强国，着力提升民族文化创造力，为了确保国家文化安全以及实现中华文化"走出去"战略中的独特优势，党中央反复强调弘扬和传承中国红色遗产，实现"红色基因，薪火相传"的美好愿望。要大力提倡弘扬和传承红色遗产，以政策为推

---

① 当代中国研究所：《中华人民共和国史稿》第四卷，北京：当代中国出版社，2012 年，第 42 页。

手积极促进中国红色遗产的弘扬和传播，积极促进富含红色遗产和红色基因的革命老区经济发展。从以红色旅游为新的经济增长点的"红色旅游发展工程"，再到中央军委专门印发《传承红色基因实施纲要》，充分体现了党中央对红色遗产的重视，以及传承和弘扬中国红色遗产、着力实现"红色基因代代传"的诚意与决心。

三、红色遗产的生成机理与特点

文化的生成必然根源于人们所处的历史环境和现实基础。作为政治文化范畴下的社会政治意识的集中表现，红色遗产的生成是历史的必然。马克思主义与中国革命的实践为中国红色遗产的生成提供了必不可少的前提条件，同时又内嵌为中国红色遗产的组成机理。

（一）中国共产党是红色遗产生成与发展的建构主体

中国共产党的成立为红色遗产的生成建构了坚强的主体基石。中国共产党自成立以来，就明确了进行新民主主义革命、建立新中国的远大目标。在民主革命时期，作为中华民族根本利益的代表，作为中国工人阶级的先锋队，中国共产党在斗争实践中形成了许多伟大精神，这些精神集中体现为中国革命精神。毛泽东带领我们党和人民找到了正确的革命道路，中华民族不再是被欺凌的民族，中国人民站了起来。

中国是一个历史悠久的国家，工人阶级难免受封建宗法思想、帮派观念、宗教迷信和各种非无产阶级思想的影响。中国无产阶级要积极发挥自身革命优势，承担起中国革命的领导责任，就必须建设符合自身特点、以先进思想理论为指导、提高阶级觉悟的先进政治文化，以提升自身及其盟友的阶级觉悟。十月革命把马克思主义这一先进的无产阶级革命理论带到了中国。然而，马克思主义毕竟是外来思想，文字晦涩难懂，即便是知识分子也不容易接受它。无产阶级和半无产阶级更难以接受它。1921 年，无产阶级的先锋队中国共产党正式成立。全国虽然只有 53 名党员，但正是这支小队伍为中国共产党的发展壮大奠定了坚实的起点，这支队伍也是生成红色遗产的基石。

1919 年，中国有 200 万产业工人，这是一个纪律严明、组织严密，最具革命性和战斗性的群体；而且，这一群体大部分与农民有着天然的联系，他们的亲人亲属中有不少还在农村。相似的遭遇和血缘联系，让中国工农有极其相似的革命诉求，让无产阶级能够与占中国人口 90% 左右的农民，特别是广大贫农结成最牢固的战斗联盟进行斗争。这表明中国无产阶级已成为能够改造中国社会的重要政治力量。红色遗产的阶级基础——无产阶级政治文化诞生了。

中国共产党文化建设的思想源头可追溯到 20 世纪初。统治阶级中的先进分子在洋务运动和甲午战争中均历经了失败，将救国战略从器物层面转移到制度层面，试图通过改良、变法的方式延续封建统治。辛亥革命将他们的美梦彻底打破，2000 多年的封建统治终于被推翻了。民主共和观念随着革命的推进而深入人心，许多仁人志士意识到，中国变法失败的原因不仅是经济的落后，文化落后是其更深层的原因。因此，文化思想更需要革新。新文化运动便在这样的时代诉求和历史背景下发生了。陈独秀、李大钊等新文化运动精神领袖，大力批判旧文化，传播新文化，为中国共产党的诞生奠定了思想基础。

正是在这种前提下，毛泽东进入了安源煤矿，他开始了领导工人运动的旅程，开始了探索中国革命的道路。因外围环境的不同，在土地革命时期、抗日战争时期和解放战争时期，我们党从当时的实际出发，坚持以先进文化为先导，将自己的文化建设思想付诸实践。

（二）马克思主义中国化是红色遗产生成与发展的理论支撑

由于当时苏联的对华政策，中国早期共产主义者开始走以城市为中心的俄国革命道路。因此，长期以来，中国红色遗产的生成模式都是以俄国红色遗产生成模式为范本的。自 1919 年共产国际正式成立到 1943 年解散，其也帮助、引导甚至直接推动了中国革命运动的发展。这在很大程度上促进了马克思主义传播，最终决定了红色遗产的性质及其生成方向。

马克思主义文化理论是马克思主义理论体系的重要组成部分，经过几代中国共产党人的凝练转化，实现了马克思主义文化理论的中国化，并形成了当下呈现在我们面前的理论体系。马克思站在全人类的高度，以世界历史发展为背景，密切关注世界各国的政局变化。自 1851 年起，他开始为美、英等国部分报刊撰写时评，尤其关注影响较大的国际问题，其中也涉及中国的问题。他梳理和分析了中国社会的特点，批驳和谴责列强对中国的欺凌与掠夺，对中国人民的顽强抵抗尤为赞赏，并对中国革命前途抱有殷切的期望。

科学共产主义学说是运用历史唯物主义的基本原理对资本主义社会的经济、政治、思想以及发展脉络和发展趋势进行深度分析的学说。科学共产主义学说的研究对象是全部社会关系，其任务在于"探索实现共产主义理想的各种现实的可能的途径"。俄国共产主义运动的成功、中国社会主义制度的确立以及两国社会主义实践的顺利推进，都是坚持科学共产主义学说的成功典范。

科学共产主义学说不是空谈，是经过革命实践检验的真理，是包括无产阶级在内的全人类利益的集中表现。中国红色遗产，伴随着中国共产党的诞生而萌生，坚定的共产主义理想信念是其核心价值理念之一。中国红色遗产是科学共产主义学说在中国特定背景下的文化体现，科学共产主义学说是中国红色遗产的理论指南。毛泽东思想是红色遗产生成最直接的理论指导。

中国共产党既顺应了中国历史发展的潮流和中国社会发展的需要，又找到了马克思主义这一解放人类的伟大革命理论，这一理论能否发挥对中国革命的指导作用，完全取决于如何运用。1927年，在蒋介石和汪精卫的两把屠刀下党近六年的积蓄化为乌有，大革命失败。当时党内许多同志认为革命的失败是因为无法像苏联共产党那样在大城市发起武装起义。正是在这种思想指导下，我们党在城市举行了一百多次武装起义，但都失败了。毛泽东率领秋收起义的余部引兵井冈山，及时总结了经验，探索出形成红色遗产的正确道路——井冈山道路，实现了马克思主义中国化的第一次飞跃，为红色遗产的产生确立了科学的指导思想。

（三）新民主主义革命是红色遗产生成与发展的实践基础

回首百年历史，中国红色遗产的生成与中国共产党的发展壮大相伴，深受所处时代的经济和政治状况的影响。为探索民族复兴之路，许多有志之士不断寻找救国救民的真理。尽管各种救国运动的主力因为不能履行"救国救民"的历史责任而不得不退出历史舞台，他们所建立的政治文化因不能完成"救国救民"的历史任务而逐渐衰败或被其他政治文化取代重建，但因为有了他们，才使帝国主义列强灭亡中国的企图未能实现；更重要的是，正是因为他们践行了一个个救国方略，并睿智地将马克思主义与探索中国革命道路有机地结合在一起，最终革命实践的发展变化才能不断推动红色遗产的建设者不断完善政治文化，使其更加先进。中国红色遗产从中国革命的实践中产生，也在中国革命的实践中发挥着巨大的推动作用，并进一步推动了中国革命继续发展。

中国红色遗产承载了中国革命不同历史时期的努力与艰辛，其核心理念是在战争年代的新民主主义革命时期形成的，伴随着时代环境的改变，红色遗产的核心部分也在不断进行着加工改造与传承发扬。任何文化形态都是特定历史条件下形成的，中国红色遗产也不例外。鸦片战争的爆发，标志着中国进入了半殖民地半封建社会。随后，中国社会的阶级状况变得更为复杂，纷繁交错的矛盾也逐渐暴露：既有中华民族同帝国主义之间的民族矛盾，还有人民群众同封建地主阶级的阶级矛盾，也有中国民族资产阶级同帝国主义、封建主义的矛盾，也有封建地主阶级同帝国主义的矛盾等。矛盾暗含着冲突，中国共产党的革命实践就是在这种矛盾复杂、冲突激烈的历史背景之下展开的，这就内在地决定了中国革命实践的艰巨性、复杂性、长期性和曲折性，决定了中国共产党领导中国人民进行革命实践时需要付出更艰辛的努力和足够的智慧，中国的红色遗产便在努力奋战与充满智慧的革命实践中生成了。革命的难度史无前例，中国共产党领导人民群众以坚忍的精神意志战胜了各种艰难曲折，才铸就了富有先进性、大众性、民族性、包容性、继承性和时代性的中国红色遗产。

（四）中华优秀传统文化是红色遗产生成与发展的民族渊源

文化的发展是一个历史的连续体，都是建立在历经扬弃的母体文化之上的。喀布尔博物馆大门上刻着："当一个民族的文化存在，这个民族就存在着。"[①] 中华民族创造了人类最灿烂的历史文化，让无数中华儿女感到自豪和自信。中华民族将这种自豪和自信内化为在面临危难的时候振兴民族、热爱祖国的强大精神动力和坚实基础。由中国共产党领导缔造的红色遗产，一方面继承了世界最先进的科学理论成果——马克思主义，还吸收了世界其他民族的优秀文化成果；另一方面，红色遗产凝聚和传承了中国传统文化的精髓，并将其深深植根于中华文化的现实土壤中。新民主主义革命时期，中国共产党人展现的革命人道主义、集体主义、爱国主义精神正是我们中华民族优良传统的体现。

---

① 傅小清，龚玉秀，张国芳：《试论红色文化的生成机制》，《井冈山大学学报（社会科学版）》，2010 年 7 月 15 日。

（五）群众路线是红色遗产生成与发展的根本路径

一种全新的政治文化不仅取决于它是否蕴含更崇高美好的政治理想和价值观，还取决于其在生成过程中它的主体能否采取有效的方法，能否获得永久的力量源泉。红色遗产的生成，鲜活地证明了这一点。"现代运动的力量在于群众的觉醒"。这里的群众不是普通的"社会成员"，而是特指具有一定政治思想、政治态度、政治觉悟和政治参与热情的"政治公民"。

中国共产党将思想政治视作自身生存与发展的"生命线"。毛泽东早在井冈山革命期间，就将宣传群众、组织群众、教育群众作为红军的三大任务之一。随着革命斗争的深入，党也在不断总结和完善思想政治工作经验。在革命时期，几句简单的标语、图片，让农民们仿佛都上了一次政治学校，效果非常好，传播速度非常快。它有力地展示了各种政治文化中的红色遗产的先进性，唤醒了群众的阶级觉悟和革命意识。

群众路线的最大优点是充分调动一切积极因素，最大限度集中力量。如何对不同阶级、阶层的人的思想、意志和目标进行有效整合是这条路线的瓶颈所在。红色遗产的领导者中国共产党拥有强大的马克思主义理论作武器，始终坚持"为群众办事、为人民服务"，听取群众意见，凝聚群众智慧。有数据显示，1946 年至 1948 年，山东有 580 万人参与救护伤病员、运送粮草弹药的工作，陈毅同志说，淮海战役的胜利是老百姓用担架抬出来的。群众路线促进了红色遗产社会化基础的形成，群众中的大多数人也是红色遗产的积极创造者和传播者。

（六）革命精神是红色遗产生成与发展的动力源泉

在新民主主义革命时期，红色遗产只是众多政治文化中的一种，红色遗产生成之始，十分弱小，处境艰险。工农革命军不但要与追击拦截自己的数十万国民党现代部队斗争，还要和自然环境作战。那么，中国共产党及其领导的革命军队，如何能够在如此弱小艰难的时期英勇作战不溃散，进一步把红色遗产社会化扩大的呢？单靠物质条件，我们绝不可能取得革命和建设的胜利。那靠什么？是依托红色遗产所承载的核心要素所产生的力量：科学的指导思想为红色遗产的产生提供了正确的指引；坚定的理想信念为红色遗产的生成提供了强大的凝聚力；顽强的革命精神为红色遗产的生成提供了强大的推动力，高尚的道德品质为红色遗产的生成提供了强大的吸引力。随着时间的推移，面对国际国内经济社会发展的复杂形势，红色遗产以其核心元素构建起了整个社会的核心价值体系，形成了力量的集合体，以独特的方式主导着人们的思想，确立了集体目标，铸就了群体的统一意志，最终实现了红色遗产生成的目标。

（七）红色遗产生成与发展的基本特点

红色遗产是重要的文化遗产类型，除了具有文化遗产的历史性、不可再生性、文化性等共性外，还具有一般文化遗产不具有的特征，如：时间跨度的明确性、与中国共产党的密切性、精神内涵的丰富性、遗产价值的传承性、组合融入的复杂性、表现形式的多样性、发生原址的民间性等。

1. 时间跨度的明确性

本研究偏向于红色遗产的时间跨度为：中国共产党成立后涵盖中国革命、建设、改革和新时代的整个历史实践，并可以分为四个阶段，即萌芽（1921—1927）、生成（1927—1935）、发展（1935—1949）和转型发展（1949—如今）四个阶段。总的来说，我国红色遗产生成和发展的时间跨度不长。

2. 与中国共产党的密切性

红色遗产与中国共产党具有非常密切的关系。中国共产党是中国社会的希望，是中国人民的救星。中国共产党带领全国各族人民取得一个又一个奇迹，并在创造奇迹的过程中缔造了非常珍贵的红色遗产。

3. 精神内涵的丰富性

红色遗产蕴含了宝贵的精神财富。以中国共产党人的建党精神为源头的精神谱系是在长期艰苦的革命、建设、改革等斗争实践中形成的，是中华民族伟大精神的凝聚。正是这种精神谱系激励着我们的人民创造了无数个历史奇迹。这种精神谱系是我国人民取得伟大胜利的秘诀，是我国人民不断前行的动力，是红色遗产的核心价值所在。

4. 遗产价值的传承性

红色遗产的传承性，是指具有代代相传、传承或发展的性质。红色遗产是革命先烈留下的财富，可以供后人享用或传承。这些宝贵财富可以通过教育等多种形式传承下去，而且它的价值将一直延续下去，发挥更大的作用。

5. 组合融入的复杂性

红色遗产属于文化遗产。红色遗产是与自然遗产相关联，与民俗文化遗产相结合的复合集成的综合体。如井冈山是我国著名的红色遗产集聚所在地，但它的自然风光优美，且与庐陵文化、客家文化相融合。

6. 表现形式的多样性

红色遗产具有多种形态，从物质形态来说它可以分为无形红色遗产和有形红色遗产。有形红色遗产种类繁多，包括革命遗址遗迹等单体建筑、红军标语、革命遗留物等。无形红色遗产不仅包括红军歌曲、革命故事、红色制度，还包括以实物形式体现的革命精神，如井冈山精神等。

7. 发生原址的民间性

中国革命的正确路线是"农村包围城市、武装夺取政权"。因此，大量的红色遗产存在于农村，许多会址和重大活动也都发生在私人住宅中。

第三节　红色遗产的历史地位与时代价值

一、红色遗产的历史地位

红色是中国共产党、中华人民共和国最鲜亮的底色，在我国广袤的大地上红色遗产星罗棋布，在我们党团结带领中国人民进行百年奋斗的伟大历程中红色血脉代代相传。每一位英雄、每一种精神、每一件文物，都代表着我们党走过的光辉历程、取得的重大成就，展现了我们党的梦想和追求、情怀和担当、牺牲和奉献，这些都汇聚成我们党的红色血脉。红色血脉是中国共产党政治品格的集中体现，是新时代中国共产党人精神力量的源泉。习近平总书记说："党的十八大以来，我到地方考察，都要瞻仰对我们党具有重大历史意义的革命圣地、红色旧址、革命历史纪念场所，主要的基本上都走到了。"在前进的道路上，我们不能忘记走过的路；无论我们走多远，前途多么光明，我们不能忘记我们走过的过去，也不能忘记为什么出发。

红色遗产是我们党艰难而光荣的斗争历史的见证，是最宝贵的精神财富。我们必须尽心尽力保护好、管理好和使用好它们。一是要加强科学保护。加强红色遗址、红色文物保护工作,统筹好保护与传承、利用的关系等。二是要开展系统研究。统筹研究力量,强化研究规划,积极开展革命史料的抢救、征集和研究工作,加强革命历史研究,深入挖掘红色资源背后的思想内涵。三是要打造精品展陈。坚持政治性、思想性、艺术性相统一,把好导向、聚焦主题,用史实说话,着力打造高质量精品展陈,增强表现力、传播力、影响力,生动传播红色遗产。四是要强化教育功能。围绕革命、建设、改革各个历史时期的重大事件、重大节点,研究确定一批重要标识地,讲好革命的故事,使之成为教育人、激励人、塑造人的"大学校"。要设计符合青少年认知特点的教育活动,引导他们从小在心里树立红色理想。

二、党的主要领导人关于红色遗产的重要论述

马克思主义的基本理论蕴涵着红色遗产的科学性和可行性。马克思主义认为,社会存在决定社会意识,这为红色遗产的实践奠定了根本的理论基础。中国共产党的成立对中国传统的价值观、信仰、道德规范、思维规则以及民族性格和心理均产生了重大影响。这个影响突出地表现在中国的革命和建设过程中,中国共产党结合时代和社会发展的要求,凝聚和培育了建党精神在内的许多革命精神。这些精神不断地丰富着红色遗产的内容。党和国家的主要领导人都对革命传统、革命精神和红色遗产传承保护作了一系列科学论断,这些诊断是我们党进行红色遗产传承保护的重要理论依据和重要遵循。

（一）毛泽东关于红色遗产传承、保护和利用的相关论述

毛泽东注重用革命传统教育党员和群众,同时注重在具体的革命建设实践中培育和凝聚中国共产党自己的优良革命传统,用这些优良的革命传统拓展中国共产党红色遗产的生成和发展。

毛泽东重视把中华民族丰富而光荣的红色遗产用在人民群众身上。他提出了中国共产党的新作风问题,中国共产党它不同于剥削阶级的政党。毛泽东通过自己的实际调研,确立了理论结合实际、紧密联系群众的作风典范。土地革命期间,毛泽东深入农村进行调查,在《论联合政府》中毛泽东明确提出理论联系实际、密切联系群众、批评与自我批评的党的三大作风。中国共产党的革命精神是由鲜明而具体的"坐标"组成的,而这些"坐标"又形成了一个可以长期涵养后代的

精神谱系。1965 年，毛泽东重上井冈山时强调："艰苦奋斗的精神不要丢了，井冈山的革命精神不要丢了。"[1] 这表明,毛泽东重视用中国共产党培育和凝聚的革命优良传统来传承红色遗产。

（二）邓小平关于红色遗产传承、保护和利用的相关论述

邓小平强调要加强思想政治教育，要求"高级干部要带头发扬党的优良传统"[2]，这从建设社会主义精神文明的角度，论述了中国共产党的红色遗产的传承、保护和利用。在此基础上，邓小平强调要从社会主义现代化建设特别是社会主义精神文明建设的高度，积极拓展中国共产党的红色遗产。他提出"建设社会主义的物质文明和精神文明"[3] 一靠理想二靠纪律……要用坚定的信念……要用中国的历史教育青年。[4] 邓小平提出，"井冈山精神是宝贵的，应当发扬"。[5]

邓小平还认为，"我们一定要宣传、恢复和发扬延安精神……推进社会主义现代化建设要有艰苦奋斗的创业精神……一定要老老实实创业，一定要吃点苦头，不然以后就没有甜头了。人民生活只有随着生产的不断发展，才能得到逐步改善。"传承中国共产党的红色遗产，必须坚持社会存在和社会意识辩证统一的原则。中国共产党的红色遗产传承必须从人民经济基础出发，用积极向上的社会因素消除消极的社会因素，从而达到建设社会主义精神文明、弘扬艰苦奋斗精神的目的。

（三）江泽民关于红色遗产传承、保护和利用的相关论述

江泽民从社会主义精神文明建设的高度，对一些个性鲜明的优良革命传统和革命精神形态做了客观理性的凝练与概括。1989 年，江泽民把井冈山精神的内涵概括为："坚定信念、艰苦奋斗，实事求是、敢闯新路，依靠群众、勇于胜利。"此外，江泽民还对长征精神、延安精神、鲁迅精神、抗美援朝精神、"两弹一星"精神、抗洪精神、科学精神、创业精神等做了详细论述，并对运用中国共产党培育形成的优良传统、革命精神如何进行红色遗产传承提出了明确的要求。在 2001 年 6 月，

---

① 傅治平：《精神的升华——中国共产党的精气神》，北京：人民出版社，2007 年，第 118 页。

② 邓小平：《邓小平文选》第二卷，北京：人民出版社，1994 年，第 215—230 页。

③ 邓小平：《邓小平文选》第二卷，北京：人民出版社，1993 年，第 27—28 页。

④ 邓小平：《邓小平文选》第三卷，北京：人民出版社，1993 年，第 204—206 页。

⑤ 傅治平：《精神的升华——中国共产党的精气神》，北京：人民出版社，2007 年，第 118 页。

江泽民考察江西时提出"要继承和发扬井冈山的优良革命传统"。[①]

（四）胡锦涛关于红色遗产传承、保护和利用的相关论述

胡锦涛十分重视红色遗产传承保护的理论创新与实践探索，不断为构筑伟大中华民族的时代精神体系增添新的内容。胡锦涛强调，要继承和弘扬党的革命优良传统，在新的历史条件下传承革命先烈的革命精神，不断创造新成就。1993年和2003年胡锦涛视察江西井冈山时指出："我们要结合时代的发展……让井冈山精神大力发扬起来。"[②] 后来，胡锦涛又多次论及长征精神、延安精神、西柏坡精神、艰苦奋斗精神，要求弘扬崇高革命精神，发扬优良革命传统。

（五）习近平总书记关于红色遗产传承、保护和利用的相关论述

党的十八大以来，习近平总书记始终高度重视红色遗产传承保护，全面、立体地阐释了红色遗产的含义和范围。习近平总书记2017年6月在山西考察时说："我们党的每一段革命历史，都是一部理想信念的生动教材。"从社会基础来说，红色遗产是中国共产党领导革命和建设实践在思想意识领域的反映，是破坏旧世界建设新世界、打碎旧社会建立新社会的文化形态。从中华文化史来说，红色遗产是中华优秀传统文化的继承和发展，是古老中华文明向社会主义文明转型的初始形态。从使命任务来说，红色遗产是中国共产党领导文化革命的重要环节和独特形态。

2015年，习近平总书记强调："井冈山精神和苏区精神是我们党的宝贵精神财富，要永远铭记、世代传承，教育引导广大党员、干部在思想上正本清源、固根守魂，始终保持共产党人政治本色。"[③]2016年2月，习近平总书记在江西考察时再次强调："井冈山时期留给我们最为宝贵的财富，就是跨越时空的井冈山精神。"2019年5月，习近平总书记在江西考察时指出："井冈山精神和苏区精神，承载着中国共产党人的初心和使命""是砥砺我们不忘初心、牢记使命的不竭精神动力"。

党的十八大以来，习近平总书记多次深入基层调研，多次强调不忘初心的重要性。2019年5月20日，习近平总书记在江西考察时说："中国共产党的初心就

---

① 陈春晖：《中国共产党革命传统教育发展研究》，硕士论文，江西师范大学。
② 胡锦涛：《继承发扬党的优良革命传统加快全面建设小康社会步伐》，《人民日报》，2003年9月3日。
③ 《习近平强调用井冈山精神激励干部群众继承发扬党的优良传统促进浙江又快又好发展》，《浙江日报》，2006年3月31日。

是为人民谋幸福、为民族谋复兴、为世界谋大同。"红色基因就是要传承，要向英雄学习，从革命的历史中汲取智慧和力量。英雄在危难时刻能够挺身而出，不惧危险，迎难而上，肩鸿任钜，勇挑重担。英雄以责任为己命，以奉献为人生价值。中华儿女在险恶环境、残酷战争的艰难困苦面前展现出来的万众一心、不畏强暴、同仇敌忾、共赴国难、浴血奋战、保家卫国的决心和勇气，汇聚起了磅礴伟力。抗美援朝战争期间涌现了30多万名英雄功臣、近6000个英雄团体。要教育引导学生铭记英雄的历史功绩、崇尚英雄的为民情怀、传承英雄的民族气节；在坚守正道、锻造品格的实践中，感悟传统魅力，高擎信仰大旗，传承红色基因，赓续红色血脉。

三、红色遗产的时代价值

中国共产党必须站在全局的高度，加强自身的政治文化建设，认清政治文化的影响力和文化的战略意义，作为政治文化核心载体的红色遗产，必须进一步深度挖掘其政治价值、经济价值、社会价值、文化价值、教育价值等时代价值，从而传承红色基因、赓续红色血脉，不断推进党的事业胜利前进。

（一）政治价值

红色遗产体现了中国共产党发展壮大的历程，记录了我党的成长轨迹。中国共产党及广大群众是创造红色遗产的主体，我党由开始的十几名党员一步步发展到9500多万党员，实现了民族独立与发展、人民解放与幸福的伟大目标，这表明了只有中国共产党才能救中国、带领中华民族走向繁荣富强。

弘扬红色遗产有利于坚定共产党人的理想信念。红色遗产有着丰富的内涵，如井冈山精神等，这些精神的共性是对革命必胜的信心。井冈山斗争时期，革命事业正面临许多困难，如果没有坚定的理想信念，是无法坚持下去的。如今弘扬红色遗产也有利于增强共产党人的自尊自信，拧紧政治信念的"总开关"，从而推动我国的社会主义民主政治不断向前发展。

红色遗产的传承和弘扬可促进领导干部践行初心使命。党的宗旨是要"全心全意为人民服务"，红色遗产教育的主要目的就是端正领导干部的工作态度。现阶段少数领导干部只看重个人私利，不为群众着想，不为群众"办真事、真办事"，所以，对领导干部深入宣传红色遗产，有利于领导干部树立正确的世界观、人生观和价值观，端正他们为群众服务的工作态度，引导他们运用科学的方法，坚定全心全意为人民服务的宗旨。

红色遗产的传承和弘扬可以推动党的执政能力建设。红色遗产体现了我党在革命和建设时期的价值追求和政治理性，反映了我党处理社会、经济等方面事务的经验探索，弘扬红色遗产，有利于保持党的先进性，增强党的执政能力。

红色遗产的传承和弘扬可促进领导干部作风转变。目前部分领导干部受"灰色文化"的干扰，擅自运用手中的权力，大搞以公谋私、劳民伤财的政绩工程，生活腐败奢靡，严重背离了红色遗产提倡的艰苦奋斗、实事求是的优良作风。因此，大力弘扬红色文化，对领导干部开展红色教育，加强对"红色遗产"的学习，牢固树立领导干部艰苦奋斗、求真务实的工作作风非常有必要。

红色遗产的传承和弘扬，必须抓好领导干部这个关键。运用红色精神这一宝贵资源，从中共党史、党建理论、革命传统、基本国情等多方面对党员干部开展教育活动，使他们切身体会到革命先烈为民族独立、革命胜利而不顾个人安危、抛头颅洒热血的伟大革命精神，坚定领导干部的理想信念，激发他们为现代化建设和改革开放伟大事业做贡献的精神。

（二）经济价值

在社会主义市场经济高度繁荣的今天，红色遗产的开发利用对经济发展有着巨大的推动力，主要表现在以下几个方面：

首先，红色遗产主题旅游有望成为新的经济增长点。时代的发展使得越来越多的人开始追求文化消费，他们希望得到高层次的精神熏陶。红色遗产植根于广大人民群众，在群众当中有着良好的口碑与知名度，近年来各地方积极开发红色遗产资源，取得了良好的经济效益。以 2019 年为例，全国红色遗产景区的综合收益约为 240 亿元，同时还带动了周边交通发展、商业繁荣，成了一个经济增长亮点。

其次，红色遗产是一张亮眼的文化名片。在当前的国际宣传领域中，美国文化产业利用"好莱坞""百老汇"等平台向全球推广其文化作品，使得美国在全球范围内拥有很强的文化话语权，极大地增强了美国的国际影响力。红色遗产是我国独有的文化品牌，随着我国全面深化改革开放，红色遗产也吸引了一大批国际受众。加大对红色遗产的宣传力度，打造品牌效应，催生红色遗产支柱产业，可以在助推我国经济发展的同时增强国家软实力，建设文化强国。

再次，弘扬红色遗产可以促进人才回流、带动招商引资。人才是经济发展的保障，在我国经济持续快速发展的今天，一大批海外华人华侨被革命先辈的事迹所感动，积极报效祖国，为祖国的经济发展助力。可以说，宣传红色遗产可以激发全球华人华侨的爱国热情，架起产业、资金、人才之间的桥梁，为那些红色遗产资源丰富但经济较为落后的地方提供发展动力。

最后，红色遗产是市场经济发展的精神保障。红色遗产的政治导向作用可以帮助人们看清发展、稳定与改革间的关系，减少我党落实各项政策的阻力，推动市场经济的健康发展。同时，红色遗产可以帮助人们养成健康的行为方式与生活态度，使人们不畏艰难险阻，积极投身于社会主义现代化建设中。

红色遗产资源的经济价值开发可以通过红色旅游来实现。发展红色遗产旅游应从提升软硬件水平上下功夫，从而全面提高红色遗产旅游的接待水平。旅游业与多个间接和直接的服务部门都有密切关联，需要"吃住行游购娱"等方面的共同发展，完善和健全基础服务设施，能大大提升旅游接待水平和当地旅游形象，有效促进旅游资源的深度开发和旅游行业的快速发展。所以，政府应加大资金投入力度，完善红色遗产旅游景区的硬件设施，统筹资金安排，有重点、有规划地加强红色遗产资源的整理、挖掘以及保护等工作。在景区的软件设施建设方面，应重视旅游接待工作，重点改善娱乐、餐饮、住宿等方面的服务，实行规范化管理，通过制定行之有效的规章制度，提升服务质量，避免出现宰客等不良行为，为游客提供贴心、舒心和放心的服务。

另外，还应提升红色遗产旅游的体验度，提升旅游竞争力。随着人们的审美方式和思想观念的转变，原来那种"一块挂板、一张图片"的红色遗产教育模式已不能适应现代思想教育的要求，因此，红色遗产旅游要适应市场变化和游客需求，大力开发以体验和亲身参与为主的旅游模式。第一，打造舒适的景区氛围。精心布置展览内容、住宿环境，安排好饮食和景点讲解等事项，最大限度地让游客重温当年岁月情境，深刻感受红色精神的熏陶。例如：在饮食方面，尽管不能让游客如当时一般吃草根啃树皮，但可让游客吃五谷杂粮、野菜清粥，在有益于游客身体健康的同时，还可让他们切身体会一下当年革命先辈的艰苦生活，使游客更加珍惜现在的幸福生活。第二，加大对体验性、参与性强的红色遗产旅游产品的开发力度。比如：在井冈山黄洋界推出重走朱毛红军挑粮小道、在井冈山荆竹山雷打石推出自做红军餐等体验式教学课程；西柏坡红色旅游基地推出了游客穿游击队服开展"模拟战争"的旅游项目；甘肃、广东等地推出了"重走长征路"活动；孟良崮旅游区推出了推磨、纺线等体验性、参与性强的体验活动，这些活动不但受到了广大游客的一致喜爱，还具有良好的经济效益和教育成果。利用体验游的方式可以丰富旅游的内容和形式，增加红色遗产旅游的生动性和丰富性，有效激发游客的热情和兴趣，使红色遗产教育更为形象生动。

（三）文化价值

红色遗产属于特殊的文化类型，其本身就是宝贵的文化资源。红色遗产贯穿新民主主义革命到中国特色社会主义建设的各个阶段，有着丰富的物质及非物质载体。物质载体包括革命遗址、经典文献等，非物质载体包括戏曲、歌舞等，因此可以说红色遗产是宝贵的文化资源。

红色遗产丰富了艺术作品类型，催生了一大批红色经典作品。红色经典作品反映了党和人民的鱼水之情，激励着一代又一代人奋发进取，每一首红歌、每一曲舞蹈都代表了一段革命历史。我国人民对红色影视作品也是耳熟能详的，可以说红色遗产作品在我国有着深厚的文化土壤。在网络技术高度发达的今天，也涌现出了一大批植根于红色遗产的动漫、游戏作品，深受广大青少年的喜爱，这些作品使他们在娱乐的同时感受到了文化的熏陶，增强了红色遗产的感染力。

一是要开展文化创作。红色影视作品利用媒体终端可以为人们再现革命年代的峥嵘岁月，使人们更加深入地了解红色革命历史，更深刻地体验红色遗产，感受革命先辈的顽强斗志和必胜的信念。比如：《地道战》讲述了抗日战争时期，在中国共产党的正确领导下冀中人民利用地道战的战斗方式，成功粉碎了敌人疯狂的"扫荡"，英勇抗击日本侵略者的战斗故事。影片将革命先辈无畏的斗争场景一一再现出来，革命志士们的那种豪情壮志深深地感染着我们，使我们更加意识到今天的幸福生活是无数革命先烈用生命换来的，我们应当倍加珍惜，从而激发人们对祖国、对生活的热爱之情。因此，"红色影视"作品可起到提升素质、启迪智慧、升华人格、陶冶情操的重要作用。

二是要发展影视动漫产业。在动漫产品中融入红色遗产内容，这不但可以满足人们对精神文化的需求，还可以大力弘扬和宣传红色遗产，加强对未成年人的思想教育，促进红色遗产产业发展。比如：由八一电影制片厂出品的《闪闪的红星》，用曲折的故事情节、动人的音乐、鲜明突出的人物形象完美地制成了一部脍炙人口的红色经典影视作品，尤其是影片里的潘冬子，为我们展现出了一个革命信念坚定、形象机智顽皮的"小革命"形象，受到了广大观众的一致喜爱。

（四）社会价值

进入 21 世纪，红色遗产的社会教育功能得到了进一步彰显。建设社会主义和谐社会需要发挥红色遗产在实现社会价值方面的三个作用。

一是激励作用。红色遗产的传承从某种程度上来说就是利用爱国主义、集体主义的典型案例对一代代人进行励志教育。革命年代，在物资匮乏的时期，革命者体现的饱满的革命热情是战胜困难的重要法宝。爬雪山过草地时，很多官兵舍不得吃自己的干粮，而是拿出来给伤病员吃的故事感染了无数人。这就要求我们要继续发扬革命前辈艰苦奋斗、勤于奉献的精神，推动社会更好地向前发展。

二是调节作用。井冈山时期，军民一家的和谐氛围是革命取得胜利的重要原因。因为对革命胜利的期盼，共产主义情怀徜徉在革命者的心田。革命者可以舍小我，成就大我。狼牙山五壮士为了大部队、乡亲的转移，在完成阻击任务后，原本可以安全撤退，他们却选择了把敌人引向峰顶，为大部队和乡亲赢得了更多的时间。改革开放以来，社会主义市场经济促进了中国经济的迅猛发展，但也出现了一些不可忽视的问题。当下，在构建和谐社会的过程中，要通过传承红色基因，继续发扬优良传统作风，弘扬革命精神，倡导见利思义、先人后己、爱岗敬业、至诚报国的思想和乐于奉献、淡泊名利的高尚情操。

三是保障作用。世界范围内政治制度的博弈和价值观的较量日趋激烈，意识形态的斗争和冲突在社会形态更替、社会发展进入关键时期时表现得尤为剧烈，西方国家鼓吹"中国威胁论"，同时制造贸易摩擦，甚至要打贸易战，同时搅局中国南海、东海和台湾问题，挑战中国政府的底线。在国内，一小部分人在外部的压力下自乱阵脚，思想混乱；还有一小部分人对马克思主义信仰淡化，对西方的三权分立顶礼膜拜，甚至妄想挑动民族矛盾，以达到不可告人的目的。因此，红色遗产传承必须精准发力，才能及时消除人们意识形态的误区，理清思想混乱的根源。

（五）教育价值

红色遗产作为一种历史文化遗产，包含了中国共产党在发展中积累的一系列治党治国新方略、新理念，蕴含了丰富的党性教育资源、丰富的优良作风教育资源、丰富的党的纪律教育资源，它不仅是理想信念教育、道德情操教育、爱国主义教育的优质资源，还在法治建设、国防教育和民族团结等多个领域发挥着重要作用。

红色遗产蕴含了丰富的党性教育资源。我们党自诞生之日起，就把实现共产主义作为奋斗目标，这个目标代表了无产阶级的根本利益。井冈山斗争时期，在艰难困苦的战争环境下，党和红军始终与人民血肉相连，根据地在白色恐怖中得以生存和发展。土地问题是农民最关注的问题，在井冈山斗争时期毛泽东进行了社会调查，形成了《宁冈调查》和《永新调查》，并制定颁布了《井冈山土地法》。毛泽东在湘赣边界开始了"打土豪、分田地"的试点工作，后来分田试点工作逐渐扩展到其他地区。民爱军军爱民的思想深入人心。因此，以红色遗产为载体，对干部进行党性教育，对于坚定理想信念，增强政治定力具有重要意义。

红色遗产蕴含了丰富的优良作风教育资源。党的作风是指在党的活动中表现出来的态度和行为，是在党的活动中的表现出来的党的性质、宗旨和世界观。三湾改编时，成立了士兵委员会，普通士兵参与军队的民主管理，建立了新型官兵民主平等的关系，这是弘扬民主的好作风；由于敌人的经济封锁，毛泽东、朱德和红军战士一起每天下山挑粮，这是以身作则的优良作风；朱德与群众"有盐同咸、无盐同淡"，陈毅带病帮群众收割庄稼，这是密切联系群众、依靠群众的优良作风；面对敌人残酷封锁，在生活极其艰苦的情况下，红军干部与战士一起吃红米饭、南瓜汤，这是艰苦奋斗的优良作风。党的优良作风教育是红色资源的重要组成部分。在高速发展的时代，虽然不用像革命先辈那样流血牺牲，也不用过过去那样艰苦的生活，但优良传统不能被遗忘。因此，用红色遗产教育领导干部，对于铭记党的优良传统作风具有极高的价值。

红色遗产蕴含了丰富的党的纪律教育资源。"加强纪律性，革命无不胜。"井冈山是人民解放军"三大纪律、八项注意"中三大纪律的发祥地。三大纪律内涵丰富。分别涉及政治纪律、经济纪律和群众纪律。后来，三条纪律经过不断发展演变成为耳熟能详的"三大纪律、八项注意"。邓小平也多次强调："我们事业的成败，一靠理想，二靠纪律。"没有严格的纪律保证，就会失去战斗力，变得一团糟；没有严格的纪律，一些党员干部就会做违法违纪的事。井冈山斗争时期，党用严明的纪律赢得了老百姓的拥护，这些红色遗产是加强新时代党的领导干部纪律教育的珍贵资源。

红色遗产是理想信念教育的优质资源。理想信念是一个组织得以维持和生存的基础，也是一个组织发展壮大的核心价值所在。没有理想信念，三湾改编就很可能失败；没有理想信念，长征就难以勇往直前。邓小平曾经说过，"最重要的是团结，而要团结就要有共同的理想和坚定的信念……没有这样的信念，就没有一切"[①]。红色遗产是中国共产党带领中国人民探索中国革命和发展道路的重要结晶，承载着中国共产党为实现中华民族独立解放、人民幸福而形成的理想信念。正因为有了这种理想信念，我们党才经受住了各种考验，克服了各种艰辛，战胜了各种困难，打败了各种敌人，这种理想信念是红色遗产的灵魂。因此，利用红色遗产开展理想信念教育，对于坚定政治信仰具有极其重要的作用。

红色遗产是道德情操教育的优质资源。红色遗产体现了现代先进的伦理观念，蕴藏着丰富的道德内涵。在血与火的岁月中，红色遗产承载了革命先辈的崇高品格和英雄事迹，展示了他们的革命经验和人格魅力，是宝贵的历史文化财富。可见，高尚的道德情操是中国共产党党员及其领导的革命团体的基本准则，红色遗产的重要内涵包括价值标准和行为准则，用这种具有丰富道德内涵的红色遗产去感染人和教育人，对于建设社会主义道德体系、弘扬优良品德具有重要的现实意义。

红色遗产是爱国主义教育的优质资源。爱国主义是人们对祖国最深的情感，是动员和鼓励各族人民团结奋斗的一面旗帜。红色遗产蕴含着无数中国共产党人反对外来侵略、维护国家统一、捍卫国家主权和尊严的神圣责任感，在民族独立崛起的坎坷道路上无数仁人志士辛勤耕耘并倾注了热血，本着祖国利益高于一切的使命奋起直追，铸就了民族发展历程中的一座座历史的丰碑，是一个民族生存发展的精神支柱。利用这种蕴含爱国主义精神的红色遗产开展爱国主义教育，对于培养民族自豪感具有重要的促进作用。

---

① 中共中央文献编辑委员会：《邓小平文选》第3卷，北京：人民出版社，1993年，第190页。

第二章　文化概述

第一节　什么是文化？

人类从来没有中断过对文化问题的思考。综合起来，人们对文化的思考大体可以分为三个层面：对文化及其基本问题的哲学思考和一般性思考，譬如对文化现象、文化产业等的思考属于宏观层面；对中国传统文化的当代价值、马克思主义与中国传统文化、历史唯物主义与中国道路等议题的思考，属于中观层面；对是否可以"尊孔读经"等问题的思考，属于微观层面。文化体现了一个民族的思维模式、行为方式、核心价值观，体现了一个政党的信仰、信念、信心和愿景。往什么方向发展，走什么样的路径发展，建设什么样的文化，事关党和国家事业的成败。先进文化才能引领一个政党、一个民族甚至一个国家不断前行。

一、文化的概念

人和动物最大的区别之一就是人类是文化动物，受观念影响。每一个民族都有与之相适应的文化，每一个社会也都有与之相适应的文化。但对文化下一个定义绝非易事。据统计，世界上至少有两百多种不同的对"文化"的定义。马克思主义倡导的文化是一种以人为本的文化，一种革命进步的文化，文化的阶级性决定意识形态是文化的核心。马克思主义认为，包括文化在内的各种社会意识形态都只是社会阶级关系、阶级矛盾和斗争的反映和表现。

广义的文化是指人类在社会生活和交往中所创造的一切物质和精神成就。马克思就指出，"文化的范畴不仅包含人类在社会生活实践中创造出来的意识、精神的产物，还包括在这个过程中所创造出来的物质财富。"由此又可以将广义的文化分为两种形态：一种是外显的形态，即器物和行为模式；一种是内在的形态，即制度和精神、观念。狭义的文化主要讲精神和观念。动物只有一个世界，那就是它们赖以生存的自然界或物质世界。而人类有两个世界，客观的自然世界和人自己创造的世界，人根据美的规律构建的世界，即艺术的世界、精神的世界和文化的世界。从这个角度看，文化是一种思想形态，是一种意识世界。对于个人来讲，文化不仅体现在一个人会读会写多少文字，还体现在一言一行、一举一动中。每个人都是一张独特的文化名片。一个人的信仰追求、行为方式、思维习惯，都能体现出一个人的文化程度。

二、文化的基本特征

第一，文化具有相对独立性。文化具有遵循自身发展规律而存在和发展的独特属性。比如，文化的发展水平很难与社会经济发展水平相一致，经济发展水平高不一定就代表文化发展水平高；文化高度发达的社会不一定经济十分繁荣。比如，春秋战国时"百家争鸣"，但连年战争导致当时的社会经济并不发达。同样，文化发展水平和社会政治生活水平也不一定步调一致。这些都体现了文化自身的相对独立性。

第二，文化具有民族性。民族是社会生活的重要纽带，是社会群体生存的基本方式。不同的民族因为不同的经济方式、不同的政治制度、不同的文化习俗，从而形成了不同的民族性格。这些民族在文化上形成鲜明的特色，使文化具有民族色彩。文化的民族性在一个民族的政治活动和政治发展中发挥着重要作用。文化是民族自我肯定、自我诠释、自我表达的符号体系，代表着这一民族共同的归属感、认同感和凝聚力。因此可以说，文化是一个民族的生命。

不同地区或不同民族的文化差别，又可以分为质的差别和量的差别。质的差异是指构成两种文化基本特征的部分文化要素的差异；数量上的差异是指两种文化中一般文化要素的差异。在将一种文化与另一种文化进行比较的过程中，可以看出，每种文化不仅具有独特的工具、语言、价值观，还具有不同的文化成分，从而表现出文化之间的差异。从这个意义上说，文化是各民族相互区别的重要依据之一。比如，中华民族文化与西方其他民族的文化有着显著的差别。这种差别的形成正是时空综合作用的结果。康有为认为，欧美人以所到之处为家，而中国人漂泊在外却要落叶归根，这反映了中西民族文化观念的差异。西方社会的女士优先是一种秩序，中国社会的先长后幼也是一种秩序。不过这种秩序差异背后体现的是文化差异。从思维习惯来看，西方人重视推理和思辨，中国人重视经验和直觉；西方人重视微观、细节，中国人重视宏观和中观。从价值判断上看，中国人往往着眼长远，重视道德；西方人则比较重视现实，强调竞争力。从自我评价看，西方人喜欢张扬个性和自我推荐，中国人则强调含蓄和自我反省。

第三，文化具有传承性。社会文化的发展是人们在物质生活过程中代代相传实现的。因为文化是后天教育的结果，并且可以经由个体代代传递。任何一个社会都必须有其代际传递的方式，这种方式便构成了文化自身的传统。通过历史传承形成的风俗、道德、思想、生活方式等有机聚合体，包含了一切物质和精神现象的文化传统。

"礼"是中国传统文化中的一个重要概念，它同样是文化在传承中不断创新的结果。殷商时期祭祀文化的发展，使得祭祀礼仪逐步规范化，成为这一时期社会规范的主要内容，发展到周代时，这种源于祭祀的礼仪规范进一步脱去祭祀的外衣，逐步演变成摆脱了宗教内容的社会规范体系，即所谓"周礼"，后人称之为"礼乐文化"。这种"礼乐文化"之后又成了儒家文化之滥觞。文化传统包括有形的物质文化，也包括价值观、心理特征、审美情趣、风俗习惯、精神世界等方面的无形文化。这些无形文化内化、积淀、渗透于每一代群体成员的心灵深处。人们有时甚至难以意识到它的存在，但却都自觉地遵循着文化传统。这就是人们常说的"日用而不知"。

第四，文化具有相互交融性。由于内外部动力不断作用，如经济、政治、科技等因素的变化，文化必然要作出调整，必然不断地发生量变甚至质变。这种调整就包括人们常见的文化融合和文化同化。两个独立而又不同的文化体系通过长久的接触磨合，相互交锋相互影响而大致接近，甚至产生第三种文化体系的现象，就是文化融合。两种独立的文化体系经过长期的接触，弱势的一方朝着强势一方接近的现象，就是文化同化。两种独立的文化体系经过长期的接触，相互汲取相互补充，就是文化互补。比如中国传统文化中的儒家和道家，它们表现为阳刚与阴柔、进取与退守、守常与尚变、重群体与重个体、强调等级与崇尚平等、肯定现实与超越现实、兼济天下与独善其身等特征，它们之间就是相辅相成的。不管是文化融合还是文化同化、文化互补，它们都不是一个或两个因素作用的结果，而是三个甚至三个以上因素作用的结果。

当然，任何事物都有两个方面，不同的文化之间可以相互同化、互补，同时在一定的时期内文化难免会有一定的排他性。因此，在人类历史上，文化融合与文化激荡同时并存的现象并不鲜见。

第二节　在民族繁衍中形成的优秀传统文化

中国是世界上唯一一个五千年文明史未曾中断的国家，它有着悠久而丰富的文化传统，为世人所羡慕。中华传统文化是中华民族在几千年文明发展的漫长历史中创造的一种风格独特、丰富多彩、博大精深的文化体系。它是世界文明史上一道独特的风景。

一、中华传统文化的概念界定

传统文化是一个民族劳动和智慧的结晶，是一个民族自身特色的重要组成部分，其最本质的特征是历史性。传统文化是历史遗产，是一个已经形成但永远不会定型，并且不断地演变和发展的时代产物。

中国传统文化是人类最古老的文化之一。顾冠华将中华传统文化定义为在中华几千年的文明发展史上，受特定自然环境、经济形态、政治结构和意识形态的影响形成、积累和传承的，并且至今仍在影响着当代文化的"活"的中国古代文化。它不仅以与物化的文献、文物等客体形式存在，还以民族思维方式、价值观、伦理道德、性格特征、审美情趣、知识结构等主体形式延续。其中，儒家思想是中国传统文化的核心。

二、中华传统文化的历史发展

中国传统文化产生于广阔的内陆基地，这块基地三面阻隔，面朝大海。这个内陆地区河流众多、物种繁多、生物资源丰富、土地肥沃、回旋余地广阔。在这样的自然环境下，中国传统文化主要发源于河谷或冲积平原地区，以自给自足的自然经济为基础。宗法制度和血缘关系成为中国传统社会的纽带，是典型的农耕文化。在长期的历史演进中，中国传统文化造就了独特的民族心理和民族个性。

就人和自然的关系而言，它非常重视人与自然的和谐，强调人与物为一体、万物和我为一体、人与我为一体。而不把万物当作一个异类的存在，追求返璞归真、天人合一。

在人与社会的关系方面，它强调群体高于个人，责任高于权利，体现在政治制度上就是"家天下"的宗族观念，体现在道德方面就是"五伦八德"的伦理观。就人与自我的关系来说，它把"人"当作一个理性的、感性的、有意志和欲望的生命整体，而不断以"修身"以完善自身，故强调"自省""反身而诚"，以实现"内圣外王"。这些观念的积极方面是：它们在中国建立了良好的道德传统，如"舍生取义""杀身成仁"等；消极的一面是它抑制了人类个性的发展，并被政治专制主义者所利用。

（一）神本文化——夏商时期的原始崇拜

中国传统文化的萌芽始于夏商时期，其最大特点就是神本文化。黄河流域利于农耕的特点为中华文明奠定了经济基础，农业经济使得中华民族的祖先逐水聚居，中华民族就从夏商的"大道之行也，天下为公……是谓大同"的原始"大同"社会，开始进入到"大道既隐，天下为家，各亲其亲，各子其子……是谓小康"[①]的封建社会。

夏商时代是神明至上的时代，神本文化在思想文化上表现出强烈的敬神敬鬼的文化特征，《礼记·表记》云："殷人尊神，先鬼而后礼。"在当时地位最高的是"帝"，它统治着世界上所有的物种，掌管着人间的一切事务。为了服从至高无上的统治者，按他的意图行事，殷人经常通过占卜来了解天意，假天子之命来安排他们的生活。《卜辞通纂》中有："帝令雨弗其足年？"可见，饥荒出现与否也是帝的命令。但随着人们改造自然能力的增强，理性思维开始萌芽。在《虞夏书》《商书》《尚书》中都可以看出，统治者已经知道治国难，所以告诫自己"无教逸欲，有邦兢兢业业"。《尚书·盘庚中》也有相关论述："帝王清明，臣子明理，故未受天灾惩罚。"虽然殷人仍然信奉上天和天命，但一些英明的君臣也看到了勤政爱民在治国实践中的重要性。

---

① [汉]郑玄注、[唐]孔颖达疏：《礼记·礼运》，北京：北京大学出版社，2000年，第799页。

甲骨文是目前人类发现的最早的成熟汉字。其主要指中国商代晚期刻在龟甲或兽骨上用于占卜记录的文字。它是已知最早的系统的商朝文字的载体。甲骨文最早被河南安阳小屯村的村民们找到，当时村民只将其当作包治百病的药材"龙骨"使用。后来，金石学家王懿荣于光绪二十五年（1899年）从来自河南安阳的甲骨上发现了甲骨文。甲骨文具有足够多的字体数量，从结字结构来看，甲骨文是一种文字，有明显的图画文字痕迹。2017年，甲骨文成功入选《世界记忆名录》。金文是铸造在青铜器上的铭文，也叫钟鼎文。周宣王时的《毛公鼎》用金文记录了当时社会各方面的情况，是当时社会生活的反映，上有铭文共32行，497字。

中国青铜器制作精美，器型多样，有容器、乐器、兵器、车马等各种独特的造型。青铜器上满是饕餮纹、夔纹，或人兽面相结合形成神明图案，反映人类从原始愚昧到文明的过渡。传世的商周青铜器有许多艺术精品，如湖南宁乡出土的四羊方尊，四角附着四只外伸的羊头和前肢，羊角蜷曲、肩部有四条龙盘缠，工艺精巧，别具匠心。1986年四川广汉三星堆遗址出土的大型青铜立人、面具以及神树，是中国古代青铜冶铸和造型艺术达到巅峰水平的标志。商周的雕刻艺术有石雕、玉雕和牙雕等。商朝的玉器种类多，玉质好，形制精美。安阳妇好墓出土玉器755件，其中玉龙、玉凤、玉象等雕琢精细，圆润光洁，形象生动，是世界艺术宝库中的精品。

（二）礼乐天下——两周时代的礼仪之邦

两周时代，礼制是维护"家天下"的重要工具，"王者功成作乐，治定制礼"。在西周时期，周公开始制作礼乐，进一步完善三代礼制，"经礼三百，威仪三千"。王国维说，礼是"周人治国精髓"，周礼大致可分为礼制、礼仪、礼义三部分，"政事得其施……凡众之动得其宜"。在礼义上，有君臣朝觐之礼、封建诸侯任命仪式、高官之间的沟通仪式、乡党之间的敬老仪式、贵族之间的婚冠仪式等。

东周是中国文化史上的第二个关键时期，公元前770年，周平王东迁洛邑，"王室一统天下"逐渐演变成"王室没落、大国争霸"，从而进入了社会大动荡、大变革的时代。在"礼崩乐坏"的时代，周王颜面扫地，五霸兴起，旧的规范秩序走向崩溃。臣杀君，子杀父，兄弟相残等罪行数不胜数。"亲亲""尊尊"的精神消失了，礼制在社会变迁下崩溃了。人民开始愤世嫉俗，信仰也被动摇了。当彗星出现在齐国时，齐国派人上天祈福，希望上天息怒，灾祸得以消除，但齐国丞相晏子说：“没用的……你没有什么污秽的德行，何必呢？若德之秽，攘之何损？”
到了春秋时期，周礼崩溃，新思想尚未出现，人们开始怀疑上天、怀疑祖先、怀疑圣人，在社会上蔓延着怀疑精神，这种现象预示着创造性时代的到来。

周礼后来被儒家继承和发展，不断规范着古代中国人的日常和心理。中国传统的礼文化开始延伸并传播到今天。西周的思想虽仍以神权崇拜为基础，但人们的主体意识明显觉醒，形成了敬天、明德、保民的思想体系。

夏礼、商礼、周礼本是一脉相承的，而周礼最完备，成为当时人们的行为规范，也具有法的功能。礼与乐是密不可分的，于是中国以“礼仪之邦”闻名世界。礼乐的核心是“明贵贱，辨等列”，维护森严有序的等级制，以保持各安其位、恪守名分的社会秩序，并营造规行矩步、彬彬有礼的礼仪文化氛围。周代建立的礼乐文明，不仅在中国历史上具有深远影响，还远播域外。相传“三皇五帝”时代，出现了最原始的“档案”。“三皇”时期的“档案”称作《三坟》，“五帝”时期的档案被称作《五典》。除了《三坟》《五典》外，《左传·昭公十二年》中称上古档案还有两部，被称为《八索》《九丘》。

夏商西周都重视音乐和舞蹈。相传舜时作的“韶乐”传到孔子时代，孔子称赞它尽美尽善，可令人“三月不知肉味”。商代的音乐有了发展，乐器种类增加了许多，不仅有吹奏器陶埙，还有打击乐器钟、鼓、磬、铙、铃等。西周贵族特别重视音乐，乐器种类比商朝更丰富，有了成套的乐器，如编钟、编镈、编磬等，还有琴瑟等弦乐器和笙竽等管乐器。舞蹈分为专供王室、贵族祭祀及享乐用的表演舞蹈和流行于民间的群众性舞蹈。西周王朝制礼作乐，使宫廷舞蹈有了很大发展，宫廷舞蹈分为文舞和武舞两类，如文舞《大夏》是歌颂大禹治水功绩的歌舞，后来被用于祭祀山川。武舞《大武》是纪念武王伐纣胜利的大型音乐舞蹈史诗，共分六场，载歌载舞，表现了武王征商、平定四方的威武雄壮场面；同时有打击乐器、管弦乐器伴奏，烘托出庄严肃穆的气氛，达到了宫廷歌舞艺术的最高水平，《大武》的歌词至今保留在《诗经·周颂》中。

中国是制造和使用乐钟最早的国家。编钟兴起于周朝，盛于春秋战国直至秦汉。它是用青铜铸造的，由大小不一的扁形圆钟按音高排列悬挂于钟架上，用木槌和长棒敲击，可以发出不同的声音。因为每个编钟都有不同的音调，根据乐谱敲打可以奏出美妙的乐曲。木架上挂着一组不同音高的铜钟，由侍女用小木槌敲打奏出音乐。

（三）百家争鸣——春秋战国的黄金时代

怀疑孕育新生机，社会动荡促使知识分子反思和探索，思想争鸣把质疑上升为理性精神，人性在对理性精神的讨论中逐渐得到解放。

1. 以孔子、孟子为首的儒家

孔子创立了儒家学派，形成了以"仁"为核心的儒家思想体系，他希望完成"克己复礼""弘道"的政治目标。孔子怀着历史使命感，带领弟子周游列国，宣扬其政治主张。孟子倡导仁政和王道，提出"民贵君轻"的民本思想。虽然孔孟等先贤的理想抱负尚未实现，但"仁者爱人""克己复礼"等思想成了中国传统文化的基础。

2. 以老子和庄子为代表的道家

基于对宇宙"道"的理解，老子提出了"无为而无不为"的核心理念。他认为，人间的思想原则是"无为"，人性应该"清心寡欲""返璞归真"。所以社会上要"绝圣弃智""绝仁弃义""绝巧弃利"。[①]庄子进一步深化了老子的价值批判，他指出：爱和利益来自仁义，捐献仁义的人少，受益于仁义的人多。"夫仁义之行，唯且无诚，且假乎禽贪者器"认为"圣人不死，大盗不止。"他们的批判是广泛而深刻的，虽然"返璞归真"以及"无为"的救世理念无法实现，但对后世士大夫的影响很大，像一股清流存在于中国传统文化中。

3. 以商鞅、韩非为代表的法家

商鞅在秦国改革时，直面旧势力，打破陈规，不顾一切。他说："常人安于故习……汤武之王也，不修古而兴；殷夏之灭也，不易礼而亡。"另一位著名的法家代表韩非也认为"上古竞于道德，中古逐于智谋，当今争于气力"[②]"管仲毋易齐，郭偃毋更晋，则桓文不霸矣。"[③]他们都提倡"以法为教""以吏为师"，这些逐渐成为秦朝治理天下的重要思想源泉，对之后的国家治理有非常重要的影响。

---

① 董成雄：《中国优秀传统文化的系统解读和传承建构》，博士论文，华侨大学，2016 年 6 月 11 日。
② 耿振东：《〈管子〉接受史（宋以前）》，博士论文，华东师范大学，2009 年 3 月 11 日。
③ 胡振涛：《先秦古今观的构建》，硕士论文，南京师范大学，2017 年 9 月 6 日。

这个时期的思想展示了一种社会关怀意识，体现了文化良知和世俗的现实主义精神。它一方面反思黑暗的统治，批判颓废的现实；另一方面，它表现了对理想社会的期许和对现实社会的改造。

4. 诗经

作为中国最早的诗歌总集，《诗经》分为《风》《雅》《颂》三部分，收录了西周初年至春秋中期的 311 篇诗歌。《诗经》反映了劳动与爱情、战争与徭役、压迫与抵抗、习俗与婚姻，乃至天象、地貌、动物和植物等方面的内容。它是周朝社会生活的一面镜子。[①]

5. 楚辞

屈原，战国末期楚国诗人，是《楚辞》的创立者。《楚辞》是中国文学史上第一部浪漫主义诗集，其内容有《离骚》《九歌》《九章》《天问》等，以最著名的篇章《离骚》为代表。《楚辞》与《诗经》中的《国风》并称为"风骚"，成为中国文学史上的璀璨明珠。屈原的"求索"精神已成为后世有志之士所信奉和追求的崇高精神。

（四）秦汉以后的文化传承

经过漫长的岁月，中国传统文化终于定型。从秦汉至晚清 2000 多年的时间是中华民族文化精神演变发展的关键阶段。秦汉时期实现了大一统，实行中央集权专制，"百家争鸣"变成"万马齐喑"。

1. 秦汉思想统一的完成

在英雄崛起的时代，法家的"耕战"政策最容易实现富国强军的目标。秦国靠法家思想"灭六国"，一统天下，推行统一的文化。秦朝推行郡县制和中央集权专制。但因法家"严而少恩"的思想和严酷的刑法可以短暂实行，但不能一直使用，特别是一统天下后，秦继续推行这种政策导致秦朝加速灭亡。西汉在汲取前朝的教训之后，采用道家"无为而治"的思想，才有了汉初繁荣的"文景之治"。成功的精神奴役和稳定的基层秩序对封建统治阶级来说极为重要。先秦时期儒家的宗法秩序及宗法伦理，无法满足统治阶级的需要，在东汉时期，董仲舒对其进行改

---

① 唐丽婷：《从〈论语〉出发管窥孔子休闲伦理思想》，硕士论文，湖南工业大学，2020 年 12 月 2 日。

造形成了新儒学，经董仲舒改造后的汉代儒学满足了巩固皇权专制的需要，最适合当时中国的政治社会环境，最符合当时中国的政治心态。

2.两汉经学的兴起

自汉武帝"独尊儒术"以来，儒学发展迅速，经学日渐兴盛。"唯圣"是经学的最终目标，"唯神"的目的在于"唯圣"。虽然经学理论上称是"帝随天"，但在现实中却是"天随帝"。在皇帝的强权下，书生们没有独立的人格，沦为帝王的奴隶，终日吟诵着歌颂皇帝的章句。因汉武帝喜欢祭祀鬼神，董仲舒提倡阴阳，宣扬"天人感应"，这成为汉代经学的显著特色。[1] 因经学烦琐荒诞，无法实现可持续发展，伴随汉朝的灭亡，魏晋玄学走上了历史舞台。

3.魏晋玄学的崛兴

为消除儒家思想繁缛化神学化的负面影响，魏晋时期以何晏、王弼等为代表的玄学家传承老庄学说创制了"正始玄风"。玄学从思想上摒弃了汉代儒学妖妄不经的神学目的论，代之以"道"的本体论；在学术上，他们偏离了汉学繁琐零散的治学路线，代之以简约清新的玄理。因此，"名教"与"自然"的关系成为魏晋玄学的主要关注点，并因此形成三大流派：一是"贵无派"，以王弼为代表，"祖述老庄"、拥道入儒。二是"行乐"派，其代表是《列子·杨朱篇》，其理论的出发点和依据也是道家的"自然"论，提倡"从心而动，不逆自然"，提倡尽情享受的"养生"理论。三是"自然派"，以嵇康、阮籍为代表，以"自然"为名批判名教。西晋之后，因士族的没落和佛教的盛行，玄学受到了很大的冲击，随后消失在历史长河中。

4.宋明理学的兴盛

"理学"是宋明时期流行的一种集儒、释、道三教于一体的新儒家思想。本质上，它以"伦理观"为中心，宋代儒学因研读儒家经典，阐述义理，而被称为"理学"。"理学"主要有"程朱理学"和"陆王心学"两大流派。"程朱理学"以程颢、程颐、朱熹等人为代表。他们主要吸收了道家之"道"和佛家之"真如"的理念，提出"理"或"天理"的概念，认为它是宇宙万物的最高本体，以此为中心构建自己的

---

① 李宗桂：《从秦汉社会历史发展看董仲舒思想的积极意义》，《河北学刊》，1986年，第5期。

理论体系。"陆王心学"的代表人物是南宋心学创始人陆九渊以及明朝"心学大师"王阳明。他们借鉴禅宗"心即是佛"的思想,提出"心即是理",提倡"明心见性"。虽然两个派别有很大不同,但两个流派都强调依靠高度的道德自觉来塑造理想人格,这进一步完善了自我道德的情操增强了中华民族自强不息的精神。但是他们奉行"君臣夫子之理""存天理,灭人欲",践踏了个人权利,漠视民众愿望,维护的是统治阶级的利益。

5. 晚清朴学的出现

朴学盛于乾隆、嘉庆,故称"乾嘉学派"。"朴学"原指考证学,意为"质朴之学";后指清代的主流学术思想。明末清初,有些学者反对理学而空谈义理,不解决现实社会弊端,主张回归汉儒朴实的学风,所以又将这种学术思想称为"朴学"。清代朴学"重名物而轻义理,为学术而忽实用……亦已衰矣"![1] 朴学最终还是沦落为束缚思想的绳索。

6. 科学技术

四大发明包括造纸术、指南针、火药、印刷术。是古代中国在科技领域的杰出智慧成果,它们通过各种渠道传入西方,促进了世界文明的发展。马克思和恩格斯高度评价中国的四大发明,认为它们是"资产阶级发展的必要前提"。祖冲之,南北朝著名的数学家和天文学家。所有涉及圆的问题都必须使用圆周率计算,如何正确计算圆周率的值是世界数学史上的一个重要课题,祖冲之首次将"圆周率"算到小数点后七位,即在3.1415926和3.1415927之间。宋应星,今江西省奉新县人,明朝著名科学家。宋应星的著作和研究领域涉及自然科学和人文科学,他编写的《天工开物》被誉为"中国17世纪的工艺百科全书"。宋应星的主要贡献在于,他全面总结了明朝以前农业生产和手工业生产的知识和技术经验,把它们条理化系统化,为后世提供了宝贵的科技资料。

7. 典章制度

典章制度指一国政府在一定时期内的行为的基本规则。《史记》中的"书"和历代正史中的"志""录"都留下了丰富的关于典章制度的记载。此外,还有《文

---

[1] 舒志刚主编:《中国历代大儒》,长春:吉林教育出版社,1997年,第3页。

献通考》《通典》等典制方面的专书，以及各种"律则""会典"等其他相关文献，这些都系统地整理了各个历史时期的典章制度。典章制度涵盖了国家运作的各个方面，其中，科举制度就是典章制度的重要内容之一。科举制度是古代中国选贤任能的制度，日本、韩国、越南也深受科举制影响。从设立科举到清光绪三十年（1904年）进行最后一次进士考试，科举制先后存在了1200多年。科举制度是一种相对公平的人才选拔方式。它吸纳了大批中下层人士参与政权。

8. 文化艺术

石窟艺术是以佛教故事为素材，在魏晋兴起，在隋唐盛行的一种宗教文化。它是研究中国佛教史、艺术史、中外交流史的宝贵资料。我国现存的主要石窟群均为魏唐之间或宋朝前期的作品，其中颇负盛名的是大同云冈、洛阳龙门、天水麦积山和重庆大足四大石窟。莫高窟被列为联合国教科文组织世界文化遗产，俗称千佛洞，是20世纪最有价值的文化发现。它位于河西走廊西面的敦煌，以精美的壁画和雕像而闻名。莫高窟有洞窟735个，壁画4.5万平方米，泥塑2415件。近代以来还发现了藏经洞，藏有50000多件古代文物，由此产生出专门研究经文典籍和敦煌艺术的敦煌学。秦兵马俑由8000多尊高大的俑群组成一个庞大的军队体系，再现了2000年前秦军千军万马的磅礴气势。在这庞大的兵马俑群中，有着许多明显不同的个体，整个兵马俑在雕塑方面的艺术成就已经达到近乎完美的高度。

三、中华优秀传统文化的历史作用

（一）有助于巩固社会稳定的家国同构关系

夏、商两朝开始将"公天下"转变为"家天下"，从母系氏族向父系氏族转变，产生了父权（夫权）家长制，为专制主义的产生奠定了基础，为中国此后数千年的政治秩序确定了运行规则。实证主义哲学创始人孔德曾经指出："真正的社会单位当然是家庭……家庭变部落，部落变国家……社会肌体的各种特质都可以在家庭中找到其萌芽。"[①] 当家庭繁衍成家族，家族繁衍成宗族时，就促进了嫡权和族权的产生，从而导致了宗法制的形成、扩大甚至泛化，这是家长制的社会化；同时，家长制逐渐政治化，皇帝成了人民的家长，人民成了皇帝的子民，宗法制走进国

---

① 于海：《西方社会思想史》，上海：复旦大学出版社，1993年，第193页。

家政治生活并代代相传。

所谓"家国同构"，是指家庭和国家的组织结构完全相同。具体来说，就是严格按照父权制对家庭和国家进行权力分配。如前所述，西周的政治统治是典型的家族统治政治，具体体现就是分封制，依照血缘亲疏关系确定政治上的上下级关系，层层向下进行分封。分封制从形式上是土地、子民的分封，实际上是权力的分封。进入封建社会以后，政治权力的分配从表面上看是由皇帝所任命的各级官吏来掌握的，但是它的精神和主旨仍是宗法性质的。皇帝仍然是天下的"大宗"，地位仍相当于父系大家长，即使他的辈分在本家族中不是最高的，也必须被当作家长来对待。在封建社会，对于家族和全国的臣民来说皇权至高无上，皇帝是所有臣民的"大家长"，各级官员都要尊他为自己的父亲，不管他是婴儿，还是七八十岁的老人。帝王之下，全国由众多宗族组成，内部还有一位拥有绝对权威的宗法族长，宗族严格实行嫡长子继承制度。因此，在整个封建时代，国家的政治结构一直带有家庭结构的印记，而不是以个人为单位的，只要家齐就能国治。梁启超认为，周代之宗法制，在今日其形式虽废，其精神犹存也，这一针见血地指出了宗法制对中国文化的深刻影响。

（二）有助于形成以家庭为中心的伦理观念

中国传统文化大多发源于河谷或冲积平原，以自给自足的自然经济为基础。中国传统社会的纽带是宗法制度和血缘关系，是典型的农业文化，其主要表现为农耕文化，定居文化是农耕文化的最大特点。中国传统社会是一个非常彻底的农耕社会，遍观整个中国历史，就是以农为本、以农为上、重农抑商。"士农工商"，士就是知识分子，第二就是农，最后才是工和商。农耕社会与定居意识有着紧密的联系。定居意味着什么？意味着终生不搬家，终生住一个地方，所以人很容易跟土地关联在一起。不搬家就促成了一个重要的概念——籍贯，中国人的户口本上都有一个籍贯，籍贯就是你的祖籍。乡土意识和定居文化带来了什么后果？它极大地决定了中国社会的结构。这个结构的基因是什么？可以用一句话概括为熟人社会。所以中国传统社会的核心是以血缘关系或者准血缘关系发展起来的一整套社会关系。这种非常强大的血缘文化，必然会形成我们对"人"的理解。任何文化之所以能成为一种独立的文化，主要在于这种文化能够提供一套达成人性理想的方法。在我们中国传统文化里面，什么是仁呢？孔子首先将道德规范整合为一体，确立了以"仁"为核心、"仁者为人"的伦理思想结构。"仁"就构成了中国主流传统社会的理念，我们对人的根本理解，是仁爱。仁爱不是指两性之爱，也不是西方基督教倡导的人人平等。它是基于血缘关系的爱，也就是说，它的核心是亲子之爱。所以中国式的"爱"有两个特点：第一，它的核心是建立在血缘关系上的。爱是有差别的。董仲舒认为"五常"为"仁""义""礼""智""信"。它包括孝、悌、忠、恕等内容，对待长辈要敬重，朋友间要诚信，官员要爱民廉洁，统治者要仁政爱民。

忠孝是中华民族传统道德的重要组成部分。是中华民族久经磨难却生机勃勃的重要原因。孝道是家庭道德的主要内容，是个人对待父母和家中长辈的行为准则和道德规范。最基本、最重要的伦理规范是孝道，孝也是仁的基础。可见，孝是一切道德的基础。因此，有人认为中国文化是以孝道为基础的文化，中国社会是以孝道为基础的社会，孝道是中国文化的主要特征。在中国人的思想里，孝顺是理所当然的。这个观念形成了我们中国人的个性特征。对君主的服从是忠，体现的是社会政治关系。忠诚是封建社会政治道德的基础，是个人处理与君主及国家关系应遵循的道德准则及规律。忠诚的具体价值取向是"为公无私"，这里的公是指君主或其所代表的国家。忠诚是大臣们对君主制的态度和行为。作为一个忠诚的臣僚，他们必须履行职责，无私地为公众服务。忠也是我们中华民族的优秀品质。

（三）有助于培育"以德为先"的君子人格

"求木之长者，必固其本。欲流之远者，必浚其泉源。"儒家强调"修身、齐家、治国、平天下"。这种修齐治平、家国一体的理念，孕育了中华儿女热爱祖国、舍生取义的价值追求。在中国的历史长河中，这种价值观激励了无数有志之士在关键时刻挺身而出报效国家。中国梦的实现，需要无私奉献的精神，这就是我们倡导传统爱国主义的现实意义。所以，我们要在实现中华民族伟大复兴的中国梦的新征程中，认真学好优秀传统文化，大力弘扬中华文明，把我们的民族之魂、兴国之魂融入每个人的精神世界中，贯穿现代化建设的各个领域，为实现中国梦而努力。

在传统文化滋养下，中国共产党人继承了传统文化的优秀基因，如爱国主义精神；"周虽旧邦，其命维新"的创新精神；杀身成仁，舍生取义的奉献精神；"不义而富贵,于我于浮云"的义利观;"致中和,天人合一"的和合观念;"威武不能屈,富贵不能淫,贫贱不能移"的君子人格;"艰难困苦,玉汝于成"的奋斗精神;诚恳厚道、尽心尽力,君子立身、孝字为本的忠孝传统等。优秀传统基因是红色文化遗产的重要组成部分,是中国共产党精神的重要来源,孟子认为最伟大最强的精神状态是浩然之气,但它与义、道相配时才能存在。因此,保持道德品行的纯洁才能养"浩然之气"。

（四）有助于维系中华民族生生不息的情感

鲁迅认为:唯有民魂是值得宝贵的,唯有他发扬起来,中国才有真进步。一个国家的文化是本民族的精神命脉,抛弃它这个民族就无法发展壮大。不能完全放弃自己国家和民族固有的文化传统。中华优秀传统文化博大精深,它是中华民族精神的"根"和"魂"。

从《论语》到二十四史,从孔孟、老庄到哲学、经学、文学、历史、医学等,从盘古、女娲到神农、仓颉,从精卫填海到愚公移山,这些都属于中华传统文化的范畴。在人类文明史上,包括古印度、古埃及等古代文明,他们有的衰败,有的落后,有的断代,有的灭亡。只有中华文明创造了绵延 5000 多年的有文字记载的文明史,为人类文明进步做出了巨大贡献。中华文化体现了中华民族共同奋斗的精神,承载着中华民族的理想信念、初心使命和价值追求,是中华民族的文化血脉。

第三节　在血与火中锻造出来的革命文化

一、革命文化的内涵

在新民主主义革命中铸造的革命文化[1],是中华民族的精神力量,是党和人民始终保持昂扬向上的精神的源泉。一般来说,革命文化是指党领导人民在长期的革命斗争实践中,以马克思主义为指导思想,创新转化了中华优秀传统文化,承

---

[1] 有些学者将革命文化称之为红色文化。一般来说,红色文化是革命文化的通俗化、形象化表达,多见于口语或一般的宣传报道中;革命文化则出现在党的重要文献中,是属于书面化的规范表述。
（参见:李庆刚:《做好继承革命文化这篇文章》,《学习时报》,2019 年 1 月 11 日）

载了中国共产党人的初心使命，见证了中国共产党人带领各族人民争取国家独立、人民幸福、民族复兴的苦难辉煌历程中所有物质文化和精神文化的总和。

革命文化一般可分为物质、精神和制度三个层次。物质文化主要是指革命历史遗迹或根据历史创作的具有代表性的物品，如革命旧址、革命博物馆纪念馆等。精神文化主要是指经典著作、口述史料、标语等文字图片方面的文化作品以及与此相关的文化名人及艺术作品，这种作品可能是战争年代遗留下来的，也可能是后来创作的。精神文化还包括往来的信件、报刊等历史文献。制度文化是物质文化和精神文化的中介，包括党在革命战争年代建立的一系列经济制度、政治制度、法律制度以及人与人之间的各种关系准则等，也包括党的理论、路线、方针、政策等内容。除按表现形态划分外，革命文化还可按时间或区域来划分。

1940年1月，在《新民主主义论》中毛泽东指出，民族的、科学的、大众的，这些是新民主主义文化的特点，也是革命文化的本质特征。

革命文化是民族的文化——即立足于中华民族的独立振兴，用阶级观念取代了原来的宗族主义、地方主义，由原来的个人情怀上升为家国情怀。

救亡图存是近代以来中华民族面临的最大问题。这一使命要求中国共产党人必须把反帝斗争和民族独立斗争作为自己文化的主要特征。党在建设革命文化过程中，坚持"古为今用""洋为中用""推陈出新"的基本原则，以唯物辩证的态度和方法来对待中外古今文化。一方面承认在历史发展中，古今中外创造了许多灿烂的文化，遗留了许多有价值的东西，对此，革命文化必须尊重历史，合理吸收，坚决反对民族文化虚无主义。另一方面，也看到了在古今中外的文化中存在的落后和消极的内容，对此，中国共产党坚持以马克思主义的观点方法来审视和评判，反对西方教条主义，坚决反对帝国主义，坚决摒弃传统文化中落后的东西，坚决反对无批判的全盘吸收。革命文化在吸收中外优秀文化的过程中，始终注重文化的民族特性，善于根据中国民族文化的特点，批判地吸收外来文化的先进内容，努力做到"民族的形式，新民主主义的内容。"既反对只注重借鉴民族形式，而不注重内容的观点，也反对只注重内容，而不注重民族形式的观点。正如，中央苏区时期的红色歌谣和抗日战争时期的大部分红色歌谣，就是在借鉴客家山歌和陕北民谣曲调的基础上，根据时代的需要创作而成的。

革命文化是科学的文化——即融合了马克思主义先进文化的思想内容与中国革命实践中创造的先进文化及古今中外优秀文化成果的总和，因而革命文化在本质上是科学的。这种科学文化是指"反对专横、迷信、愚昧，热爱科学真理，以真理作为自己的实践指导，崇尚能够真正把握真理的科学和科学思维。"[1]

革命文化推翻了用以束缚和控制人民群众思想的落后文化和观念，以科学理论和知识为基础，使科学理论、科学知识，尤其是马克思主义的革命理论为广大人民群众所接受和应用。而且在不同的历史时期，中国共产党人总是根据党在不同阶段的形势任务进行文化创造活动，这就使革命文化在不同时期有不同的主题，呈现出一个动态的开放的发展过程，随着实践的发展而不断创新，它蕴含着与时俱进的先进性，这是革命文化在这个时代依然具有旺盛生命力的重要原因。

革命文化是大众的文化——革命文化具有鲜明的人民性，体现了马克思主义的实践观和群众观。

作为上层建筑的封建文化是旧社会统治阶级的工具。无产阶级是革命文化的领导者，是"代表大多数人利益的、大众的、平民的文化"。毛泽东指出，人民是革命文化无限丰富的源泉，文化工作者必须从工农兵身上取材，言辞贴近人民，创作出符合群众需要的文化作品。正是因为革命文化以为人民服务为宗旨，具有显著的人民性，很多革命文化作品才能在革命战争时期受到人民的喜爱，并且流传至今。同时，党又通过这些文化作品武装了人民，使党的革命主张成为广大群众的自觉行为。

二、革命文化的形成与发展

伴随着马克思主义在中国的传播，革命文化也在中国产生，革命文化在中国共产党领导的新民主主义革命时期得以成长发展。中国思想文化界在五四运动前后十分活跃，多种思潮正面交锋。这不仅体现在政治制度方面，还体现在中国人的思想和观念方面。

五四运动的爆发，是新民主主义革命的开始，也是中国共产党探索新民主主义文化的开始。五四运动之后，中国出现了一种全新的文化力量。1927 年，毛泽

---

[1] 邓小平：《邓小平文选》第一卷，北京：人民出版社，1994 年，第 1938—1965 页。

东提出在推翻封建统治阶级的基础上，建立真正为人民服务的新文化。大革命失败后，中国共产党左手拿传单、右手拿枪弹，开始独立领导武装斗争。一方面壮大军事力量，积极抵抗国民党的军事进攻，另一方面加强文化建设，唤醒人民群众，扩大党的影响。

中央苏区时期，毛泽东在苏维埃第二次全国代表大会上提出了根据地文化建设的总方针，把教育与劳动紧密结合，让群众享受教育的幸福成果。这一时期，党加强了对文化工作的领导，紧密配合根据地的军事斗争和政治斗争，通过歌谣、戏剧、漫画、标语等与广大人民群众相适应的文化活动，有效地宣传了党的主张和政策，动员、团结、教育了广大群众。中央苏区时期的文化建设实践为新民主主义文化理论的形成，奠定了实践基础。

红军长征落脚延安后，党中央又在思想文化界发起了一场新启蒙运动，直接推动了抗日统一战线文化的形成。整风运动的开展，对党员干部进行了思想解放，也成了一场具有深远历史意义的文化启蒙运动。整风运动使广大党员干部树立了理论联系实际的优良作风，掌握了马克思主义文化理论与中国国情相结合的基本方法，构建了具有中华民族特色的新文化体系。近代以来中国文化变迁的主要任务基本完成。

抗战时期是中国共产党在政治上成熟和队伍壮大的时期，也是中国共产党人在不断推进马克思主义中国化过程中在思想文化上取得巨大成就的时期。这一时期，各根据地特别是陕甘宁根据地创建了各种学会、社团、文艺团体，积极开展专题研究和文艺活动，创作了一大批不朽的文艺作品，在马克思主义中国化等领域都取得了卓越的成就，体现了中国共产党的文化自觉，有力地推进了中国革命的发展与胜利。

争取民族独立解放是近代最强烈的呼声，与此相对应的是，革命文化作品的主题也相应地发生了改变，这期间诞生的许多文化作品，如《黄河大合唱》《我的家在东北的松花江上》《白毛女》《义勇军进行曲》，发出了铁蹄下的呐喊，反映了全民抗日的主题，描写了当时中华民族的苦难和社会底层的悲惨生活，歌颂了中华民族不屈不挠、追求光明的卓越品质。这些文化作品是当时凝聚民族力量的号角和精神纽带。在这个时代背景下，毛泽东科学分析了国内政治形势，提出了新民主主义文化的一些观点，对文化理论的内容有了清醒的认识。这些论述为新民主主义文化的发展指明了方向。

1942 年，毛泽东发表《延安文艺座谈会上的讲话》，他认为，革命的成功需要文武两方面的统一战线，即革命统一战线和文化统一战线。要求文化必须为抗日民族战争的政治服务，必须为人民大众服务，创作出人民群众所喜闻乐见的文化作品。毛泽东新民主主义文化观成熟的标志是《在延安文艺座谈会上的讲话》。在抗战胜利后，民族矛盾转变为国内阶级矛盾，革命的重心就是打倒蒋介石，解放全中国。因此，党的文化建设的首要任务，就是大力揭露蒋介石假和平真独裁的面具，为汇聚民意集中整合社会力量、为人民翻身求解放提供强大的精神动力。解放战争时期创作出的很多文化作品如《暴风骤雨》《白毛女》《太阳照在桑乾河上》等都表现了这一主题。

三、革命文化的历史地位和现实价值

革命文化是党领导人民反帝反封建的文化，是"世界无产阶级社会主义文化革命的一部分"，其有力地推动了新民主主义革命的进程，具有十分重要的历史价值。同时，革命文化所蕴含的深层精神追求，是中国人民千百年来追求的共同理想，这与中华民族伟大复兴的中国梦有着内在的契合性。它是共产党人的政治灵魂，是进行价值反思的思想源泉，是中国人民在社会主义建设历史进程中的精神支柱，因而具有永恒的教育意义。

（一）革命文化是新民主主义革命的思想基础

文化作为上层建筑，是社会变革的开路先锋，能够引导人们思想、观念、行为习惯的改变，能够有力地推动政治、经济的变革和发展。新文化运动通过大力宣传民主和科学，为五四运动奠定了必要的思想基础。而马克思主义在中国的广泛传播，不仅孕育了中国共产党，还指导了中国共产党领导的新民主主义革命。

作为革命重要思想的革命文化，是推动革命发展的不可缺少的革命力量，是革命的重要力量。毛泽东指出，文化既反映政治经济斗争，又指导政治经济斗争。而"革命文化，对于人民大众，是革命的有力武器。"为此，中国共产党靠文武两条线指挥全国的革命斗争，要左手拿传单，右手拿枪弹。因此广大文化工作者在

新民主主义革命时期，披上新装、拿上新武器，团结一切可能的同盟军，对敌人发起了英勇的进攻。

（二）革命文化为新民主主义革命提供了强大的精神动力和智力支持

革命文化担当了宣传、教育、觉醒、组织群众的重要职责。中国共产党在新民主主义革命时期，始终注重采取多种形式和措施，在群众中广泛开展文化教育和启蒙活动。千百年来广受压迫的人民群众第一次拥有接受文化教育的权利，第一次享有自己的创造成果，在享受文化权利的过程中，也用无产阶级思想武装了自己的头脑。革命文化武装起来的广大群众，即革命文化所蕴含的内容经广大群众掌握后，就变成了推进革命前进的无尽动力。他们不但积极参加党领导的政治经济军事斗争，还在文化上猛烈抨击封建和帝国主义文化，深深动摇了帝国主义和封建主义统治中国的社会基础，推动了中国革命的发展且获得了最后胜利。

（三）革命文化建设是新民主主义革命的重要组成部分

人类社会的三大要素是经济、政治、文化，这三者是一个国家的基本结构形式。毛泽东在《新民主主义论》中将革命文化建设纳入中华民族解放、发展、繁荣的总体战略，中国共产党必须建设与时代发展相适应、具有中国特色的革命文化。革命文化诞生于新民主主义革命的伟大实践之中，适应了时代的发展需要，促进了新民主主义革命的发展，而革命文化建设的目标，就是要把贫穷落后的旧中国，变为文明先进的新中国。革命文化建设与新民主主义的武装斗争、政治建设、经济建设具有高度的一致性。革命文化体现了中国共产党人的初心和使命，蕴藏着中国共产党宝贵的精神财富，革命文化具有永恒的教育意义。

第四节　在民族复兴中创造的社会主义先进文化

一、社会主义先进文化的内涵

文化属于上层建筑，社会主义先进文化是社会主义建设和改革开放的伟大实践的结晶，其目的在于实现中华民族伟大复兴，文化是国家软实力的直接表现，以马克思主义为指导是社会主义先进文化的根本特征，充分凸显了社会主义制度的优越性。它是一种与时俱进、顺应世界文化发展趋势的文化，这意味着社会主义先进文化同时也是现代的、开放的、前瞻性的，能广泛吸纳国内外一切优秀文明成果，与实现人的全面发展的基本价值具有内在的一致性，是代表着历史发展方向的文化。

社会主义先进文化还是"民族的、科学的、大众的"，这反映出社会主义先进文化与革命文化具有内在的一致性。社会主义建设和改革开放实践给了社会主义先进文化新的内涵，它是一种崭新的文化。其民族性在于社会主义先进文化既根植于优秀的民族文化传统中，又立足于民族复兴的伟大实践之中，和我们的文化传统、革命文化、经济基础、政治制度、社会制度、发展道路等几乎完全契合，有中国风格、中国气派，为广大中国人民所认同和接受。其科学性在于社会主义先进文化坚持以马克思主义和中国化的马克思主义为指导，其大众性在于社会主义先进文化坚持为人民服务，追求最广大人民的根本文化权益。

二、社会主义先进文化的形成与发展

中华人民共和国成立后尤其是社会主义制度确立后，革命文化逐渐向社会主义先进文化转变。它植根于优秀的传统文化，直接产生于革命文化，是革命文化在我国社会实践中的创造性转化和超越性发展。

1956 年 1 月，周恩来指出，知识分子"已经成为一个非常庞大的队伍"，他们中的大多数已成为"工人阶级的一部分"。这个论述大大地调动了广大知识分子的热情，促进了文化事业的繁荣发展。这一时期党和人民政府以批判《武训传》为切入口，拨正了文化建设方向，同时还在戏剧领域展开了"三改"运动。"改戏"就是对传统剧目进行整理、改编和创新，以便戏曲作品更加贴近时代，贴近人民。"改人"即对戏曲工作者进行思想改造，通过学习和培训，帮助他们提高思想认识、政治觉悟和文化艺术素质，树立正确的人生观，为新文化建设作出贡献。"改制"即对戏曲院团的管理体制和运营机制进行改革，确立党的领导地位，保障艺术健康发展。

在社会主义过渡时期，文化艺术界出现了生机勃勃的景象，涌现出许多优秀的文艺作品，形成了新中国文化事业发展的第一个高潮，如大型音乐舞蹈史诗《东方红》，现代京剧《红灯记》《海港》等，这些富有代表性的文艺作品虽然借鉴了中国传统或国外的艺术表现形式，但内容有了新的升华、飞跃。同时，各类文化代表团也与世界其他国家开展了广泛的文化交流与合作，增进了中国与各国人民的相互了解。

社会主义改造基本完成后，我国开始进行大规模的社会主义建设。1956年至1976年的20年间，我国在社会主义文化建设方面进行了开创性的探索和实践，积累了丰富经验，取得了可喜的成绩。同时，由于受教条主义和"左"倾错误的影响，文化建设遇到挫折。

"文革"结束以后，党中央通过开展真理标准大讨论，重新确立了实事求是的思想路线，十一届三中全会拉开了改革开放的大幕，党的文化建设也进入了新的发展阶段。以邓小平为核心的党的第二代领导集体迅速完成了意识形态领域的拨乱反正，牢固确立了马克思主义的指导地位，提出了"两手抓，两手都要硬"的文化建设方针。广大文艺工作者齐心协力为实现社会主义文艺事业的高度繁荣、推进四个现代化努力奋斗。1982年5月，开展"五讲四美"活动，随后在同年9月召开的党的十二大上，又提出了"社会主义精神文明"是社会主义的重要特征、"没有这种精神文明，就不可能有社会主义"的重要论断。党的十二大总结和论述了新时期的社会主义精神文明建设，初步构建了中国特色社会主义精神文明建设的理论框架，明确了社会主义精神文明建设的目标，为新时期党的思想文化和意识形态建设指明了方向，体现了党对社会主义精神文明建设认识的深入，并取得了重要的理论成果。

世纪之交之际，我国社会主义市场经济进入了新的发展时期。在这一背景下，如何进行文化建设是新的重大课题。在此背景下，文化建设的战略地位得到了进一步凸显。在1989年6月党的十三届四中全会上，"中国特色社会主义文化"的概念丰富和发展了毛泽东思想关于文化建设的基本理论。

党的十六大以来，胡锦涛等中国共产党人不断深化对社会主义先进文化的认识，第一次提出了"文化自信"和"文化强国"的战略目标。2008年10月，在党的十七届六中全会上，胡锦涛提出了社会先进文化"越来越成为经济社会发展的重要支撑"的重要论断，明确提出"建设社会主义文化强国"的奋斗目标。这标志着党对社会主义文化建设发展规律有了深刻的理性认识。改革开放的伟大实践创造出了许多与时代同行、与人民同心的文化作品。以文学作品为例，这一时期茅盾文学奖、少数民族文学创作"骏马奖"等奖项相继设立，大批优秀文学作品不断涌现，其中"改革文学"是一抹绚丽的色彩，如蒋子龙的《乔厂长上任记》《燕赵悲歌》《开拓者》，路遥的《平凡的世界》，这些文学作品面对生活，关切现实，书写人民的奋斗拼搏、喜乐悲欢，极大地满足了人民群众日益多样的精神文化需求。

党的十八大以来，中国进入文化强国阶段。习近平总书记在许多重要讲话中就文化建设的战略地位、指导思想、建设目标、发展路径进行了系统阐述。如就文化建设的战略地位，他曾提出"一个国家、一个民族的强盛，总是以文化兴盛为支撑的"。习近平总书记关于文化自信的重要论述，立意高远，内涵丰富，思想深刻，对建设社会主义先进文化作出了独特贡献。

党的十八大以来，围绕如何繁荣中国特色社会主义文化建设，我国相继出台了一系列重磅文件，如：《关于繁荣发展社会主义文艺的意见》《关于加快构建中国特色哲学社会科学的意见》《公共图书馆法》[①] 等。同时，文艺作品也大获丰收，以电影为例，《战狼》《湄公河行动》等作品广获社会好评，取得了社会效益和经济效益双丰收。

三、社会主义先进文化的地位和作用

社会主义先进文化是树立良好社会风气，增强民族凝聚力、向心力的重要途径，是经济社会发展的强大精神支撑和重要源泉，是建设中国特色社会主义的迫切需要。

（一）中华民族伟大复兴的先导工程

文化作为一种价值理念，能够塑造人们的思维方式并规范人们的行为，从而在全社会形成良好的道德基础；作为一种理想信念，它能够引领人们为了理想和目标而不断奋斗；作为一种精神纽带，它统一人们的思想，凝聚社会力量，维系民族团结、维护国家稳定。文化关系到每一个人的理想信念、价值取向、道德情操，反映出一个民族的精神品格和人文素质。一个国家和民族的进步涉及文化的各个

---

① 邹雅婷：《守正创新：推动文化繁荣兴盛》，《人民日报海外版》，2018 年 12 月 18 日。

层面，从器物、制度到精神理念，起根本作用的是精神理念，这也成为综合国力的重要标志，为实现中国梦提供了精神动力和智力支持。

（二）增强国际影响力的战略选择

世界多极化、经济全球化持续发展，科技日新月异，各种文化交流交锋更加频繁。发达国家因在经济、科技等方面仍有优势，西方敌对势力对中国实施围堵战略，意识形态领域的斗争更为复杂。在这样的时代背景下，加强社会主义先进文化建设，不仅可以增强全体人民的文化自觉和文化自信，满足广大人民群众的精神文化需求，自觉抵御外部腐朽思想文化的侵蚀，还可以占领国际文化传播的制高点，继续增强我国文化的传播力、吸引力、感染力和亲和力。

（三）人与社会全面发展的必然要求

加强文化建设是促进人与社会全面发展的应有之义。建设社会主义现代化强国离不开文化发展，即需要通过提升全民文化素养来营造民主、自由、公正、法治、开放的社会环境。随着生产力的发展，社会的主要矛盾已经出现了重大变化，在文化领域中的表现就是人们的需求从原来简单的文化需求转变为多元的、更高层次的文化需求。要解决好这一矛盾变化，必须加强文化建设，生产出充裕的优质的文化产品。中华民族伟大复兴，不仅仅是经济上的复兴，还是人的精神面貌的复兴。因此，必须通过文化建设，促进公民素质的全面发展，提高公民的文化素养和精神境界，树立正确的三观，为中华民族伟大复兴的中国梦奠定基础。

第三章　红色遗产与中华优秀传统文化的逻辑关联

红色遗产是我国历史文化遗产中非常重要的组成部分，蕴含着中华民族独特的文化特色和精神价值，体现了中华民族的创造力和活力，是中华民族珍贵的精神财富，它是我们党艰苦卓绝奋斗历程的见证，是实现中华民族复兴的动力源泉。中华优秀传统文化是民族精神的源泉和"根"，是全世界华人的精神家园和基因宝库，中华优秀传统文化让马克思主义中国化这一新的飞跃有了更加坚实的文化基础与文明支撑，5000多年的中华优秀传统文化与马克思主义基本原理相结合，在伟大的革命建设和改革实践中转化和发展并生成了红色遗产，其将在21世纪展现出新的文明光辉。

第一节　理论维度：红色遗产与中华优秀传统文化的理论逻辑

"一个民族要想站在科学的最高峰，就一刻也不能没有理论思维。"马克思主义始终是我们党和国家的指导思想，是有力的思想武器。中国共产党为什么能，中国特色社会主义为什么好，归根到底是因为马克思主义行。马克思主义中国化、大众化是红色遗产形成和发展的理论支撑，中华优秀传统文化为马克思主义中国化提供了文化沃土，传承红色基因必须坚持马克思主义的指导，不断推进马克思主义中国化、大众化。

一、中华优秀传统文化为马克思主义中国化提供了文化沃土

每个民族的传统文化都凝聚了先贤的智慧，都有其历史发展传承的价值。而形成当代核心价值观的中华传统文化，其哲学思想就是"有物混成""独立而不改"

的自生自在，以及"生育天地""长养万物"的自性自行。生长在这样的土壤中的马克思主义必须有中国特色，并根据中国特色加以应用。与此同时，只有在这样的土壤中，只有在蕴含马克思主义核心理论的土壤中，马克思主义才可能结出马克思主义中国化的绚丽果实。

哲学家张岱年曾说："在政治上，马克思主义要与中国革命的实际结合；在文化上，马克思主义要与中国文化的优良传统结合。""马克思主义与中华文化的优良传统结合是中国文化发展的主导方向"，这既说明了马克思主义对中国社会发展的影响，也揭示了中国传统文化对其的重要性。我们党之所以选择马克思主义，一是因为它阐释了人类社会发展的一般规律；二是因为它更符合中国国情，很多中国传统文化的精髓与马克思主义非常契合。如马克思主义主张无神论，而传统哲学主张"天命"，即通过自身修养来实现人生价值；比如实践是马克思主义的重要观点，而传统文化推崇"知行合一"，即验证知识的标准、求知方法和途径要相辅相成，不可或缺；又如"辩证法"是马克思主义的根本方法，而老子提出"一生二,二生三,三生万物"，事物变化的根本原因是内在矛盾，即使事物本身彼此对立也是如此，彼此联系、不断变化是世界万物发展的根本动力。甚至马克思本人也认为，中国哲学与黑格尔哲学有共同之处。《礼记》中对大同社会的描述与马克思主义对共产主义的描述有很多相似之处，正是因为如此，马克思主义才能迅速为中国人所接受和合理运用，成为指导革命胜利和发展建设的强大武器，使中国共产党带领中国人民最终走出一条属于自己的道路。

毛泽东曾说，中国人自从学会了马克思列宁主义，精神上就由被动转为主动。唯物史观与唯心史观的本质区别就是是否承认群众是历史的创造者。在中国，古代就有"民贵君轻"思想，后来又孕育出"全心全意为人民服务""以人民为中心"的思想。马克思在《共产党宣言》中指出：无产阶级运动是绝大多数人的，为绝大多数人谋利益的独立运动。

初心、使命，就是奋斗的目标，在传统文化中通常将它们表述为志向。孔子说："三军可夺帅也，匹夫不可夺志也。"纵观历史，无论是个人还是团体，都必须胸怀大志，才能有所作为。《论语》中说："士不可以不弘毅，任重而道远。仁以为己任，不亦重乎？死而后已，不亦远乎？"自古以来的仁人志士之所以具有责任担当的精神，就是因为他们以"弘毅"为毕生使命。仁者，爱人。这种胸怀宽广、仁爱民众、心系天下、坚毅担当的精神被中国共产党充分继承并发挥得淋漓尽致。中国共产党是在人民群众对于幸福平等的热切渴望中，走上历史舞台的。正是因为牢记初心使命，中国共产党才会始终把提高全社会人民群众的生活质量放在第一位，才会带领人民反抗压迫、追求幸福，实现最广大人民的根本利益。

二、马克思主义中国化、大众化是红色遗产生成和发展的思想指南

马克思主义深刻揭示了人类社会的发展规律，为人们提供了认识和改造世界的科学的世界观和方法论，是红色遗产产生和发展的指南，是红色遗产的理论基础和思想灵魂，它为传统文化的创新发展和创造性转化提供了科学的方法。李大钊、陈独秀、瞿秋白等革命先驱为播撒革命的火种，著书立说，以唯物史观为理论武器，阐述马克思主义关于文化变革的基本思想，提出用社会主义原则和方法创造新的中国文化。任何精神结构都会随着经济结构的变化而变化。必须破除封建宗法思想，才能抵抗帝国主义侵略，不铲除一切帝国主义势力，我们的文化发展就永无出头之日。毛泽东进一步指出，未来文化的创造要完全适应社会主义的原则和方法。

伴随着中国共产党的成立，中国红色文化出现两个基本变化：一是自此就由先进的阶级——无产阶级及其政党来领导，这标志着中国共产党领导人民在革命过程中坚守中国革命特殊性的文化自觉；二是马克思主义成了红色文化建设的指导思想，是红色文化的思想灵魂，是红色文化建设必须把握的方向。1928 年通过的《宣传工作决议案》提出，要把发行马列著作作为一项重要任务。在物质极其匮乏、环境极其艰苦的战争年代，中国共产党为了提高马克思主义的影响力，更好地让人民群众掌握马克思主义的基本原理，不仅出版发行了马克思主义著作，还组织党校加强干部教育，印发宣传资料。中国共产党加强马克思主义理论教育，积极开展各种文艺活动，通过歌谣戏剧等群众喜爱的文化活动，把马克思主义理论通俗化、口语化，把抽象的革命原则转化为简单的大众语言，促进了马克思主义大众化。

用马克思主义指导中国革命实践问题是中国革命的基本问题。1930 年在《反对本本主义》中毛泽东指出了教条主义的表现和危害，提出了要把马克思主义中国化。全面抗战的爆发使中华民族处于危急关头。面对国情的变化，为了反对经验主义和教条主义，毛泽东在 1938 年党的六届六中全会中首次提出了"马克思主义中国化"，并对其做了深层的理论阐释，强调要"使按照中国的特点去应用它"，一是马克思主义理论与中国革命的具体实际的统一；二是马克思主义与中华民族文化相结合，即"要废洋八股，少唱空洞抽象调头，代之以深受中国人喜爱的活泼的中国风和中国气派。"[①] 这些论述不仅为中国革命的胜利提供了理论指导，也为红色文化遗产理论的构建提供了鲜明的立场和基本原则，反映了当时共产党人的文化自觉意识。

除马克思主义外，世界其他优秀文化也是红色文化遗产的重要养料。为了拯救民族危亡，20 世纪初许多仁人志士远赴海外寻求救国救民的良方，他们受到了世界其他国家的优秀文化的影响，这些先进知识分子在探索国家出路、实现民族复兴的道路上，自觉不自觉地受到了世界各族人民的精神滋养，丰富了自己的文化底蕴，红色文化遗产的重要思想营养之一就是世界优秀传统文化。如白莽[②]翻译了匈牙利诗人裴多菲的许多作品，鼓励国人了解欧洲革命，学习他们的革命经验和奉献精神。

毛泽东思想也是红色遗产形成和发展的思想指导。以毛泽东为代表的中共领导集体在抗战时期基于革命的中心任务和实际情况，提出了红色文化建设的纲领目标和策略，使红色文化开始进入大发展时期。这一时期，毛泽东多次在不同场合强调红色文化的重要性。在毛泽东思想的直接指引下，中国共产党充分发挥文化的主体性作用，以高度的文化自觉和文化自信，积极探索红色文化遗产建设的新路，创造了具有中国气派、中国风格、中国语言的红色文化，逐步建立起属于中国人民自己的文化自信。

三、传承红色遗产就要始终坚持马克思主义同中国具体实际相结合，不断推进马克思主义中国化、大众化、时代化

（一）马克思主义是指导中国革命、建设、改革和新时代发展的强有力的思想武器

马克思主义与具体实际相结合，一定要摆脱教条的束缚，不能抱着"本本"不放。在太平天国运动、辛亥革命相继失败，洋务运动、维新变法、实业救国等方案都

---

① 毛泽东：《中国共产党在民族战争中的地位》，《毛泽东选集》第 2 卷，北京：人民出版社，1991 年，第 534 页。

② 白莽（1909—1931），又名殷夫，浙江人，中国共产党党员，诗人，1930 年加入中国左翼作家联盟。

行不通时，中国共产党应运而生。中国共产党人，在井冈山经过艰苦探索，开辟了井冈山道路，创立了毛泽东思想。在社会主义革命和建设时期，毛泽东提出了马列主义基本原理与中国实际的"第二次结合"，毛泽东思想是马克思主义创造性地运用和发展，是马克思主义中国化的第一次历史性飞跃。[①]

与具体实际相结合，一定要以问题为导向。党的十一届三中全会以来，中国面临如何大踏步地赶上时代，让社会主义的优越性真正发挥出来的问题。中国共产党人认识到中国社会生产力还比较落后这一客观实际，认识到改革是解放生产力的方法。面对改革开放中我国呈现的一系列新的阶段性特征，我们国家坚持以经济建设为中心，切实避免经济社会发展中出现两条腿不一样长的问题，坚持在经济高速增长的同时实现发展的公平正义和可持续。这一系列理论创新形成了中国特色社会主义理论体系，马克思主义中国化实现了新跨越，马克思主义中国化理论宝库也得到了丰富。

党的十八大以来，习近平总书记从新的实际出发，紧密结合中国经济社会发展具体实际，紧密结合中国为世界发展提供中国智慧的具体实际，统筹把握复兴战略全局和世界格局大变局，统筹推进"五位一体"总体布局，协调推进"四个全面"战略布局，科学回答了一系列关于社会主义发展、现代化强国建设、政党建设等重大时代课题，提出了一系列独到的新的理念、新的战略举措，开创了习近平新时代中国特色社会主义思想，实现了马克思主义中国化的新跨越，开辟了21世纪马克思主义新境界。

（二）传承红色遗产就要促进马克思主义的中国化

马克思主义主张世界是运动变化发展的，理论必须紧密地联系实际，要根据时间、地点、事物数量和性质的变化对具体问题具体分析。

推进马克思主义中国化不仅要在实践中把马克思主义运用得好，还要坚持把马克思主义基本原理同中华优秀传统文化相结合，中国化的马克思主义有中国风格、中国气派，它将5000多年的积淀融入中华民族的生命和血液里，它是中国文化的精髓。我们不可能离开自己的优秀文化和传统去进行马克思主义中国化的工作。

---

① 宋月红：《当代中国史研究》，《论"国家历史安全"与当代中国史的研究编纂》，2017年，第1期。

马克思主义揭示了资本主义必将灭亡，共产主义必将实现的人类社会发展规律，为共产主义的理想信念打下了坚实的理论基础。确立理想信念是一种理性选择，不是短时的冲动。中国共产党人坚持真理、坚守理想的精神正是对中华传统智慧的继承与发展，并以此统一思想、指导实践。真理，即不以人的意志为转移的规律，在中华传统文化中通常用"道"来表述。坚持真理即奉行道义、顺道而为。孔子言："志于道，据于德，依于仁，游于艺。"就是依据自然天道而行，并以自然天道来教导、治理民众，因而能达到"顺天者昌""得道者多助"的效果。

（三）传承红色遗产就要坚持马克思主义大众化

实践是马克思主义理论的特征之一，而人民群众是马克思主义改造世界的物质力量。马克思主义大众化是马克思主义发挥作用、在实践中不断推进的必由之路。用习近平新时代中国特色社会主义思想进行武装是推进伟大事业的迫切需要，是应对各种思潮挑战的锐利武器，是统一思想、凝聚力量、推进中华民族伟大复兴的行动指南。

推进马克思主义大众化，必须充分考虑人民群众的现实需要、认知水平、文化追求。要把马克思主义的真理性讲得深入浅出，要让理论宣讲变得生动活泼，要让传播方式灵活多样，要充分发挥人民群众的参与性和创造性。推进马克思主义大众化要防止理论简单化、形式娱乐化、解读主观化，大众化的实质是运用马克思主义的立场、观点、方法深入浅出地阐释和分析现实，我们可以用商业化、市场化的手段进行包装和创新，但必须从内容开始，不能只从形式开始。毛泽东曾经指出，我们的文艺是为人民群众的，第一是为工农兵，为他们而创作利用。毛泽东指出："五四后期，中共与资产阶级自由主义联合，一起反对封建专制主义和蒙昧主义；国民革命时期，'共产主义'与'革命的三民主义'成为好朋友，结成了革命统一战线；土地革命时期，为了反抗国民党文化的'围剿'，它领导、组织了左翼作家联盟和中国社会科学家联盟，发起了左翼文化运动；抗战前夕，它又领导了一场颇有声势的新启蒙运动。"[1] 总之，中国共产党的文化发展政策，对于处在积贫积弱、内忧外患不断的中华民族来说，是不断团结进取，奋发有为，共

---

[1] 郑师渠、黄兴涛：《中国文化通史：民国卷》，北京：北京师范大学出版社，2009年，第23—24页。

赴国难，振兴图强的一针"强心剂"。而在以毛泽东同志为代表的中国共产党人的不断艰辛探索下，中华民族终于找到了实现文化自觉发展，增强民族文化自信的正确途径，即新民主主义文化的发展道路，建立"民族文化、科学文化、大众文化"。这种文化建设目标内含着科学地处理古今中外文化发展辩证关系的智慧，如"民族的"，首先强调的就是"反对帝国主义压迫，主张中华民族的尊严和独立"，即中国的文化建设必须致力于服务中国人民伟大的反帝反封建的革命斗争的需要。此外还隐蕴着要科学地处理好中外文化的关系，不能做狭隘的民族主义者，要反对"全盘西化"的倡导。以毛泽东为代表的中国共产党人所提出的文化发展之路是基于马克思主义唯物辩证法的，是一种综合创新的发展模式，实现了对近代以来众多志士仁人所提出的各种复兴中华民族文化倡导的继承与超越，中国共产党提出"民族的、科学的、大众的"文化发展方向，是对近代以来志士仁人关于文化问题长期争论的总结和超越。它坚持唯物史观，既很好地处理了中西古今的文化关系，体现了对文化自身发展规律的尊重，也体现了中国共产党文化思想与其政治纲领的科学互动。这是近代以来国人提出的最为科学全面又富有可操作性的文化发展方向，也正是在这一科学的文化发展方向的指引下，在不断提振新民主主义文化，增强文化自信的氛围中，中国人民喜悦地迎接了中华人民共和国的诞生，而红色遗产就在是这个过程中产生和发展的。

马克思主义主张解放全人类，要实现"自由人联合体"，必须坚持共产主义理想。任何放弃这一理想和目标的主义都不是马克思主义，任何背离和淡化这一目标的文化和主张都是对红色基因的摒弃。正是因为把共产主义远大理想作为一面旗帜，正是因为把全国人民的解放作为奋斗目标，中国共产党人才凝聚和号召了千千万万人民群众，推动我国革命和建设取得了一次又一次的胜利。

共产主义的实现意味着生产力的巨大提高，物质财富的巨大丰富，人们觉悟的巨大提高，这需要一代又一代人的不懈努力，但这绝不是空想，共产主义理想具有实践性。从发表《共产党宣言》到巴黎公社起义，从十月革命的成功到中华人民共和国成立，各国人民在马克思主义的指导下，为努力实现共产主义理想而奋斗。

（四）传承红色遗产就要坚持马克思主义时代化

党的十七届四中全会《决定》首次明确提出推进马克思主义时代化的重大主

张,马克思主义时代化是指把马克思主义同当今时代的发展和特点相结合,使其适应现实需要,把握时代脉搏,回答时代问题。马克思主义是时代的产物,是认识世界改造世界的强有力武器。马克思主义的鲜明特点之一是应时而生,与时俱进是其宝贵品质。我们党作为马克思主义政党,要积极应对时代挑战,在长期斗争中始终坚持把马克思主义和时代相结合,才能强化理论的说服力和生命力。

回望中华人民共和国刚刚成立时,当时国内尚未完全解放,在内忧外患的境况下,中国共产党就喊出了"世界人民大团结万岁"的口号,这是怎样一种天下为公的胸怀和气魄!中国共产党继承了传统文化中天下为公的思想,正是这种理想使得马克思主义所宣扬的共产主义理想能够迅速深入民心,并起到凝心聚力的效果。

马克思主义之所以能够迅速在中华大地生根、发芽、开花、结果,是因为中华优秀传统文化为马克思主义提供了最适宜的生长土壤。共产主义描绘了人人都可以过上"自由发展、按需分配"的美好生活。人类历史上最科学的理想是共产主义理想。共产主义理想与其他理想的根本不同在于,它不是基于主观意愿或抽象的假设,而是建立在历史唯物主义和生产力生产关系学说基础上的,共产主义运动追求全人类的解放,代表着全人类的长远和共同利益。当今世界,在斗争冲突不断的国际社会,习近平总书记提出构建"人类命运共同体",这是源自中华文明的"天下为公"理想的创造性转化与创新性发展,为维护世界秩序、促进世界和平提供了中国智慧!

第二节 历史维度:红色遗产与中华优秀传统文化的历史逻辑

中华优秀传统文化扎根于中华民族5000年的悠久历史,是本民族的"根"和"魂"。中国在漫长的历史岁月中久经磨难仍然屹立于东方,并取得了诸多伟大的历史成就,我们应继续将中国优秀传统文化发扬光大,激活其中内蕴的红色基因。纵观中国历史,无论是大禹治水三过家门而不入的上古传说,还是海瑞罢官的历史史实;无论是岳飞的《满江红》,还是文天祥的《过零丁洋》,这些都体现出了自古就流淌在中华民族血液里的红色基因。以儒家学说为核心思想的中国传统文化，其教导的"仁政与秩序思想"，既体现了现代科学的民主精神，也体现了社会主义社会的和谐精神，其中蕴含的红色基因是中国传统文化的重要构成要素。马克思主义作为时代的精华，是迄今世界上最先进的文化。中国共产党自成立之日起，就把马克思主义写在自己的旗帜上，先后创立了毛泽东思想、邓小平理论、"三个代表"重要思想、科学发展观以及习近平新时代中国特色社会主义思想。

一、中华优秀传统文化是红色遗产生成与发展的历史根基

伟大的人民、伟大的创造、伟大的实践，铸就了伟大的文化与文明。同时，文化本身又推进了中华民族的绵延不绝。中华民族的特质是勤劳、勇敢、智慧、积极进取；自强不息、艰苦奋斗、矢志不移、以天下为己任是其独特的精神标识。正是由于对自身文化与文明的高度自信，才铸就了中华民族的伟大丰碑。回首近代以来中国百年沧桑的历史，文化自信在中华文明从衰弱走向复兴的进程中起到了极为重要的作用。

曾几何时，中国故步自封，长期沉醉在"泱泱大国""天下之中"的文化自负之中。1840 年鸦片战争的坚船利炮，轰开了中国封闭的大门。一个个"城下之盟"，一次次割地赔款，西方列强将中华民族逼到亡国灭种的边缘。从文化自负中觉醒的中国人，开始睁眼看世界，开始意识到自己与西方列强的差距。不甘落后的中国人，通过一次又一次的文化自觉，来寻求新的文化自信。从"师夷长技以制夷"的洋务运动，到寻求制度之变的戊戌变法，从·2000 多年封建统治的辛亥革命，到呼唤变革的新文化运动，再到五四运动，都展现着中国人对中华优秀传统文化的自信。

（一）中华优秀传统文化的自我觉醒

从乾隆后期开始，清王朝就已经开始出现朝纲不正、政治腐败、社会矛盾渐起、文化日趋禁锢与封闭的衰落迹象。尤其是在文化建设领域，由于文字狱的兴盛，上到王公大臣，下至平头百姓都谨小慎微、不敢乱言，对政治的"染指"更加少有。另外，作为清王朝重要的择取人才的制度——科举制已经衰退，一则因为考试过程中舞弊成风，二则考试内容日趋规格化、死板化，所谓"八股取士"就是例证。凡此种种，清王朝的舆论界、思想界日渐形成一种"万马齐喑、死气沉沉"的氛围。参加科考的士子们要么寻思着考取功名，进而攫取私利，要么为了安全保命，只好埋头故纸堆，专事考据训诂的汉学和空谈义理的宋学，淡化了儒士"兼

济天下"的道德职责和"入世为民"的理想情怀。从乾隆时期的盛世夕晖中可以看出，中华文化在步入近代以前，仍是"自信满满"，只不过在"山雨欲来风满楼"的历史大格局下，中华民族太过于乐观自信。不幸的是，历史性的悲剧很快接踵而至，这种"掩耳盗铃""醉生梦死"式的自我陶醉很快就被西方的坚船利炮"惊醒"，正可谓"一炮惊醒梦中人"。

过度沉醉于"天朝上国"迷梦之中的大清帝国在西方坚船利炮的震慑下惶恐不安、不知所措，所以中国步入现代世界的状态是十分茫然、困顿和窘迫的，换言之，中华民族自进入近代以来，就是在屈辱和苦难的深渊中砥砺前行的。

中国社会的整体发展水平在近代远远落后于西方世界，这个残酷现实逐渐地被中国社会各个阶层的民众所接受。众多仁人志士开始了前赴后继的探索，希望能够通过不断地向西方学习，从而找到振兴民族、强国富民的历史突破口。鸦片战争爆发前后，一批具有家国情怀、开放意识、前瞻思想的晚清士大夫们，如龚自珍、林则徐、魏源等，深受触动，开始探寻改革的突破口，开始传播"经世"思想并成为一股思潮，为开启近代中国变革图强的思想大门做出了重要贡献，这是中国近代文化自觉的重要转折点。经世派大概由三类人组成，他们分别代表三个层次的封建知识分子：一是官声清朗的高级官员，林则徐是他们的代表；二是关心天下大事的下层官吏，魏源是他们的代表；三是文人墨客，以著述风靡世界的学者，龚自珍是他们的代表。三类人物的影响和作用不大相同，但都是以自己的改革实践及思想言论促进了"经世"思潮的勃兴。

作为中国历史向近代转折关键节点上的一位标志性人物，龚自珍的文化自觉主要体现在，其一，他能够以敏锐的洞察力对清朝晚期社会的种种弊病作出较为深刻与理性的诊断；其二，他能够以历史学家的意识对中国社会的发展做出超前的审视和预测。在此基础上他大声疾呼中国只有在"更法改制"，克服专制君主制度弊端的基础上才能走出恐惧，走向新生。鸦片战争的失败在中国引起极大震动。一些爱国士大夫开始抨击注重修身养性的理学和注重整理古代典籍的汉学，提倡"经世致用""励精图治"。林则徐是近代"最先自觉学习西方以推进现代化"的政治改革家。林则徐在广州时设立译馆，主持编译《华事夷言》《四洲志》，主张了解世界。尽管它们在当时的影响还很有限，但这件事本身，却昭示了一个文化开放时代的到来。虽然，林则徐向西方学习的理论倡导并不系统，甚至有所局限，但是在"呼唤变革"又"冷静的可怕"的昏暗时期，他的探索精神可以一定程度上反映中国近代文化自觉求变的努力。同样值得称赞的一位经世思想家魏源则提出了"师夷长技以制夷"的自觉求变的呼唤，他不仅在林则徐提供的《四洲志》等材料的基础上，写出了影响深远的《海国图志》，为中国人了解世界、反省自己提供了参鉴。这本书流传到日本之后，对日本明治维新产生了巨大影响。这些仁人志士的努力倡言反映出这一历史阶段中国人反省和积极求变的理论自觉，虽然有种种的历史局限性，但是这种"黑夜中的微弱火苗"，则为洋务运动提供了思想启蒙。

（二）洋务运动：中华优秀传统文化的体用之辨

承续着"经世通变"这一文化自觉的精神，经过第二次鸦片战争的打击和惊醒，清廷内部逐渐产生了要求变革的洋务派和固守拒变的顽固派。其中洋务派"自觉求变"，经过与西方几番"血与火的较量"之后，一些具有新式变革思想的志士们更加强烈地认识到中国与西方相比是十分落后的，尤其是在军事科技方面，"落后就要挨打"。如冯桂芬对中西发展状况进行比较之后，悲愤直言道，中国"船坚炮利不如夷，有进无退不如夷"[①]。虽然这种评价看似悲观，而且还有"夷夏之辨"的色彩，但又是十分深刻和全面的，对于警醒世人有一定的针砭时弊之效。从19世纪60年代冯桂芬提出"采西学""制洋器"以后，在不断引进西学的同时，人们就中学与西学的关系进行了讨论。王韬说："器则取诸西国，道则备自当躬。"郑观应认为："中学为体，西学为末，主为中学，辅以西学。旧学为体，新学为用。"这些都是当时在清王朝统治之下围绕中学和西学关系的讨论，而这些讨论都不同程度地有助于西学被大量引入中国，这一时代潮流促进了中国从器物层面到制度层面积极向近代西方学习。

作为洋务运动重要领导者之一的李鸿章，在面对西方侵略给中国社会带来的冲击时，感叹中国将面临"三千年未有之变局"，同时与先前历朝历代中华民族所接触的侵扰者相比，这些来自西方的入侵者乃是"三千年未有之强敌"，其对洋人

----

① 冯桂芬：《校邠庐抗议》，郑州：中州古籍出版社，1998年，第172页。

的"轮船电报之速与军器机事之精"甚为赞叹。因此，在这些洋务运动的倡导者和实践者看来，要想改变中国落后挨打的被动局面，就必须虚心向学，尤其是学习西方的军工技术。但是，他们又都认为中国的伦理纲常是先进的，不应当改变，所以洋务运动的开展一直是在"中体西用"的哲学思想指导之下进行的。

但是，封建末世的"体"不是某些西学之"用"所能扶得住的。曾国藩等洋务派领袖的行为动力在于要挽封建末世狂澜于既倒，扶封建末世大厦于将倾，他们扮演的只能是封建末世的全力回天却又无力回天的悲剧角色。这种角色悲剧最深刻的根源是封建社会已经到了该退出历史舞台的时候，却依然顽固执着地追求着不能也不应该的封建"复兴"梦想，从而落后于时代。然而随着他们身后的封建文化体系的崩溃，他们也不可避免地被历史打倒，走向失败。现实中，这种中体西用的"中兴"之梦被中日甲午战争击得粉碎。从制度和文化层面来看，中体西用思想的先天不足，注定了洋务运动的失败。

洋务运动虽以失败告终，但在中国近代史上洋务运动确实是一场努力追求现代化的运动。无论是前期以"求强"为口号不断发展军事工业，还是后期以"求富"为口号不断发展民用工业，其都有利于中国不断实现现代化。其中尤为需要提及的是洋务运动期间，各种新式学堂如京师同文馆、上海广方言馆等开始设立，新式翻译人才的培养开始起步，这种新式教育为未来中国社会进行更为深远的变革提供了人才基础。同时，新式教育的开展以及翻译西方著述、创办现代报刊对于改变社会风气，开阔国人的眼界，更好地沟通中国与世界创造了有利条件。这些为增强发展现代文化的自觉力，促进中西文化的有机融合，提振中国文化自信心增添了新力量。

（三）戊戌维新：中华优秀传统文化的艰难变革

洋务运动的艰难开展在一定程度上为实现中国的现代化作出了重要贡献，其开化社会风气、开阔中国人眼界和思想的尝试，对融合中西文化，增强发展文化的自觉力和提振民族文化自信有一定的助益。然而，洋务运动将大部分文化发展的目标定位和层次局限于"器物文化"，这使其对中华文化质的提升的贡献有限。尤其是经过甲午一役，北洋水师全军覆没，大清帝国败给了"东洋蕞尔小国"日本，这促使中国的知识分子深度剖析和反思中国衰败的原因。

来自北洋舰队的严复，痛定思痛，在 1896 年翻译刊行赫胥黎的《天演论》，这是中国历史上第一次将西方近代重要学术著作比较完整地直接介绍到中国来。它使整个思想界大为震动，为近代寻求进步的中国人提供了一个与传统儒家完全不同的新概念——进化论。严译《天演论》所宣扬的进化论，在当时思想界产生了极为巨大的影响，令人耳目一新，没有任何其他书籍能同它相比。

"变法"，是甲午战败之后的思想潮流。康有为提出进行政治改革，推行君主立宪政治制度。他认为，只有改革中国的政治体制，才能救治中国积贫积弱的弊病，才能让国家强盛起来，国家才有希望。因此，维新派多次上书要求变法。康有为、梁启超的这些变法建议力图改变中国君主专制政体，效法日、俄，并采纳西方三权分立的制度设计，从而希冀清王朝通过变革政治制度来实现更新和发展。

然而，这一努力只持续了 100 多天，百日维新运动早早夭折。个中原因纷繁复杂，既有变法者推进策略的失当，也有顽固势力的强大阻挠。百日维新运动所留下的精神遗产还是很值得后人继承的，尤其是它进一步启蒙世人认清了封建保守势力的强大和改良求变的艰辛。百日维新虽然昙花一现，但其所倡导的改革求变思想，特别是改变政治体制的要求，为提高人们变革思想的层次、增强改革自觉创造了便利条件。

（四）辛亥革命：中华优秀传统文化的曲折发展

戊戌维新变法运动失败以后，清廷中顽固势力进一步抬头，而底层民众则由于种种社会矛盾的不断激化而"躁动不安"，最终引发了义和团运动。可是这一场在顽固派势力看来，"民心可用"的运动，并没有使得清王朝化险为夷，反倒是同列强伙同起来欺压中国。《辛丑条约》签订之后，从社会内部发出的要求变革的呼声不绝于耳。清廷被逼无奈，以慈禧太后为首的封建官僚集团，提出了新政的建议，在 1901 年 1 月 29 日的一项声明中，慈禧太后恳请朝廷大臣、各省督抚和外国使节就改革发表建议，她给这些人两个月的时间，要求在借鉴西方政治体制的基础上进行中国政治体制改革，貌似一场轰轰烈烈的政治革新运动粉墨登场。但是，这场前期紧锣密鼓准备的立宪运动，最终却以"皇族内阁"的闹剧草草谢幕。这场闹剧之后，幻灭和失望笼罩了晚清社会，反满的情绪持续发酵，民众逐渐把目光转移到了革命事业上。

戊戌变法夭折之后,"民权"与"民族"成为近代中国知识分子的思潮。18岁的留日学生邹容回到上海,出版了他所撰的《革命军》。这本书,将对民权、民族等种种观念的思考,直接演化为两个字:革命。这本书笔调通俗明快,犀利有力,使人读了就像触到电流一样无法平静下来。此书迅速被广泛翻印。新加坡、横滨都出了《革命军》,孙中山还将它拿到美国重印出版;而黄兴在湖北把它秘密散发给学生和陆军士官生。有统计说:这本书总共出了20版,发行量达100多万册。鲁迅当时在日本留学,他回忆说:如果说影响力,别的著作都比不上邹容写的《革命军》。

革命,由此渐成潮流,辛亥革命就这样在民众的期盼中来临了。1911年10月10日武昌起义爆发。顷刻间,各地的武装起义和独立运动势如破竹般地接续开展,中华民国成立,在和袁世凯进行多次博弈之后,清帝退位,民主共和的招牌算是挂起来了。辛亥革命虽然不是一场彻底的革命,但是其历史进步意义是很大的,它使民主共和思想深入人心;开化社会风气,开设更多新式学校,推行更新式的教育制度;尝试建立民主共和的政治制度等。南京临时政府实施的较有意义的措施体现在,一是提倡平等观念,革除官厅的"大人""老爷"称谓,均以官职相称呼,民间以"先生"或"君"相称呼。二是保障人权,禁止酷刑和体罚。不准买卖人口,所有人都享有公私权利。三是尊重言论、出版自由等。革命兴起,青年知识妇女争相响应,或组织女子军事团、女子国民军、女子北伐军,或从事看护、缝纫、募捐,还成立了女子参政同志会、女子共和协济会,政府曾予资助。虽然上述法令一时无法实施,但社会观念正在逐渐发生变化,平等自由的思想越来越普及。这在一定程度上促进了中国制度文化的更新和进步,是中国文化自觉求变的重要体现,也为增强中华民族的文化自信心注入了新因素、新动力。

二、红色遗产是中华优秀传统文化的继承和发展

中国共产党在国势衰弱、民族危亡之际走上历史舞台,经过28年的艰苦斗争,"唤起工农千百万,同心干",革命获得胜利,中华人民共和国成立。社会主义建设和改革开放的成功,使中国人民逐步脱贫并变得富强,中华民族从站起来、富起来到强起来,实现了历史伟大飞跃,也越来越坚定了我们的文化自信。红色遗产在实现中华民族伟大复兴的进程中更加耀眼、更加强大。

（一）新文化运动：中华优秀传统文化的重要转折

袁世凯窃取了辛亥革命的胜利果实后，屡屡倒行逆施，最终玩起了"尊孔复古、立朝称帝"的勾当。孙中山对袁世凯种种违背历史潮流的卑劣行径予以强烈回击和抵制。北洋军阀统治时期，袁世凯在世时，中国表面上还能维持统一，但是，袁世凯死后，中国连形式上的统一也难以维系了。北洋各系割据称雄、勾结列强，在中国大地上演了一幕幕征战不休、生灵涂炭的惨剧。中国的国势更加衰微，"尊孔复古"为袁世凯和张勋复辟帝制制造了舆论导向，一方面，它使刚刚萌生的民主文化备受摧残；另一方面，却又刺激了一场规模浩大的新文化运动的兴起。[①] 以陈独秀等为代表的知识分子，开启"民主""科学"启蒙，从文学革新运动开始，掀起了一场影响深远的新文化运动。这是近代中国在学习西方道路上迈出的重要一步，即如梁启超所言，从"器物文化"到"制度文化"，最终深入"道德伦理文化"的层面。实现国富民强就必须来一场深刻的思想革命，陈独秀称新文化运动为"最后之觉悟"，即伦理道德觉醒。而要真正实现思想的解放，就必须猛烈批判中国的传统文化，尤其是以孔子为代表的儒家伦常道德文化，甚至有人提出"打倒孔家店"、剔除"吃人的礼教"等十分激烈的反传统口号，陈独秀猛烈抨击保守主义和传统主义是中国罪恶的根源，在他的作品中，儒家更成为恶之渊薮。他认为，儒学与现代生活水火不容，必须彻底铲除，因为儒家：1. 提倡繁缛的礼仪和宣扬柔顺的美德，这使中国人软弱、消极，不适应现代世界的斗争和竞争；2. 承认家庭而非个人是社会的基本单位；3. 支持个人地位的不平等；4. 强调使人顺从依赖的忠孝；5. 宣扬正统思想，完全无视思想和表达的自由。新文化派的主张和号召，在很大程度上得到了年轻人的响应追随，对清理和净化"肮脏固化"的腐朽社会风气发挥了重要作用。但是，过激的批判也使得当时很多人没能够很好地理性分析和思考如何恰当地处理好传统与现代、东方文化与西方文化的辩证关系。甚至有学者提出废弃汉字，改为字母文字的过激观点。这对于培养科学的文化自觉意识，进而提振中华民族的文化自信是有不利影响的。

当然，当时中国的思想界与文化界的情况也是十分复杂和多元的，东方化与

---

① 郑师渠、黄兴涛：《中国文化通史：民国卷》，北京：北京师范大学出版社，2009 年，第 18 页。

西方化的思想潮流一直在相互争锋、碰撞交融。尤其是在第一次世界大战爆发以后，欧洲主要国家逐渐陷入战争的泥潭，生灵涂炭，惨绝人寰。第一次世界大战结束后，一股凄凉、悲惨、落寞的气息笼罩在欧洲上空，很多西方学者提出了"西方没落"和"东方文化救世论"，一时间，以杜亚泉为代表的东方文化派和以陈独秀为代表的新文化派关于东西方文化孰优孰劣、能否调和、人类文化向何处去等问题的争论，在中国的思想界掀起了一场持续数十年的大论战，当时几乎所有的重要学者和知名思想家都卷入了这场论战之中。这场影响深远的大论战的开展对于人们更加深刻、理性地认识东西方文化之间的关系，以及怎样正确处理两者之间的关系具有积极意义。特别是1917年爆发俄国十月革命后，马克思主义传入中国，更深刻影响了论战的形势和格局。因为论战的参与者中有早期马克思主义者，他们开始努力尝试用马克思主义的世界观和方法论来分析文化建设过程中的复杂关系，如李大钊、陈独秀、瞿秋白、恽代英、杨明斋等开始用唯物史观分析，产生了如："文化变动与经济条件的关系""东西方文化产生的历史条件、史地基础的不同""中国文化应该建立在为无产阶级利益服务，超越西方资产阶级文化的局限性"等具有马克思主义方法论色彩的可贵观点，虽然其中的很多观点还略显稚嫩，甚至有不当之处，但还是提升了马克思主义在当时的中国思想文化界的影响力和传播力。这种在多元并举的文化环境中传播马克思主义的尝试，为中国共产党的建立提供了一定的思想和舆论支持。这也就为培育真正地以马克思主义为指导的科学的文化自觉意识，提振中华民族的文化自信力创造了有利条件。

（二）从中国共产党成立到新中国成立：中华优秀传统文化的涅槃与重生

中国共产党自成立之日起就十分重视文化问题，尤其体现在努力探索能够引导中华民族赢得独立、亿万民众逐步走向解放的新民主主义文化，可以毫不夸张地说，中国共产党始终能够清楚地认识到自己所要担负的建设新文化的历史使命。这不仅是因为中国共产党成立在中西文化激烈交融碰撞的特殊历史时期，还因为中国共产党是新文化运动的领导者和忠实继承者，因此，"五四"时期探索建立新文化的基因深深地嵌入了中国共产党的文化建设使命中。自从有了中国共产党，有了马克思主义这一科学理论的指导，中国建设新文化的理论与实践自觉就更加科学，中华民族在重振文化自信心的道路上走得更加从容和坚定。这是因为新民主主义革命时期，在中国共产党的领导下，中国逐渐探索出了一条更加符合文化建设和发展规律的文化自强道路。当然，这一科学的文化复兴之路的开辟，是建立在中国共产党人在合理有效地继承中国几代仁人志士艰辛探索的经验基础之上的，是根植于中华民族深厚的历史智慧之中的，再加上中国共产党成功地实现了马克思主义的中国化，所以才能够取得来之不易的成功。在不同历史时期，中国共产党深入中国普罗大众的生动实践，逐步发展出了优秀的红色文化，培育了宝贵的红色遗产。实践层面上，红色遗产包括井冈山精神等一系列革命精神，也包括一大批在中国共产党的领导和指引下先进的左翼知识分子开创的左翼文化，还包括亿万民众创造的优秀的、生动活泼的大众文化等；理论层面上，红色文化遗产指红色文化观，即科学的、民族的、大众的新民主主义文化观。这些优秀文化有机地汇合在一起，沉淀为支撑和提振中华民族文化自信力的重要精神资源。

中国共产党成立后，虽然自身的力量十分弱小，但却努力尝试用共产主义精神通过宣传和教育，组织工人运动。尤其是在共产国际的帮助下，中国共产党自身的力量和思想影响力也得到迅猛发展。共产主义理念通过共产党人进一步组织工人罢工、发动农民运动等得到广泛传播。但是，孙中山去世后，国民党反动势力倒行逆施，残酷打压、迫害共产主义运动和先进的革命志士。国民党政权通过自身掌握的专政机器，在思想文化尤其是意识形态领域实行"三民主义"独尊的政策，当然这一"三民主义"指导思想是经过"阉割"的、修改的"三民主义"。尤其是在1934年初，发起了所谓"新生活运动"之后，国民党政府更是煞费苦心地宣传有封建传统色彩的法西斯主义文化政策和精神。与此同时，国民党政府还实行文化专制主义政策，打击和摧残进步文化，迫害民主进步人士。首先，他们利用所掌握的政权颁布大量法律，取缔和限制进步文化，对牵涉共产主义宣传、反帝反封建的进步思想进行查禁；其次，国民党政府出于维持独裁的需要，还动用了军警、特工甚至社会黑恶势力，对进步的文化机构进行残酷迫害。如陶行知、胡适、罗隆基等先后受到打击或被捕入狱。1934年，上海《申报》主持人史量才因在九一八事变后主张抗日，敢于发表触犯时忌的文章，也被国民党特务秘密杀害。① 对革命进步人士的迫害和打压，在蒋介石国民政府时期层出不穷，这对于中国文化的进步和发展产生了十分恶劣的影响。当然，实事求是地说，对于现代自然科学和教育，国民政府还是比较重视的，也作出了一定的功绩，如建立了"中央研究院"，鼓励优秀学子出国留学深造，提倡科学化运动；抗战期间，组织大学向西南搬迁等，这些都有助于科学研究的发展。

与此形成鲜明对照的是，中国共产党所建立的苏维埃政权能够努力克服重重困难，尽可能地出台支持发展自然科学的政策，提倡科学精神、科学思想和方法，建立与科学研究相关的机构，如成立延安自然科学院等机构和学会组织。中国共产党真正能够领先和超越国民党政府之处，主要体现在中国共产党始终代表着中国先进文化的前进方向，不断提升民族文化自觉力和自信力，为开创中国的光明进步前途指明了正确方向。这主要表现在：一是坚持马克思主义为指导，探索出建设新民主主义文化的道路。有了马克思主义尤其是中国化的马克思主义正确指导，中国才能够在中国共产党的领导下逐步找到复兴民族文化、提振民族文化自信心的正确道路和方略。二是强调人民民主、注重大众文化建设。历经洋务运动、戊戌变法、辛亥革命、五四运动之后，中国的内忧外患还没能解决，国势仍然很衰微，"内无民主，外无主权"的悲惨情状依旧，更别奢谈文化自信的提振，这一被动、尴尬的局面一直到中国共产党成立才逐步得以改变。这主要是因为中国共产党人自觉担当民族振兴、文化自强的历史责任，充分吸收和借鉴历代仁人志士从事文化研究和建设的成功经验，开创了实现文化自信、文化自强的理论建设新局面。《新民主主义论》是 1840 年以来中国仁人志士经过百年文化自觉探索的思想结晶，其"民族的、科学的、大众的文化"②，为近代中国逐步实现民族解放与独立，进而实现民族文化的振兴提供了科学的理论指引。

三、中华优秀传统文化对红色遗产生成和发展的历史作用

中国共产党的发展壮大，不仅得益于优秀传统文化的滋养，还因为中国共产党成立以来一直是传统文化忠诚的传承者和推动者。中国共产党人继承了传统文化的优秀基因，如爱国主义精神；天下兴亡，匹夫有责的使命感；周虽旧邦，其

---

① 郑师渠、黄兴涛：《中国文化通史·民国卷》，北京：北京师范大学出版社，2009 年，第 20—21 页。
② 毛泽东：《毛泽东选集》第 2 卷，北京：人民出版社，1991 年，第 706 页。

命维新的创新精神；杀身成仁，舍生取义的奉献精神；不义而富贵，于我于浮云的义利观；致中和，天人合一的和合观念；威武不能屈，富贵不能淫，贫贱不能移的君子人格；艰难困苦，玉汝于成的奋斗精神；诚恳厚道、尽心尽力，君子立身、孝字为本的忠孝传统等。优秀传统基因是红色文化遗产的重要组成部分，是中国共产党精神的重要来源，为红色遗产的形成打下了坚实的基础。

红色文化遗产之所以可以成为民族精神象征，是因为它不仅继承了传统文化的优质内核，还在马克思主义指导下和时代紧密结合。尽管中国共产党人最初对传统文化持否定态度，如瞿秋白曾认为，中国旧社会的文化是宗法社会的文化，已阻碍了社会进步。但随着党逐步走向成熟，以毛泽东为代表的中国共产党人开始以马克思主义的立场、观点和方法来审视和评判中国传统文化，逐渐矫正以往的文化激进主义态度，以更科学的态度对待中华优秀传统文化并从中汲取营养。毛泽东曾强调，"古为今用""推陈出新"，如把传统文化中"实事求是"思想改造为党的从实际出发的优良作风、把"民贵君轻""君舟民水"和唯物历史观、群众观相结合，发展为"全心全意为人民服务"，把"大同""小康"与党的最高纲领结合起来，形成了不同时期特色鲜明、适应不同革命实践发展阶段的文化，使红色文化表现出动态发展的特点。红色文化遗产对中华优秀传统文化的传承，既体现了红色文化遗产深厚的历史底蕴，也是中国优秀传统文化在战争背景下的另一种表现形式。

（一）中华优秀传统文化为治国理政立德树人提供了历史镜鉴

为官之义在于明法，领导干部必须懂法律，做官的意义在于懂法律。知道哪些可为，哪些不可为。子帅以正，孰敢不正，领导干部执法必须公正，而治国之道就在于公正。习近平总书记引用孔子的名言，"其身正，不令而行；其身不正，虽令不从"，强调对领导干部的严格要求。在反腐倡廉方面，为了更好地推进这项工作，必须汲取历史智慧推进反腐倡廉建设。他以壮士断腕的决心，果断查处腐败分子，发现问题立马处理。他牢牢抓住全面从严治党这个主题，加强反腐败体制机制改革，创立巡视制度和派驻制度，健全反腐败制度，加强国际追逃追赃力度，加大反腐败力度。全面从严治党后，党的执政基础和群众基础得到加强。

中华文化源远流长，反映了中华民族最深层的精神追求。对历史文化，特别是祖先传下来的道德规范，应该区别对待、充分利用，扬弃地传承。古代人治理国家，道德教育最为重要。我国的传统教育是非常注重人的品德教育的。从传统社会的城乡官学、私塾教育，到民间行会的拜师学艺，无一不是强调以德为先、先学做人后习本领的。加强道德建设、解决当前的社会问题，要求我们应高度重视中华传统美德的弘扬，做知礼守法的社会人。国无德不兴，人无德不立。

（二）中华优秀传统文化为社会主义核心价值观提供了思想源泉

坚实的核心价值观有其固有的根源。"中国人民的价值观和精神世界，是始终深深植根于中国优秀传统文化沃土之中的，同时又是随着历史和时代前进而不断与日俱新、与时俱进的。"讲仁爱就是守望相助、扶危济困，因此我国实施精准扶贫全面小康的战略；重民本就是民为邦本；守诚信就是对群众忠诚老实，懂规矩、守纪律，襟怀坦白、言行一致；崇正义就是义利兼顾，讲信义、重情义、扬正义、树道义；尚和合就是天人合一、协和万邦、和而不同，以和为贵，与人为善；求大同就是大道之行、天下为公，高山流水、风月同天，因此习近平总书记提出要构建人类命运共同体。

放弃传统和基本原则，就等于切断了一个人的精神命脉。从实践主体来看，核心价值观的培育更依靠民众的道德自觉，必须"注重道德修养，强化道德实践"。一个民族的进步，不仅取决于物质文明的积累，取决于精神文明的培育，更取决于进步的核心价值观的引导。传承中华优秀传统文化，使社会主义核心价值观内于心、外于行。国家层面提倡"富强、民主、文明、和谐"，借鉴了"自强不息""和为贵"的传统文化。社会层面崇尚"自由、平等、公正、法治"，借鉴了儒家"天人合一""隆礼重法"等思想。在古代"自由"是指人类通过发扬善心进而认识天地，最终实现天人合一的境界。"法治"是传统文化中以德治国的重要补充，为众多思想家所推崇。在个人层面，我们提倡爱国、敬业、诚信和友善，这是中华民族几千年来的传统美德。爱国主义是中华儿女坚定不移的信念，是我们宝贵的精神财富。"诚信"的思想最先出自儒家经典。《中庸》说："诚是天道。"天道至诚，所以，做人之道也应该是一样的，保持真诚善良的人性。"信"就是指人必须相信他们所说的，做他们所做的。做人的基本要求是"诚""信"。仁者爱人也，与人为善，即"友善"。"义"羞恶之心，即"敬业"。

（三）中华优秀传统文化为文化自信的彰显提供了支撑根基

一个缺乏梦想的人是一个苍白的人，一个缺乏梦想的民族是一个软弱的民族，一个缺乏梦想的国度是一个无力的国度。中国梦就是使每一个中华儿女过上美好生活的梦想。习近平总书记非常推崇中国传统文化。强调"民惟邦本""天人合一""大道之行也，天下为公""天下兴亡，匹夫有责""己所不欲，勿施于人""守望相助""不患寡而患不均"等。习近平认为，这样的思想观念，古往今来，都有其鲜明的民族特色和永恒的时代价值。这些思想观念不仅随着时间的推移和时代的变化与时俱进，还具有自身的连续性和稳定性。

一个拥有博大精深传统文化的民族，才有最顽强的生命力，即使遭受重创，也能从灰烬中重生。传统文化与中华民族发展内在联系，深刻揭示了中华优秀传统文化是中华民族强大的精神力量。习近平总书记对传统文化做出新判断、新概括、新定义，赋予其新的时代内涵："中华文明绵延数千年，有其独特的价值体系。中华优秀传统文化已经成为中华民族的基因，植根于中国人的心中，潜移默化影响着中国人的思维方式和行为方式。"

世界人类发展史上唯一未间断的文化就是中国文化，中华民族创造了璀璨的人类文明，这是中华民族持续发展的根基。近代以来正是有优秀传统文化的支撑，中华民族才能矢志奋斗、自强不息。在几千年的历史变迁中，中华民族历经坎坷磨难，但我们都挺过来了。从历史维度上看，辉煌的文明带来极度的文化自信，从而登峰造极，与此同时又会带来盲目的自负和自大，文明开始落后，最终挨打挨饿。这是一个文明由盛及衰的历史过程。同时，衰弱的古老文明如果能够自我反省，自我革新，通过一次次文化自觉奋起直追，又必将迎来一个从衰弱走向复兴的历史进程。从这个文化兴衰的 U 形曲线中，可以看到贯穿其主轴的一条横线，那就是文化自信。

中华优秀传统文化也受到西方思想家的推崇。罗素曾说过：现代世界迫切需要某种中国至高无上的道德品质，如果它能够被全世界所采用，地球上一定会有比现在更多的欢乐与和平。诺贝尔物理学奖获得者汉内斯·阿尔文曾说过："人类为了生存，必须回到 25 世纪前，吸取孔子的智慧。"中华优秀文化在当今世界发展中有很大价值并获得了很多人的认同，是提升文化认同感的最大共同因素。对于中华优秀文化的光辉成就和精神力量，我们最有理由和信心去感受文化自信。

第三节　实践维度：红色遗产与中华优秀传统文化的实践逻辑

中国共产党能够创造辉煌成就的根本原因之一，就在于把马克思主义基本原理同中华优秀传统文化的相结合，并不是停留于对具体文化内容的简单重复，而是继承其精华中的不断创新创造。改革开放后，中国共产党人对传统文化的认识进一步加深。以习近平同志为核心的党中央突破了前人的创造。习近平总书记用"根""魂""根基"定位中华优秀传统文化，提出"创造性转化"和"创新性发展"的根本要求。

一、新民主主义革命的伟大实践为红色遗产生成与发展奠定了坚实基础

（一）新民主主义革命的伟大实践为红色遗产奠定了良好的政治基础和经济基础

红色遗产"诞生于五四运动时期，初兴于大革命时期，成型于土地革命时期，并在延安时期实现空前繁盛。"[①] 红色遗产集中反映了党的意志、体现了党的主张，其形成发展与党自身的力量和所掌握的武装力量息息相关。也就是说，中国共产党的发展壮大和革命政权的获得、巩固和壮大，为红色文化的生成发展提供了优良的政治基础、外部环境和经济基础，使党的主张意志逐步成为红色政权区域内的主流思想，并使其逐渐向其他红色政权地区传播。同时，革命政权的获得、巩固和扩大，也带来了社会的巨大变化，特别是经济和政治制度的变化。不仅给广大人民群众带来了物质上的利益，还打破了束缚广大人民群众的制度和精神枷锁，他们开始有了政治、人身、人格、教育等方面的权利。广大群众解放身心后，在新政权新体制下开始追求文化生活的新需求。同时，他们还用自己喜欢的方式表达谢意，如山歌、快板、打油诗等，表达革命的意志和决心，这就使红色遗产的形成、发展、传播成为必然。正如毛泽东所说，"农村地主势力一倒，农民的文化运动便开始了。"[②] 为红色遗产生成与发展奠定了坚实基础。

（二）新民主主义革命伟大实践为红色遗产提供了组织和人才保障

红色遗产是党领导人民大众创造的文化，它服从和服务于战争，也服务于人民、

[①] 张健彪、田克勤：《红色文化的历史地位及当代价值》，《中国延安干部学院学报》，2017年，第5期。

[②] 毛泽东：《毛泽东选集》第1卷，北京：人民出版社，1991年，第39页。

满足于人民。随着党的力量持续壮大，建设红色文化不仅是宣传工作的重要途径，还能够满足群众精神的文化需求，成为践行党的宗旨的重要任务。为此，党不断加强红色文化建设的主体力量，健全文化机构、加大文化人才培养，源源不断为红色文化建设提供人才和组织保证。红色文化主体力量的壮大，不仅为服务革命提供了众多红色文化作品，也牢牢把握了红色文化建设的正确方向。井冈山斗争时期，党就十分重视文化宣传工作，通过歌舞表演、红色标语来宣传革命道理、传播革命火种。党和苏区政府在中央苏区时期领导苏区军民开展了音乐、戏剧、舞蹈、诗歌、群众扫盲、体育、卫生等多种活动。瞿秋白、阮山、李伯钊等都是当时文化工作的重要领导者和参与者。延安时期，一大批文化工作者在党的大力培养下，深入生活，立足实践，创作了很多深受百姓欢迎、极富时代特色的文艺作品。许多文化作品至今仍有影响，如《黄河大合唱》等歌曲至今仍然被人们广为传唱。同时，宣传文化工作队伍的建设，也为红色遗产的建设提供了坚强的组织和人才保障。

（三）新民主主义革命的伟大实践为红色遗产提供了直接的内容来源

革命总战线的必要和重要战线之一是红色文化建设，红色文化建设必须为革命总战线服务。新民主主义革命的伟大斗争铸就了井冈山精神等一系列革命精神。这些革命精神是党在不同历史时期革命实践的具体反映。革命战争时期，红色文化建设与各种政治运动、军事运动、经济运动、社会运动等革命实践密切结合，成为促进各种运动顺利开展的重要途径。同时，革命实践为红色文化提供持续不断的创作内容，促进了红色文化的蓬勃发展，两者构成良性互动。有些红色歌谣戏剧最初是在一些大规模的革命活动中传唱开来的，如中央苏区的"扩红"类歌谣，虽然最初为推动"扩红"工作而创作的，但这类歌谣也是在"扩红"运动中传唱开来的。此外，春耕歌谣、节省歌谣、扫盲歌谣都是如此。[①] 各种生动反映革命实践的红色歌谣、戏剧等作品，极大地丰富了红色遗产的宝库。

"饥者歌其食，劳者歌其事。"许多文化作品诞生于战争胜利、根据地繁荣发展、人们庆祝的时候。如，第一次反"围剿"胜利后，毛泽东欣喜地创作了《渔家傲·反

---

① 指党和苏区政府为红军部队征募新兵、补充战斗人员、扩大红军力量方面所开展的工作。

第一次大"围剿"》。又如 1928 年 2 月 21 日，井冈山根据地成立宁冈县工农兵政府大会，会场一片热闹，众人齐声高唱："太阳升起红艳艳，宁冈从此亮了天。奴隶翻身做主人，工农当家掌政权。"① 从红色文化作品的题材和内容来看，其大多反映了中国革命不同阶段的斗争过程、重大历史事件、军民情感世界和精神风貌等。如《打新城》等歌谣，生动地描写了战斗场景。有的民谣生动地描绘了农民在苏维埃时期获得土地后的喜悦，有的民谣反映了红军长征前夕战士与人民告别的情景，有的民谣生动地反映了红军战士英勇杀敌的情景，有的歌谣痛斥了国民党滥发金圆券人民苦不堪言的情形，有的歌谣反映了解放战争后期势如破竹的胜利形势。

二、中华优秀传统文化创造性转化和创新性发展成为红色遗产的实践典范

马克思主义中国化的历史逻辑说明，延续了 5000 多年的文化浸润，使中国化的马克思主义更自然更受欢迎，真正成为中国社会自己的思想，成为中国人民自己的思想。从毛泽东创造性运用"矛盾""实践""知行合一""实事求是"等中国文化、中国哲学的基本概念，到邓小平用中国传统经典《礼记·礼运》中的"小康"概念描述"中国式的现代化"，再到习近平总书记用"初心""使命"来表述"中华民族伟大复兴中国梦"，并将其作为中国特色社会主义历史使命与战略愿景后，这一系列与中华优秀传统文化相结合的范例，为马克思主义中国化营造出一种熟悉的文化氛围。

（一）毛泽东：从汉书中的"修学好古，实事求是"到中国共产党人实事求是思想路线的确立

"实事求是"源自《汉书》"修学好古，实事求是"。1962 年，毛泽东讲过一个关于"实事求是"的故事。他说：汉朝年间，河北省有个王叫河间献王。班固写作《汉书》称其人"实事求是"。毛泽东在长沙读书期间，经常去岳麓书院游玩。岳麓书院大门一侧写着"实事求是"的院训。毛泽东的实事求是受到孔孟、司马迁等中国思想家的深刻影响的。

在革命的过程中，毛泽东渐渐看清了"言必称希腊"的害处，认为马克思列

---

① 肖小华：《从红色歌谣看革命文化的形成与发展基础》，《红色文化学刊》，2018 年 9 月 8 日。

宁主义一定要与中国传统文化相结合，让中国人理解并发挥其实际作用。毛泽东对中国传统文化的深厚造诣，使他能够在这种融合中发挥主导作用。毛泽东在《反对本本主义》中提到，要"学个孔夫子的'每事问'"，问清楚才能从实际出发。从孔子到孙中山的中国思想家都讨论过这种知和行的关系。毛泽东在写作中引用过孙武的"知彼知己，百战不殆"，强调其中存在"认识客观现实的发展规律，并根据这些规律决定自己的行动"的认识论，还包含了把握对立统一规律的辩证法。用这些典故和古汉字来表达实事求是的思想路线，为普通党员和群众能够理解的中国文化奠定了基础。[1]

毛泽东亲身参与中国革命实践，并且从理论视角，将马克思主义置于中国具体国情之下考量，是实事求是思想路线得以形成的根本所在。实事求是具有特殊的时代内容，这与中国历史上长期存在的实事求是一词有着根本的不同。但是，这两个实事求是在总体上具有相似性，都包含着从实际出发、按规律做事的一般原则。它以"实事求是"一词表达了中国历史上已有的马克思主义思想方法和思想路线，具有鲜明的民族形态，深受中国共产党党员和老百姓的喜爱。

1940年，在重要的政治名著《新民主主义论》中，毛泽东在讨论中国走向何方、如何带领中华民族获得解放之路时指出，科学的态度是实事求是，并在作"改造我们的学习"报告时，对"实事求是"做出了详尽的回答。他说，"实事"就是客观存在着的一切事物，"是"就是客观事物的内部联系，即规律性，"求"就是我们去研究。他认为，将马克思列宁主义理论与中国革命的实际运动相结合，从中寻求立场、观点和方法，就是有的放矢的态度，就是实事求是的态度。此后，实事求是成为党的会议和文件中频繁提出的要求之一。

毛泽东总结了革命屡遭挫败的经验教训，逐步认识到不能教条使用马克思主义，必须从实际出发才能找到正确的道路。最初中国共产党深受共产国际的影响，模仿苏联走以城市为中心的道路，结果却屡遭挫折。在中国革命的实践中，毛泽东逐渐认识到中国是一个农民为主的国家，只有农民起来革命，革命才可能成功。在井冈山时期毛泽东就指出："没有调查，就没有发言权。"但是，当时共产国际

---

① 毛泽东：《毛泽东选集》第1卷，北京：人民出版社，1991年，第182页。

的领导人掌握着中共中央的领导权,毛泽东的这些正确认识,很难成为全党的共识。这些艰难探索为实事求是的思想路线形成打下了实践基础。

在中央革命根据地,毛泽东写下《关心群众生活,注意工作方法》,注意工作方法是毛泽东在延安时期提出的实事求是的思想萌芽。深刻理解关心群众生活和注重工作方法的关系,坚定地站在人民的立场上依靠人民,这是毛泽东后来能够提出"实事求是"的重要基础。一些吃过洋面包、去过苏联的人嘲笑毛泽东领导的井冈山革命根据地斗争,他们认为"山沟里出不了马克思主义"。[①]后来,他利用空闲时间读了两年马列著作。毛泽东自己说:"《矛盾论》和《实践论》,是在这两年阅读马列主义著作中逐步形成的。"毛泽东熟练掌握运用马列的思想方法分析和解答革命实践中的理论问题,为后来确立的以实事求是为核心的思想路线打下了理论基础。

(二)邓小平:从小康思想到中国式现代化,再到共同富裕

小康分为两个层面,即个人或家庭的微观小康以及国家的宏观小康。微观小康是指"能够维持中等生活水平的家庭经济状况"。宏观小康则指一个国家的大部分国民都保持着中等的生活水平,这样一个国家的经济情况就是一个国家的小康。一国的经济状况,根据生产力发展水平,一般分为五个阶段:贫困、温饱、小康、比较富裕和富裕。现有史料中最早提及小康的是《诗经》中的"民亦劳止,汔可小康"。《礼记》也提到了小康,它把小康作为实现人类理想社会之大同社会的必经阶段,即先经过"天下为家"的小康社会,才能实现"天下为公"的大同社会。从小康概念的源远流长不难看出,小康是中华民族千百年来梦寐以求的社会理想,我们的先辈为实现它曾不懈奋斗过。这种理想,如果以今天的标准衡量,无非是建立在封建土地私有制基础上的自给自足的小农经济,但这却反映了我国劳动人民对富强、安定生活的向往和追求。邓小平同志率先提出了小康社会的内涵,把小康社会同现代化建设挂钩,作为中国人民实现现代化进程中的具体阶段性目标。邓小平同志在1979年12月会见日本首相大平正芳时指出:"中国的四个现代化,特指'小康之家'"。[②]"小康之家"是邓小平同志最早提出的小康概念。自"小康

---

① 中共中央文献研究室:《缅怀毛泽东》(上),北京:中央文献出版社,1993年,第401页。

② 邓小平:《邓小平文选》第1卷,北京:人民出版社,1994年,第237页。

之家"新理念提出以来，伴随着改革开放和现代化建设的不断推进，邓小平的小康社会思想也随实践向前发展。这一思想的内涵主要由五个新概念组成：小康之家、小康水平、小康生活、小康社会和小康战略。"小康之家"特指中国式的四个现代化。"小康水平"是指我国现代经济建设 20 世纪末应达到的发展水平。"小康生活"是指中国绝大多数人到 20 世纪末应达到的生活水平。邓小平指出，我国当前现代化建设的出发点和落脚点是到 20 世纪末，让绝大多数中国人民过上小康生活。"小康社会"是指我国从温饱到基本现代化的发展阶段。1987 年，邓小平会见外宾时指出："中国的目标是到 20 世纪末达到小康社会水平。我们下一步的目标是在 21世纪 50 年达到中等发达国家水平。"[①] 按照邓小平的设想，中国摆脱贫困、实现温饱后，还需要 20 多年的艰苦奋斗，才能进入小康社会，再经过 50 年左右的努力，才能达到中等发达国家水平。小平同志进一步提出"三步走"战略，前两步是从1980 年到 2000 年，每 10 年走一步。到 1990 年实现国民生产总值（GNP）翻一番，到 2000 年 GNP 翻两番。前两步是实现小康的战略。第三步是我国在完成前两步、全面进入小康社会后，花 50 年时间全面建成小康社会的战略。这五个新概念中，最基本的是"小康社会"，其他四个是从不同角度对"小康社会"的不同阐释。这五个新概念相互依存、相互关联，共同构成一个有机整体，构成了邓小平小康思想的核心。

先秦时期，管仲、韩非子等都崇尚国强、兵强、民富。管仲说过"仓廪实而知荣辱"，后来的司马迁、王充也持这个态度。在《史记》中司马迁表达了一定的经济思想，从经济关系的角度分析了社会治乱和思想意识的根源。"穷则独善其身，达则兼济天下"。这和全面建成小康社会的理念有相通之处。人们对美好生活的需求越来越广泛，不但在物质生活提出了更高的要求，对民主、法治、公平、正义、安全、环境等方面的要求也越来越高。我们要多惠民生、解民忧，补发展中的民生短板，推动社会公平正义。在扶贫济困等方面不断取得新进展，持续开展脱贫攻坚，不断推进全体人民的共同富裕和人类的全面发展。全面建成小康社会顺应了自然规律，促进了发展，提升了党的威信，凝聚了全民共识。

---

① 邓小平：《邓小平文选》第 2 卷，北京：人民出版社，1994 年，第 57 页。

2021 年在庆祝中国共产党成立 100 周年大会上，习近平总书记向国际社会宣布，中国已经全面建成小康社会。实现共同富裕是社会主义的本质，资本主义国家之所以不可能实现共同富裕的根本原因在于资本主义私有制和剥削制度的存在，趋利的本性使资本家不可能与劳动者共享劳动成果和社会财富。我国实行社会主义公有制，生产资料归全体人民共同所有，保证了现代化建设成果的公共性和共享性，保障了共同富裕的现实可能性和必然性。因此，只有立足社会主义初级阶段的基本国情，坚持"两个毫不动摇"，才能够为共同富裕和中国式现代化提供强有力的制度保障。

只有生产力水平不断提高，才能推动社会主义现代化，才能实现共同富裕。中国的现代化和社会主义紧密结合在一起，提出了社会主义四个现代化战略目标。邓小平指出："中国要实现现代化，能依靠的只能是社会主义，绝不能依靠资本主义。"社会主义的本质要求是达到共同富裕，这是中国式现代化的主要特征。党的十八大以来，我们坚定不移地走共同富裕的道路，把共同富裕作为现代化建设的重要目标，中国特色社会主义必将迎来新的发展，必将为人类社会的文明进步、世界社会主义的发展作出更大贡献，这在党史、新中国史、改革开放史、社会主义发展史和人类文明发展史上都具有重大意义。

（三）习近平：从阳明心学到共产党人的初心与使命

党性教育是共产党人修身的必修课。阳明心学的精髓，如"知行合一"，也是共产党人修养的真谛。历史上的各种修身、成圣贤的学说或理论，在马克思主义面前都有其不可逾越的历史和时代局限。他们是不可能发现人民群众是真正创造历史的主体，最终必然存在片面性。

把"不忘初心、牢记使命"作为终身课题。初心易得，始终难守。众多事实表明，不忘初心、牢记使命并非易事。一个人、一个组织、一个国家起初可能满怀忧虑，奋发向上，但当形势发生变化，特别是各种物质生活条件变得更加有利时，就很容易精神懈怠，走向衰落，迷失方向，最终导致失败。对此，必须采取"审慎独立"的警惕态度，不断重温自己的初衷和使命，积极进行自我净化自我革新。

王阳明在程朱理学之外，开创了阳明心学的新路，并在海内外产生了很大影响。王阳明在逆境和危险面前，在贵州龙场驿提出"心即理"的思想，认为心理不二，将知识转化为德性，将德性化为德行，强调并谋求良知，重视"知行合一"的实践，在人生的磨炼中发现初心培育良知；将思想和规范转化为个人的自觉行为，并内化于内心；同时将良知化为行动，追求事业和功绩；摈弃虚无，有所作为。在它之上，你可以修道炼心，在它之下，你可以经世致用。从古至今，王阳明的思想滋养了许多英雄和领袖。习近平总书记引用"欲事立，须是心立"，认为需要补足共产党人精神上的钙，不能缺钙。

"初心"一词在我国历史文献中有"本意"的含义，指一个人做某件事情本来的意愿，东晋史学家干宝在《搜神记》中就有"既不契于初心"一语。

在中华传统文化中，儒释道三家都有对"初心"的阐释。佛教较早直接使用"初心"一词，其意即初发心、初发意，强调知得要行，所谓"护念初发心"，即时刻保持、呵护初念，没有此念，行动也就缺乏了指引，故后世在概括《华严经》思想时讲"不忘初心，方得始终"。

儒家在讲初心时已经超越了词语本身的意向，往往强调学者要能"求圣人之初心"，体会古代圣贤创作经典、奋力实践的初心，只有理解了圣贤的初心，才能体悟圣贤的真正意图，打通现实与历史，更好地实践。

深受儒家文化熏陶的爱国诗人文天祥，年幼时有一次看到家乡吉州学官有乡贤欧阳修、杨邦乂、胡铨的画像，这三个人均因生前的忠义之举而获得"忠"的谥号。年幼的文天祥感慨道："死的时候如果不能和他们并列，那就不是大丈夫了！"这样一个信念伴随了他一生。国家有难时，他以书生之力举兵而起，纵使战败被俘依旧坚守气节，忽必烈欣赏他的才能与气节，亲自招降，他却只求一死以做到"仁至义尽"。文天祥死后，留下绝命诗：孔曰成仁，孟曰取义，惟其义尽，所以仁至。文天祥的故事告诉我们，初心绝不是一时的想法，初心包含着对使命感的自觉。同时初心也意味着坚定，一种信念一旦确立，就有了行动的方向，无论什么情况下都不会轻易改变，在遭遇挫折与诱惑时，反而会照亮自己继续前行的道路。就如司马迁在遭遇李陵之祸而受酷刑之后，他忍辱负重，完成修史理想一样。

中国共产党建党的目的是为人民谋幸福，为民族谋复兴、为世界谋大同。无论是一个人，还是一个政党，最珍贵的是饱经沧桑却初心不变，历经风霜而本色不变。正是因为始终坚持这一初心使命，我们党才能在极端困难中不断壮大，在绝境中突出包围，在逆境中决然奋起。如果我们忘记了初心和使命，我们党就会改变本色，就会失去人民和未来。一个忘记了自己从哪里来的民族，必然是一个没有出路的民族，一个忘了初心的政党，必然是一个没有前途的政党。

共产党员的党性不会随着党龄增加和职务上升而自然提高，初心不会自然保持质量和新鲜度，一不小心，它可能会蒙尘和褪色。初心如果长期不滋养，就会干枯枯萎。那些腐败分子为什么会落入违纪违法的陷阱，根本原因就是他们把自己的初心和使命抛在脑后了。

从渊源上看，共产党人的初心和使命可追溯到19世纪发表的《共产党宣言》。为广大人民谋福利，为全人类谋幸福，为劳动者的全面自由发展，这都是宣言提出的主张。毛泽东表示：他接受马克思主义作为对历史的正确解释，从读到《共产党宣言》后就没有动摇过。正是因为这种坚定的信仰，中国共产党自成立之日起就把初心和使命书写在旗帜上，并为之进行不懈斗争。毛泽东1925年在《政治周刊》发刊词中写道：为什么要革命？为解放中华民族，实现人民当家作主，为人民带来经济的幸福。这是毛泽东作为一个共产党人对初心和使命最早的注脚。

中华人民共和国成立后，中国共产党没有改变初心，仍在努力改变中国的落后状态。正是这种初心使命和担当，使以邓小平为代表的中国共产党人作出改革开放的历史性决定，实现了新中国成立以后党史上有重大意义的伟大转折，中国踏上了人民幸福、民族复兴的新征途。

党的十八大之后，以习近平为代表的中国共产党人接过历史的接力棒，不忘初心、牢记使命。习近平总书记指出："为中国人民谋幸福，为中华民族谋复兴，是中国共产党人的初心和使命。"它是新时代共产党人的强大精神动力，为我们指明了奋斗方向。

第四章 红色遗产传承保护与对中国共产党的认同
——基于井冈山的实证研究

第一节 问题的提出

在中国共产党领导下形成的红色遗产，是党带领各族人民浴血奋战、争取民族独立、人民解放和社会主义建设伟大胜利而留下的宝贵财富，是中国共产党人和广大人民群众的初心使命、理想信念和价值追求等的文化遗存集成，是中华民族珍贵的精神财富，它是我们党艰苦卓绝奋斗历程的见证，是实现中华民族复兴的动力源泉。红色遗产是"红色基因"的天然载体，具有政治信仰导向的功能，是促进政党认同、国家认同、民族认同的宝贵财富，是一种不可再生的历史资源。红色遗产传承、保护和利用的根本目的就在于传承红色基因、赓续红色血脉、建设红色江山、推进红色事业。因此，红色遗产的传承、保护和利用是培根固本的基因工程，是厚植血脉的基础工程，是高扬旗帜、走向复兴的强国工程。

习近平总书记说："井冈山是革命的山、战斗的山，也是英雄的山、光荣的山。"习近平总书记还说："每次来缅怀革命先烈，思想都受到洗礼，心灵都产生触动。"红色基因是中国共产党历经百年，团结带领广大人民群众取得中国革命和社会主义建设伟大胜利的生命密码，传承中国共产党百年红色基因，就是传承中国共产党的精神血脉。红色遗产的传承、保护和利用是一种集经济、文化、政治等为一体的复合社会现象，它身上承载着非常现实而深刻的政治意义。由于信息技术普及和数字经济发展，当下进入各种自媒体自我表达的时代，社会利益群体复杂多元，面临的风险和挑战日益增多，国际国内各种分裂势力仍然活跃，历史虚无主义盛行。在此背景下，特别需要通过红色遗产的传承、保护和利用，来增进干部群众对于中国共产党以及党的光辉历程的了解，加强对中国共产党的情感认同、价值认同、思想认同，提升对于党和国家的归属感和忠诚度。以习近平同志为核心的党中央多次提到"把红色资源利用好、把红色传统发扬好、把红色基因传承好"。这集中反映了红色遗产所承载的价值与意义，传承、保护与利用红色遗产的重要性。2021年6月25日，在中央政治局集体学习时，习近平总书记又强调："红色资源是我们党艰辛而辉煌奋斗历程的见证，是最宝贵的精神财富。"习近平总书记还指出："一定要用心用情用力保护好、管理好、运用好。"我们要赓续红色血脉，把革命先烈流血牺牲打下的红色江山守护好、建设好，努力创造不负革命先辈期望、无愧于历史和人民的新业绩。

那么，红色遗产的传承、保护和利用与中国共产党的认同之间到底存在什么样的关联；红色遗产的传承、保护和利用是否能推进公众对中国共产党的认同；这种认同是如何形成并相互作用的；可以通过哪些方式方法和传播路径发挥效用。对此进行深入系统的研究，对于增进干部群众对于中国共产党以及党的光辉历程的了解，加强对中国共产党的情感认同、价值认同、思想认同，提升对于党和国家的归属感和忠诚度；对于巩固党的领导、夯实党的执政地位，对于传承红色基因、赓续红色血脉具有极其重要而现实的意义。

本研究基于对"中国革命的摇篮"——井冈山进行案例剖析，应用结构方程模型（SEM），研究红色遗产传承、保护以及宣讲活动对于党员干部和人民群众的政党认同影响因子，尝试对红色遗产传承、保护和利用研究做政治文化视角的解构。

第二节　模型构建与假设提出

从政治文化学角度看，广义的政治认同包括：对政党政治、政党制度以及某个政党的认同。狭义的政治认同是指对某一政党的认同，包括对党的政治思想、党的组织、政治纲领、党的领导人和执政业绩的认同。一般来说，政党认同是指个人在一定的动力需求的基础上，对政党的长期认知、情感体验、反复强化而形成的政党认同。这种认同一经形成，就会显得稳定而持久，在行为反应模式上表现出规律性。

在《布莱克威尔政治学百科全书》中《The Blackwell Encyclopedia of Political Thought》一章将政党身份定义为"被公认为一种社会心理依附，可以定义为一种心理认同，即依附于一个政党或另一个政党"。大多数西方学者认为，政党认同包括三个层次：情感、认知和评价。与西方学者不同，中国学者更多将政党认同理解为一种基于情感善意的理性态度和行为取向。因此，它是一种理性的、高层次的政治认同，具有"认同"和"认同行为"的双重含义。因此，行为也应该成为政党认同的层面之一。国内对政党问题的研究以学者柴宝勇为代表，他主张政党情感是指个人对政治的心理体验和内心感受。政党认同是在政治生活中心理反应等情感的总和，政党情感的形成是通过政治社会化在其内心深处长期积累的特定价值取向和认知结果。政党评价是非执政党或普通民众对执政党政府的历史表现的综合评价。政党认同行为包括显式行为和隐式行为。前者，如党员身份，可直接观察；后者，例如对政党政策的支持，很难直接观察到，但可以通过尺度来衡量。就上述三个层次的关系而言，政党认知是政党认同的基础，政党情感受政党认知的影响，政党评价受政党认知和政党情感的影响，政党认同行为受政党认知、政党情感与政党评价的综合作用。

在西方两党或多党轮流执政的前提下，政党认同和国家认同虽有联系，却存在根本差异。由于中国政治制度和政党制度的特殊性，国家认同和政党认同紧紧交织在一起。如果国民削弱对中国共产党的认同，必将引发对国家、民族前途的担忧，甚至怀疑中国特色社会主义道路，怀疑中国特色社会主义理论体系，怀疑国家基本的政治制度和政党制度，最终导致国家认同和政党认同出现危机。本研究从狭义的政党认同切入，认为政党认同包含情感、认知、评价和行为四个递进的层次，对政党认同的测量也主要从这四个方面进行。

根据美国心理学家布鲁纳倡导的学习理论——认知发现说（cognition-discovery theory）可知：学习是主动形成认知结构的过程，调研对象在红色遗产传承、保护和利用过程中会主动把新信息或新知识与以前构成的认知结构联系起来，通过同化和顺应作用使之融合为一体。按照行为心理学的"刺激－反应"模式，笔者将分析调研对象在红色遗产的传承、保护和利用以及参观学习活动中获得的刺激和体验。红色遗产旅游地实际上为调研对象提供了具有浓厚政治氛围的特殊外部环境。在红色遗产旅游的过程中，调研对象对中国共产党的感情和对中国历史的认知可能会在各种活动和环境的刺激下发生变化。调研对象在体验红色遗产、了解中国共产党的革命进程的同时，也在不自觉地经历着自身政治意识和政治立场的变化。

为此，本研究构建了如图4-1所示的概念模型，并提出了以下10个假设：

H1：红色遗产宣讲活动影响红色遗产体验活动，二者之间呈正相关，红色遗产宣讲活动越到位，红色遗产体验活动越积极。

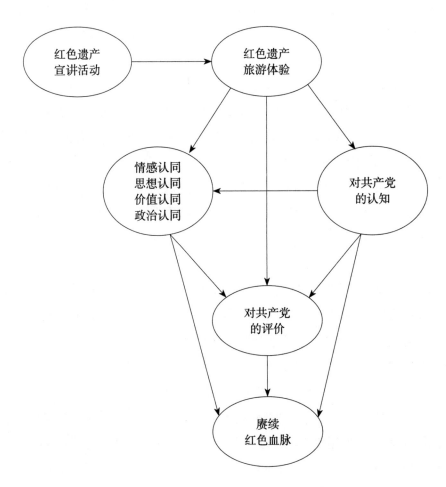

图4-1　红色遗产传承、保护与利用及对中国共产党的认同的假设模型

H2：红色遗产体验活动影响对中国共产党的认知，二者之间呈正相关，红色遗产体验活动越愉悦，对中国共产党的认知越积极。

H3：红色遗产体验活动影响对中国共产党的情感认同、思想认同、价值认同、政治认同，二者之间呈正相关，红色遗产体验活动越愉悦，对中国共产党的情感认同、思想认同、价值认同、政治认同越积极。

H4：红色遗产体验活动影响对中国共产党的评价，二者之间呈正相关，红色遗产体验活动越愉悦，对中国共产党的评价越积极。

H5：对中国共产党的认知影响对中国共产党的情感认同、思想认同、价值认同、政治认同，二者之间呈正相关，对中国共产党的认知越积极，对中国共产党的情感认同、思想认同、价值认同、政治认同越积极。

H6：对中国共产党的认知影响对中国共产党的评价，二者之间呈正相关，对中国共产党的认知越积极，对中国共产党的评价越积极。

H7：对中国共产党的认知影响赓续红色血脉，二者之间呈正相关，对中国共产党的认知越积极，赓续红色血脉越积极。

H8：对中国共产党的情感认同、思想认同、价值认同、政治认同影响对中国共产党的评价，二者之间呈正相关，对中国共产党的情感认同、思想认同、价值认同、政治认同越积极，对中国共产党的评价越积极。

H9：对中国共产党的情感认同、思想认同、价值认同、政治认同影响赓续红色血脉，二者之间呈正相关，对中国共产党的情感认同、思想认同、价值认同、政治认同越积极，赓续红色血脉越积极。

H10：对中国共产党的评价影响赓续红色血脉，二者之间呈正相关关系，对中国共产党的评价越积极，赓续红色血脉越积极。

第三节　田野调查与数据采集

本课题组专门设计了《文化视域下井冈山红色遗产的传承、保护和利用实证研究》调查问卷以及面对面的访谈问题，在红色遗产承载地——井冈山进行田野调查，并对采集的相关数据运用 SEM 方法验证各变量之间的相关性。

井冈山是"中国革命的摇篮"。从中国革命史或中国共产党党史的角度来看，井冈山指的是井冈山革命根据地或者井冈山军事根据地。井冈山革命根据地，包括六县一山（江西的宁冈、永新、莲花、遂川，湖南的酃县、茶陵），鼎盛时达7200平方公里，人口50余万。井冈山军事根据地，东起江西省永新县（今井冈山市）拿山乡，西至湖南省酃县（今炎陵县）水口镇，东西相距90公里；南起江西省遂川县黄坳乡，北至江西省宁冈县（今井冈山市）茅坪乡，南北相距45公里。以江西省永新县（今井冈山市）的拿山为起点，经龙源口、茅坪、十都、水口、营盘圩、大汾、黄坳、五斗江再到拿山，全程550里，"五百里井冈"也由此得名。今天的井冈山是一个行政区划，是吉安市下辖的一个县级市，现有人口19万，总面积1449.28平方公里。

2004年以来，地方政府非常重视井冈山红色遗产的传承、保护和利用，红色遗产旅游发展迅猛。游客人数由从前的162万人次，增加到2019年的1932万人次（2020、2021年受疫情影响，数据不具有参考性，故舍去这2年的数据）；旅游总收入由2004年的8.04亿元增加到2019年的160.3亿元。"井冈山是推动红色教育培训高质量发展的生动实践"被国家文化和旅游部列为"全国红色旅游发展典型案例"，成为我国红色遗产旅游目的地发展的典范。研究选取了中国井冈山干部学院、井冈山大学等培训机构及高等院校，以及井冈山红色遗产承载地——茨坪、黄洋界、八角楼、大小井等5个主要景区，采取实地观察、现场访谈和问卷调查等方法开展田野调查。

调查问卷的数据采集主要采用以线上收集为主，线下收集为辅（线下收集主要针对低龄和高龄人群）。从2019年4月一直到2021年10月，数据采集工作时断时续开展了两年半左右的时间。调研路径分别为：路径一在中国井冈山干部学院、井冈山大学等培训机构及高等院校向调研对象发放调查问卷，共发放问卷3500份，收回有效问卷3143份，有效率89.80%；路径二在每年井冈山红色遗产旅游的高峰期，前往井冈山红色遗产5个主要景区发放调查问卷，共发放问卷2500份，收回有效问卷2031份，有效率81.24%。根据表列删除法，即调查问卷在一条记录中，只要存在一项缺失，则删除该记录。研究选取删除缺失记录后的5174条数据做统计分析。调查问卷数据总有效率为86.23%。整个田野调查在现场访谈44人，其中，在中国井冈山干部学院等培训机构参加培训的党政干部 26 人，培训机构带班老师 4 人，井冈山革命博物馆以及井冈山会师纪念馆的讲解员 5 人，大学生 3 人，普通游客 6 人。

笔者根据党政干部、大学生、普通游客等不同调研对象设计了有针对性的调查问卷（见附录），调查问卷的主要内容包括四个方面：一是调研对象的个人基本信息；二是关于井冈山红色遗产的基本认知；三是关于井冈山红色遗产的体验活动；四是关于中国共产党情感、认知、评价和行为四个层次的测度问题。问题设置大多采用李克特 5 点量表，分为非常赞同、赞同、一般、不太赞同和不赞同 5 个等级，要求调研对象做出选择，每一个等级选项分别按"1~5"分来计算，1 分代表最肯定，5 分代表最否定。在数据统计分析时，采用 IBM SPSS Statistics 24.0 作为描述性统计分析、信度分析和探索性因子分析的工具，使用 Amos 26.0 作为验证性因子分析、结构方程模型的建构及分析的工具。数据处理严格按照 SEM 建模与分析步骤展开，采用 SEM 方法来验证各变量之间的相关性。根据党政干部、大学生、普通游客等不同调研对象对于红色遗产的认知与评价、反馈与修正，形成 3 份基于党政干部、大学生、普通游客的子研究报告（见附录一、附录二、附录三），以及合并的研究总报告。

第四节　有效数据统计分析

本研究概念模型共涉及 6 个潜在变量。根据每个潜变量的具体内涵，建立如表 4-1 所示的指标体系。由于本研究个别观察变量的问题相对敏感，为了获得更客观有效的调研信息，问卷中设置的具体问题数量多于观察变量的数量，即一个观察变量将对应一个或多个具体问题。这些具体问题都是正面问题，统一使用正面数据进行分析。此外，在问卷设计中也对同一潜在变量中不同具体问题的顺序进行随机分布，避免调研对象受到问卷的诱导和影响，便于反复验证调研对象所填信息的可靠性。在模型数据分析中，根据需要剔除了一些观察到的变量。排除变量的原则是可靠性，即对于意义相近的问题，只保留信度较高的问题进行分析。

表 4-1　潜在变量的相关指标体系

代码	潜在变量	观测变量（被选中的）	观测变量（被删除的）
pub	红色遗产宣传活动	红色纪念地、标志物宣传 pub1	
		红色历史、事迹宣传 pub2	
		红色精神宣传 pub3	
exp	红色遗产旅游体验	对红色遗产相关展览的体验 exp1	exp4
		对红色培训学习氛围的体验 exp2	
		对红色观光旅游氛围的体验 exp3	
		对红色活动参与氛围的体验 exp5	
cog	对共产党的认知	对井冈山革命历史的了解 cog1	cog3
		对共产党红色精神的了解 cog2	cog6
		对共产党执政理念的了解 cog4	
		对共产党执政能力的了解 cog5	
ide	情感认同价值认同	对红色精神的认同 ide3	ide1
		对红色文化的认同 ide4	ide2
		对共产党情感的认同 ide5	
		对共产党价值观的认同 ide6	
		对共产党的认同 ide7	
eva	对共产党的评价	对共产党历史功绩的评价 eva1	eva4
		对中国特色社会主义道路的评价 eva2	eva5
		对习近平新时代中国特色社会主义思想的评价 eva3	eva6
		对共产党执政能力的评价 eva7	
con	赓续红色血脉	愿意进一步参与红色遗产体验活动 con1	con2
		愿意购买红色遗产相关产品 con3	con6
		愿意宣传红色遗产体验活动 con4	
		愿意传播红色精神 con5	
		愿意参与红色遗产保护 con7	

有效调查问卷统计数据显示，接受调查的男性为 67.3%，女性为 32.7%，此比例与井冈山管理局近年来统计的客源性别比比较接近。本次调研对象的主体为"70 后""80 后"，所占比例达到 50.35%，大约为调查人数的一半。学历方面，调研对象以高学历人群为主，本科及以上学历者占 70.22%。调研对象的收入水平和学历水平呈正相关，月收入 5000 元以上的占 69.83%。问卷点填写人员以党员为主，所占比例达到 59.06%，大约为总人数的六成。

如表 4-1 所示，研究用以进行结构方程模型分析的观测变量共有 25 个。25 个观测变量的均值、标准差、各变量的峰度系数与其标准误的比值的绝对值、各变量的偏度系数与其标准误的比值的绝对值如表 4-2 所示。由各变量的峰度系数与其标准误的比值的绝对值、各变量的偏度系数与其标准误的比值均 <2，可知数据服从正态分布。

表 4-2　各变量峰度系数与其标准误比值

均值	标准差	峰度系数与其标准误的比值的绝对值	偏度系数与其标准误的比值的绝对值
1.41~2.53	0.64~1.06	0.17~1.98	0.09~1.41

数据信度按照内在一致性信度法进行测试。调查问卷中 25 个观测变量的 Cronbach's alpha 信度系数为 0.904，各分量的 alpha 系数均在 0.71 以上，说明问卷的信度很高，问卷的内部信度通过检验。数据的 KMO 检验值为 0.937，非常适合因子分析。随后对各潜变量进行验证性因子分析以检测模型是否具有较好的拟合度。从模型的拟合效果指标值来看，衡量绝对拟合度的指标 x2/df <3 符合模型拟合度的要求。

再次使用 Amos 26.0 对变量之间的关系进行结构模型检验分析，得到各潜变量因子路径系数所对应的 t 值图。根据 t 值图，从最小的 t 值开始，删除其所对应的路径，直至显著水平达到 0.05 时，停止删除路径。最终得到的结构方程模型共删除了"exp—eva""ide— con"和"eva—con"3 条路径。最后，得到此假设检验结果：H9 难以成立，H4、H9 部分不成立，其他假设则通过检验。

第五节　研究结论

H1：红色遗产宣讲活动影响红色遗产体验活动，红色遗产宣讲活动越积极，红色遗产体验活动越愉悦。此假设在本研究中得到了支持。井冈山在红色遗产传承、保护和利用方面营造了浓厚的红色氛围，使调研对象在耳濡目染中触摸历史、感悟历史、解读历史和建构历史，在亲身体验中感受井冈山精神。

H2：红色遗产体验活动影响对中国共产党的认知，红色遗产体验活动越愉悦，对中国共产党的认知越积极。此假设在本研究中得到了支持。红色遗产传承保护体验活动是多维度的社会活动，有助于游客在参观考察与培训体验中建立对中国共产党的认同。井冈山展示了 1927 年 10 月至 1930 年 2 月期间中国共产党进行艰苦卓绝革命斗争的历史，留下了"一根灯芯""写满错别字的入党誓词""朱德的扁担""有盐同咸无盐同淡"等感人的故事，是一片充满红色记忆的红土地。调研对象通过走进历史、触摸历史而产生积极的情景体验，加深了对艰苦卓绝斗争历史和井冈山精神的了解，使调研对象在红色遗产参观学习过程产生了积极的旅游体验。

H3：红色遗产体验活动影响情感认同、价值认同、思想认同，红色遗产体验活动越愉悦，情感认同、价值认同、思想认同越积极。本研究支持这一假设。红色遗产体验活动与情感认同、价值认同、思想认同都是调研对象个体受到外部世界的影响而产生的心理体验，是精神层面的感受。首先，红色遗产体验活动在很大程度上取决于调研对象在红色遗产参观学习过程中所获得的信息。如果被调查者在参与红色遗产参观学习的过程中能够获得与政党相关的正面信息，例如通过导游和讲解员的讲解就可以了解中国共产党是如何领导人民取得革命的胜利的。了解领导人的巨大的人格魅力和传奇故事等，被调查者更容易产生积极的情感认同、价值认同、思想认同。其次，情感认同、价值认同、思想认同的形成与变化在很大程度上受个人主体性的影响。当被调查者在红色旅游过程中进行了良好的红色遗产体验活动时，他们的心理状态将更加愉悦和放松。在这样的心理状态下，被调查者能够以更积极、愉快的态度接受红色遗产，更容易产生正面的、积极的情绪。

H4：红色遗产体验活动影响对中国共产党的评价，红色遗产体验活动越愉悦，对中国共产党的评价越积极。此假设在实际调查中正相关度较低。一般而言，愉悦的红色遗产体验活动容易得到调研对象的情感认可，并进行深度思考，从而促进对于中国共产党的评价。但在实际调研中发现，井冈山红色遗产体验活动确实让人耳目一新、热血沸腾，然而却存在"上山激情澎湃、下山涛声依旧"的现象。究其原因为：参观学习体验是在红色遗产宣讲活动的过程中形成的，它更多的是一种浅层的、暂时的心理感受，而对中国共产党的评价更多地受到调研对象长期以来的情感认同、价值认同、思想认同的影响及其对政党业绩的感知。即便红色遗产体验愉悦能产生积极的情感认同、价值认同、思想认同，但是对中国共产党评价并不单纯是情感方面的主观判断。它结合了个体对客观事物的认知以及个人价值观的影响。在调研对象被问到有关对中国共产党评价的问题时，他们更多地根据以往的经验或者已经得到社会主流认可的判断来回答。红色遗产体验活动的作用不足以促使调研对象的政党评价发生较大改变，至少在短期内这种影响表现得不太明显。

H5：对中国共产党认知影响情感认同、价值认同、思想认同，对中国共产党的认知越积极，情感认同、价值认同、思想认同越积极。心理学研究表明，评价标准是在个体大脑中先天的评价结构的基础上，根据以往经验和当前需要而形成的，因此，情绪与个体过去的经验有关，并受过去认知的影响。调研对象对政党某一方面的积极认知越深，其在该方面对政党的情感依恋越强。在中国共产党认知的五个观察变量中，调研对象对中国共产党的历史合法性、执政能力和革命精神的认知相对积极。因为井冈山的很多红色遗产都有对革命前辈和革命先烈的感人事迹的解说，比如革命女英雄曾志的惊人英雄事迹，让调研对象深受感动。这些具体事迹的呈现，使调研对象对共产党领导人和共产党人的感情更加积极。在整个红色遗产的参观学习过程中，调研对象的思想投入较少。一方面，意识形态的内容比较抽象，不容易以风景或故事的形式表现出来；另一方面，调研对象在参观和学习红色遗产的过程中更倾向于接受生动的内容。比如，很多调研对象反映在红色遗产的参观学习过程中"懒得动脑筋"，难以形成更深层次的认知，因此对红色遗产中共产主义意识形态方面的内容缺乏积极的认知。

H6：对中国共产党的认知影响对中国共产党的评价，对中国共产党的认知越积极，对中国共产党的评价越积极。在井冈山红色遗产参观学习的过程中，调研对象接触到的景点和故事是关于历史方面的知识，因而其对共产党历史合法性的相关评价就更为积极。在对中国共产党评价潜变量下的 4 个观测变量中，调研对象对于观测变量 eva1 "对共产党历史功绩的评价"，即对于共产党历史合法性的评价程度最高。

H7：对中国共产党的认知影响赓续红色血脉行为，对中国共产党的认知越积极，赓续红色血脉行为越积极。这一假设也得到了数据的支持。认知是身份认同的基础和首要环节，在形成对一个政党的归属感、认同感和凝聚力的过程中起着根本性的作用。通过参观井冈山革命博物馆和八角楼等革命旧居旧址，调研对象普遍认识到新中国的来之不易，了解了中国共产党存在的历史基础，由此产生了对中国共产党执政合法性的认同意识以及对国家的认可，从而滋生爱国主义情怀。这种态度和情感表现在积极的政党认同行为上，并在此基础上有助于形成符合中国共产党执政思想的政治立场或激发入党行为。对中国共产党认知与赓续红色血脉行为的独立相关性检验中也发现，两者之间呈显著正相关。

H8：情感认同、价值认同、思想认同影响对中国共产党的评价，情感认同、价值认同、思想认同越积极，对中国共产党的评价越积极。个人情感认同、价值认同、思想认同会显著影响对政党的评价。表面上，情感认同、价值认同、思想认同，看似是身份主体的冲动和内心宣泄，其实它的形成是通过政治社会化，在人们内心深处长期积累的特定价值取向和认知结果。情感认同、价值认同、思想认同这种稳定性决定了其对中国共产党评价的显著影响。个人的情感取向会受到个人内在价值判断标准和经历的影响，在情感认同、价值认同、思想认同的 4 个观测变量中，20 世纪 80 年代后和 20 世纪 90 年代后选择的 "非常赞同" 的比例均高于 20%，加起来高达 50% 以上。20 世纪 90 年代后群体所占比例也明显比 80 后代的高，其对政党的情感认同均值在 1.83。而 1960 年前后出生的调研对象，其情感认同、价值认同、思想认同均值在 2.25。同样，中国的年轻一代也对积极的情绪检测变量表现出强烈的认同感。

H9：情感认同、价值认同、思想认同影响赓续红色血脉行为，情感认同、价值认同、思想认同越积极，赓续红色血脉行为越积极。研究发现，情感认同、价值认同、思想认同对赓续红色血脉行为的影响是微不足道的，因而此假设不被支持。虽然理论上一个人的情绪和行为应该是一致的，但在某些情况下，行为可能不一定反映一个人的真实身份心理。因为，政党情感"本质上是人们在利益冲突和协调融合过程中产生的身份对象的态度认识"。也就是说，人们实际的赓续红色血脉行为的根本出发点在于人们的利益诉求，它可以跳过情感环节，对赓续红色血脉行为产生影响。

H10：对中国共产党评价影响赓续红色血脉，对中国共产党评价越积极，赓续红色血脉越积极。研究发现，此假设同样成立。

综上可见，红色遗产宣讲活动对于调研对象形成对中国共产党的认同具有极其重要的影响，通过对红色遗产传承保护与宣讲学习等活动的开展，可以让调研对象更好地了解中国共产党艰苦卓绝的奋斗历程，增进对于中国共产党的认知，进而在春风化雨中形成对中国共产党的认同。但这种影响并不是直接的，而是相当复杂的。通常，调研对象通过参与红色遗产传承保护与宣讲学习等活动，获得愉悦的红色遗产体验；然后这种愉悦的正向体验转化为对中国共产党历史的正向认知和对中国共产党情感认同、价值认同、思想认同的正向评价；最后，对中国共产党历史的正向认知和对中国共产党情感认同、价值认同、思想认同的正向评价，这两个中介变量对传承红色基因、赓续红色血脉的行为产生影响。其具体作用路径为"红色遗产体验活动→对中国共产党历史的认知→对中国共产党情感认同、价值认同、思想认同的评价→对中国共产党的认同"。即，红色遗产体验活动越积极，越有利于形成正向的对中国共产党历史的认知和对中国共产党的情感认同、价值认同、思想认同，从而促进对中国共产党的认同；因此，传承红色基因、赓续红色血脉的行为也就越积极，其影响系数为 0.29（即 0.80×0.36）。

附录一：

井冈山红色遗产传承、保护和利用实证研究调查问卷
（党政干部卷）

一、基本信息

1.您的性别？

男

女

2.您的年龄段？

30 岁以下

31 岁~40 岁

41 岁~50 岁

51 岁~60 岁

61 岁以上

3.您的政治面貌？

群众

共青团员

中共党员

民主党派成员

4.您的职务？

乡科级及以下

县处级

厅局级

厅局级以上

5.您的月收入？

3000 元以下

3001元~5000元

5001元~10000元

10001元以上

二、关于井冈山红色遗产的基本认知

1.您了解井冈山革命历史吗？

很了解

较了解

一般

不太了解

不了解

2.您参观过井冈山哪些红色遗产景区？（可多选）

茨坪景区

黄洋界景区

茅坪景区

大小井景区

其他

3.来之前您通过什么渠道了解井冈山红色遗产？（可多选）

红色影视

红色歌曲

平面媒体

新媒体

口口相传

其他

4.来之前您体验过哪些井冈山红色遗产宣讲活动？（可多选）

井冈山红色展览

井冈山红色宣传

井冈山红色博览会

井冈山红歌会

其他

5.您认为井冈山红色遗产在宣讲活动方面做得怎么样?

很好

较好

一般

不太好

不好

6.您认为井冈山红色遗产在保护及开发利用方面做得怎么样?

很好

较好

一般

不太好

不好

7.您认为井冈山红色遗产和中华优秀传统文化的关联在于哪些方面?（可多选）

文化传承

价值理念

思维模式

行为方式

其他

三、关于井冈山红色遗产的参观体验

1.您喜欢井冈山红色遗产的相关展陈吗?

很喜欢

较喜欢

一般

不太喜欢

不喜欢

2.您喜欢井冈山红色遗产的学习培训吗?

很喜欢

较喜欢

一般

不太喜欢

不喜欢

3.您喜欢井冈山红色遗产的旅游氛围吗？

很喜欢

较喜欢

一般

不太喜欢

不喜欢

4.您喜欢井冈山红色遗产的互动参与体验吗？

很喜欢

较喜欢

一般

不太喜欢

不喜欢

5.您印象深刻的井冈山红色遗产体验活动是什么？（可多选）

重走朱毛红军挑粮小道

红色拓展训练

实景演出《井冈山》

自做红军餐

红色篝火

学唱革命歌曲

其他

6.如果有机会您愿意进一步参与红色遗产体验活动吗？

很愿意

较愿意

一般

不太愿意

不愿意

7. 您愿意购买井冈山红色遗产的旅游纪念品吗？

很愿意

较愿意

一般

不太愿意

不愿意

8. 如果有机会您愿意参加井冈山红色遗产的宣讲活动吗？

很愿意

较愿意

一般

不太愿意

不愿意

9. 如果有机会您愿意参与井冈山红色遗产的保护吗？

很愿意

较愿意

一般

不太愿意

不愿意

10. 如果有机会您愿意向他人传播井冈山精神吗？

很愿意

较愿意

一般

不太愿意

不愿意

四、关于井冈山红色遗产的认知效果（形式内容、情感评价、启悟践行等）

1. 您是否赞同通过井冈山红色遗产学习参观体验，有助于全面系统深入了解党的历史尤其是井冈山斗争史？

非常赞同

赞同

一般

不太赞同

不赞同

2.您是否赞同通过井冈山红色遗产学习参观体验，有助于加深对中国共产党的情感认同和思想认同？

非常赞同

赞同

一般

不太赞同

不赞同

3.您是否赞同通过井冈山红色遗产学习参观体验，有助于加深对中国共产党的价值认同和政治认同？

非常赞同

赞同

一般

不太赞同

不赞同

4.您是否赞同通过井冈山红色遗产学习参观体验，有助于深刻体悟红色江山来之不易？

非常赞同

赞同

一般

不太赞同

不赞同

5.您是否赞同通过井冈山红色遗产学习参观体验，有助于坚定群众路线，坚持以人民为中心的根本立场?

非常赞同

赞同

一般

不太赞同

不赞同

6.您是否赞同通过井冈山红色遗产学习参观体验,有助于客观评判中国共产党的历史功绩?

非常赞同

赞同

一般

不太赞同

不赞同

7.您是否赞同通过井冈山红色遗产学习参观体验,有助于理解从井冈山道路到中国特色社会主义道路的抉择?

非常赞同

赞同

一般

不太赞同

不赞同

8.您是否赞同通过井冈山红色遗产学习参观体验,有助于理解从马克思主义的伟大开篇到习近平新时代中国特色社会主义思想?

非常赞同

赞同

一般

不太赞同

不赞同

9.您是否赞同通过井冈山红色遗产学习参观体验,有助于深入了解伟大的井冈山精神?

　　非常赞同

　　赞同

　　一般

　　不太赞同

　　不赞同

　　10.您是否赞同通过井冈山红色遗产学习参观体验，有助于深入了解伟大的中华优秀传统文化?

　　非常赞同

　　赞同

　　一般

　　不太赞同

　　不赞同

　　11.您认为井冈山红色遗产传承的核心因子有哪些? （可多选）

　　对党忠诚

　　理想信念

　　初心使命

　　群众立场

　　实事求是

　　艰苦奋斗

　　自我革命

　　智慧力量

　　其他

　　12.您认为井冈山红色遗产传承、保护和利用在哪些方面需要改进? （可多选）

　　宣讲形式

　　统筹规划

　　史料挖掘

　　专项保护

传播渠道

政府主导

市场运作

加大投入

其他

附录二：

井冈山红色遗产传承、保护和利用实证研究调查问卷
（大学生卷）

一、基本信息

1.您的性别？

男

女

2.您的年龄段？

18 岁以下

19 岁 ~25 岁

26 岁 ~30 岁

31 岁以上

3.您的政治面貌？

群众

共青团员

中共党员

民主党派成员

4.您是？

中小学生

大学生（含高职）

研究生及以上

5.您的月收入？

1500 元以下

1501 元 ~3000 元

3001 元 ~5000 元

5001 元以上

二、关于井冈山红色遗产的基本认知

1.您了解井冈山革命历史吗?

很了解

较了解

一般

不太了解

不了解

2.您参观过井冈山哪些红色遗产景区? （可多选）

茨坪景区

黄洋界景区

茅坪景区

大小井景区

其他

3.来之前您通过什么渠道了解井冈山红色遗产? （可多选）

红色影视

红色歌曲

平面媒体

新媒体

口口相传

其他

4.来之前您体验过哪些井冈山红色遗产宣讲活动? （可多选）

井冈山红色展览

井冈山红色宣传

井冈山红色博览会

井冈山红歌会

其他

5.您认为井冈山红色遗产在宣讲活动方面做得怎么样?

很好

较好

一般

不太好

不好

6.您认为井冈山红色遗产在保护及开发利用方面做得怎么样?

很好

较好

一般

不太好

不好

7.您认为井冈山红色遗产和中华优秀传统文化的关联在于哪些方面?（可多选）

文化传承

价值理念

思维模式

行为方式

其他

三、关于井冈山红色遗产的参观体验

1.您喜欢井冈山红色遗产的相关展陈吗?

很喜欢

较喜欢

一般

不太喜欢

不喜欢

2.您喜欢井冈山红色遗产的学习培训吗?

很喜欢

较喜欢

一般

不太喜欢

不喜欢

3.您喜欢井冈山红色遗产的旅游氛围吗？

很喜欢

较喜欢

一般

不太喜欢

不喜欢

4.您喜欢井冈山红色遗产的互动参与体验吗？

很喜欢

较喜欢

一般

不太喜欢

不喜欢

5.您印象深刻的井冈山红色遗产体验活动是什么？（可多选）

重走朱毛红军挑粮小道

红色拓展训练

实景演出《井冈山》

自做红军餐

红色篝火

学唱革命歌曲

其他

6.如果有机会您愿意进一步参与红色遗产体验活动吗？

很愿意

较愿意

一般

不太愿意

不愿意

7.您愿意购买井冈山红色遗产的旅游纪念品吗?

很愿意

较愿意

一般

不太愿意

不愿意

8.如果有机会您愿意参加井冈山红色遗产的宣讲活动吗?

很愿意

较愿意

一般

不太愿意

不愿意

9.如果有机会您愿意参与井冈山红色遗产的保护吗?

很愿意

较愿意

一般

不太愿意

不愿意

10.如果有机会您愿意向他人传播井冈山精神吗?

很愿意

较愿意

一般

不太愿意

不愿意

四、关于井冈山红色遗产的认知效果（形式内容、情感评价、启悟践行等）

1.您是否赞同通过井冈山红色遗产学习参观体验,有助于全面系统深入了解党的历史尤其是井冈山斗争史?

非常赞同

赞同

一般

不太赞同

不赞同

2.您是否赞同通过井冈山红色遗产学习参观体验，有助于加深对中国共产党的情感认同和思想认同？

非常赞同

赞同

一般

不太赞同

不赞同

3.您是否赞同通过井冈山红色遗产学习参观体验，有助于加深对中国共产党的价值认同和政治认同？

非常赞同

赞同

一般

不太赞同

不赞同

4.您是否赞同通过井冈山红色遗产学习参观体验，有助于深刻体悟红色江山来之不易？

非常赞同

赞同

一般

不太赞同

不赞同

5.您是否赞同通过井冈山红色遗产学习参观体验，有助于坚定群众路线，坚持以人民为中心的根本立场？

非常赞同

赞同

一般

不太赞同

不赞同

6.您是否赞同通过井冈山红色遗产学习参观体验，有助于客观评判中国共产党的历史功绩？

非常赞同

赞同

一般

不太赞同

不赞同

7.您是否赞同通过井冈山红色遗产学习参观体验，有助于理解从井冈山道路到中国特色社会主义道路的抉择？

非常赞同

赞同

一般

不太赞同

不赞同

8.您是否赞同通过井冈山红色遗产学习参观体验，有助于理解从马克思主义的伟大开篇到习近平新时代中国特色社会主义思想？

非常赞同

赞同

一般

不太赞同

不赞同

9.您是否赞同通过井冈山红色遗产学习参观体验，有助于深入了解伟大的井冈山精神？

非常赞同

赞同

一般

不太赞同

不赞同

10.您是否赞同通过井冈山红色遗产学习参观体验，有助于深入了解伟大的中华优秀传统文化？

非常赞同

赞同

一般

不太赞同

不赞同

11.您认为井冈山红色遗产传承的核心因子有哪些？（可多选）

对党忠诚

理想信念

初心使命

群众立场

实事求是

艰苦奋斗

自我革命

智慧力量

其他

12.您认为井冈山红色遗产传承、保护和利用在哪些方面需要改进？（可多选）

宣讲形式

统筹规划

史料挖掘

专项保护

传播渠道

政府主导

市场运作

加大投入

其他

附录三：

井冈山红色遗产传承、保护和利用实证研究调查问卷（普通游客卷）

一、基本信息

1. 您的性别？

男

女

2. 您的年龄段？

30 岁以下

31 岁~40 岁

41 岁~50 岁

51 岁~60 岁

61 岁以上

3. 您的政治面貌？

群众

共青团员

中共党员

民主党派成员

4. 您的职业？

企事业单位职员

自由职业者

农民

其他

5. 您的月收入？

1500 元以下

1501 元 ~3000 元

3001 元 ~5000 元

5001 元 ~10000 元

10001 元以上

二、关于井冈山红色遗产的基本认知

1. 您了解井冈山革命历史吗？

很了解

较了解

一般

不太了解

不了解

2. 您参观过井冈山哪些红色遗产景区？（可多选）

茨坪景区

黄洋界景区

茅坪景区

大小井景区

其他

3. 来之前您通过什么渠道了解井冈山红色遗产？（可多选）

红色影视

红色歌曲

平面媒体

新媒体

口口相传

其他

4. 来之前您体验过哪些井冈山红色遗产宣讲活动？（可多选）

井冈山红色展览

井冈山红色宣传

井冈山红色博览会

井冈山红歌会

其他

5.您认为井冈山红色遗产在宣讲活动方面做得怎么样？

很好

较好

一般

不太好

不好

6.您认为井冈山红色遗产在保护及开发利用方面做得怎么样？

很好

较好

一般

不太好

不好

7.您认为井冈山红色遗产和中华优秀传统文化的关联在于哪些方面？（可多选）

文化传承

价值理念

思维模式

行为方式

其他

三、关于井冈山红色遗产的参观体验

1.您喜欢井冈山红色遗产的相关展陈吗？

很喜欢

较喜欢

一般

不太喜欢

不喜欢

2.您喜欢井冈山红色遗产的学习培训吗？

很喜欢

较喜欢

一般

不太喜欢

不喜欢

3.您喜欢井冈山红色遗产的旅游氛围吗？

很喜欢

较喜欢

一般

不太喜欢

不喜欢

4.您喜欢井冈山红色遗产的互动参与体验吗？

很喜欢

较喜欢

一般

不太喜欢

不喜欢

5.您印象深刻的井冈山红色遗产体验活动是什么？（可多选）

重走朱毛红军挑粮小道

红色拓展训练

实景演出《井冈山》

自做红军餐

红色篝火

学唱革命歌曲

其他

6.如果有机会您愿意进一步参与红色遗产体验活动吗？

很愿意

较愿意

一般

不太愿意

不愿意

7. 您愿意购买井冈山红色遗产的旅游纪念品吗？

很愿意

较愿意

一般

不太愿意

不愿意

8. 如果有机会您愿意参加井冈山红色遗产的宣讲活动吗？

很愿意

较愿意

一般

不太愿意

不愿意

9. 如果有机会您愿意参与井冈山红色遗产的保护吗？

很愿意

较愿意

一般

不太愿意

不愿意

10. 如果有机会您愿意向他人传播井冈山精神吗？

很愿意

较愿意

一般

不太愿意

不愿意

四、关于井冈山红色遗产的认知效果（形式内容、情感评价、启悟践行等）

1.您是否赞同通过井冈山红色遗产学习参观体验，有助于全面系统深入了解党的历史尤其是井冈山斗争史？

非常赞同

赞同

一般

不太赞同

不赞同

2.您是否赞同通过井冈山红色遗产学习参观体验，有助于加深对中国共产党的情感认同和思想认同？

非常赞同

赞同

一般

不太赞同

不赞同

3.您是否赞同通过井冈山红色遗产学习参观体验，有助于加深对中国共产党的价值认同和政治认同？

非常赞同

赞同

一般

不太赞同

不赞同

4.您是否赞同通过井冈山红色遗产学习参观体验，有助于深刻体悟红色江山来之不易？

非常赞同

赞同

一般

不太赞同

不赞同

5.您是否赞同通过井冈山红色遗产学习参观体验，有助于坚定群众路线，坚持以人民为中心的根本立场？

非常赞同

赞同

一般

不太赞同

不赞同

6.您是否赞同通过井冈山红色遗产学习参观体验，有助于客观评判中国共产党的历史功绩？

非常赞同

赞同

一般

不太赞同

不赞同

7.您是否赞同通过井冈山红色遗产学习参观体验，有助于理解从井冈山道路到中国特色社会主义道路的抉择？

非常赞同

赞同

一般

不太赞同

不赞同

8.您是否赞同通过井冈山红色遗产学习参观体验，有助于理解从马克思主义的伟大开篇到习近平新时代中国特色社会主义思想？

非常赞同

赞同

一般

不太赞同

不赞同

9.您是否赞同通过井冈山红色遗产学习参观体验,有助于深入了解伟大的井冈山精神?

非常赞同

赞同

一般

不太赞同

不赞同

10.您是否赞同通过井冈山红色遗产学习参观体验,有助于深入了解伟大的中华优秀传统文化?

非常赞同

赞同

一般

不太赞同

不赞同

11.您认为井冈山红色遗产传承的核心因子有哪些?（可多选）

对党忠诚

理想信念

初心使命

群众立场

实事求是

艰苦奋斗

自我革命

智慧力量

其他

12.您认为井冈山红色遗产传承、保护和利用在哪些方面需要改进?（可多选）

宣讲形式

统筹规划

史料挖掘

专项保护

传播渠道

政府主导

市场运作

加大投入

其他

第五章　红色遗产传承保护的历史考察以及井冈山红色遗产传承、保护与开发利用的对策建议

百年来，中国共产党在领导革命，建设新时代和改革、治理中创造了形式多样、内容丰富、地域广泛的红色遗产，红色遗产以独特的方式见证了红色政权来之不易、新中国来之不易、中国特色社会主义来之不易，他承载着中国共产党人的理想信仰、价值追求、精神风貌等，是党史学习教育的重要依托。从红色遗产传承、保护和开发利用进行历史考察，对井冈山斗争时期遗留下来的红色遗产开展调查统计的基础上进行专项普查登记，形成井冈山红色旧居旧址索引目录汇编、井冈山红色文物索引目录汇编、井冈山红色文献索引目录汇编等三个井冈山红色遗产数据库，对井冈山红色遗产传承、保护和开发利用现状进行田野调查，指出井冈山红色遗产传承保护和开发利用中存在的问题，同时提出针对性的对策建议，尝试建构井冈山红色遗产传承、保护和开发利用的联动机制，并对井冈山红色遗产传承、保护和利用进行展望。

第一节　红色遗产传承、保护与开发利用的历史考察

习近平总书记多次强调要用好红色资源，传承红色基因，赓续红色血脉。2021 年 6 月 25 日，中共中央政治局就用好红色资源、赓续红色血脉举行了第三十一次集体学习。红色资源是我们党艰辛而辉煌奋斗历程的见证，是最宝贵的精神财富。红色血脉是中国共产党政治本色的集中体现，是新时代中国共产党人的精神力量源泉。回望过往历程，眺望前方征途，我们必须始终赓续红色血脉，把革命先烈流血牺牲打下的红色江山守护好、建设好，努力创造不负革命先辈期望、

无愧于历史和人民的新业绩。这反映了红色遗产所承载的价值与意义，传承、保护与利用红色遗产的重要性。中国共产党在百年历史进程中，不仅领导人民不断创造丰富的红色遗产，而且始终高度重视红色遗产的保护与利用，传承红色基因，使其成为推动党和人民事业的珍贵财富，成为加强党的建设、增进国家政治认同的精神富矿，红色遗产是培育理想信念引领社会风尚的深厚滋养，是促进经济发展、繁荣社会主义文化的优势资源。

一、新民主主义革命时期，在培育红色遗产的实践中，进行了红色遗产传承、保护和利用的有益探索

革命战争年代，尽管环境恶劣，中国共产党仍然努力保护红色资源，发挥其坚定信念、凝聚力量与团结人民的作用。中国共产党成立初期，由于中国的政治环境和中国共产党的性质，酝酿成立中国共产党是在秘密情况下进行的。中共一大通过的《中国共产党纲领》中明确规定"党的重要主张和党员身份应保守秘密"。[①] 由于客观因素，建党初期的许多红色遗产没有得到保存。大革命时期，国共两党合作，革命力量发展，革命文物丰富起来，但由于国共两党政治主张不同，文物保护和管理理念差异很大，这也影响了革命文物的保护。

大革命失败后，农村革命根据地在各地迅速建立和发展起来，中国共产党在根据地高度重视收集和保护革命文物。1930 年，中共闽西特委在《关于宣传问题草案》中，要求闽西和各级政府设立"比较大规模的图书馆、革命纪念馆及俱乐部等"[②]。这是我党最早提出在苏区建立革命纪念馆的主张。1931 年 11 月，在红都瑞金召开的中华苏维埃第一次全国代表大会上，通过了《中国工农红军优待条例》，其中规定："死亡战士的遗物应由红军机关或政府收集，在革命历史博物馆中陈列以表纪念。"[③]

这些为之后建立革命烈士纪念馆做了准备。1932 年人民委员会颁布了对赤卫军和政府工作人员参战伤亡的抚恤问题的决议案，也提出将有革命意义的遗金遗

---

① 中共中央文献研究室中央档案馆编：《建党以来重要文献选编（1921~1949）》第 1 册，北京：中央文献出版社，2011 年，第 2 页。

② 柯华主编：《中央苏区宣传工作史料选编》，北京：中国发展出版社，2018 年，第 94 页。

③ 毛泽东：《毛泽东军事文集》第 1 卷，北京：军事科学出版社、中央文献出版社，1993 年，第 293 页。

物保存在革命陈列馆。1933 年，中央教育部决定建立革命博物馆，发出向社会群体公开征集陈列品的启事，征集与革命有关的文件、相片、旗帜、印章和徽章等。值得注意的是，这次革命文物征集的内容丰富、类型多样，不仅征集革命的文物，敌方的文件、宣传品、俘虏军官的相片、反革命领袖的物品等反革命文物也在征集之列。既征集团体的文物也征集私人的物品。[①]1934 年 1 月，中国共产党建立的第一座博物馆——中央革命博物馆在瑞金正式成立，举办革命史料和革命烈士的展览。但不久后遭敌机轰炸，被迫停止开放。

中央红军到达陕北后，有了比较稳固的大本营，这方面的工作更加积极。长征是中华民族伟大复兴历史进程中的一座宏伟丰碑。"为记录这段伟大而罕见的历程、挖掘其中生动感人的事迹、发扬和传播红军长征精神，在红军长征到达陕北不久，毛泽东便亲自发起编撰忆述文章，不久后形成《红军长征记》。发起集体撰写和宣传《长征记》的意图很明确：一是为了进行国内国际宣传，扩大红军的影响；二是为了红军抗日筹集资金。当时毛泽东在给各部队首长的电报中还专门强调：'事关重要，切勿忽视'。"[②]《红军长征记》最终选定了 100 余篇文章，10 首歌曲，还有两篇红军英雄谱，4 份资料表。[③]不久后形成《红军长征记》，该书约 30 万字。为记录和保存红军的光辉历史，1937 年 5 月，毛泽东、朱德签发了《军委关于征集红军历史材料的通知》，广泛征集各革命根据地红军的文件材料。[④]为了保存边区革命历史纪念物，1946 年《陕甘宁边区一九四六年到一九四八年建设计划方案》中，建议在延安建立陕甘宁边区革命历史博物馆。[⑤]为此成立了"陕甘宁边区革命历史博物馆筹备委员会"，做资料搜集筹备工作，虽然后来因内战爆发未能完成，但可以看到陕甘宁边区政府在保护文物方面所做的努力。

解放战争胜利在望，中国共产党更加注重革命纪念馆的建设。1948 年 6 月，

---

① 《中央苏区文艺丛书》编委会编：《中央苏区文艺史料集》，武汉：长江文艺出版社，2017 年，第 145 页。

② 明伟、雷侃：《毛泽东亲自发起、集体编撰〈红军长征记〉》，《文献与研究》，2006 年，第 45 期。

③ 明伟、雷侃：《毛泽东亲自发起、集体编撰〈红军长征记〉》，《文献与研究》，2006 年，第 45 期。

④ 中央档案馆编：《中共文书档案工作文件选编（一九二三～一九四九）》，北京：档案出版社，1991 年，第 60 页。

⑤ 中国科学院历史研究所第三所编：《陕甘宁边区参议会文献汇集》，北京：科学出版社，1958 年，第 331 页。

筹备东北烈士纪念馆期间，《东北日报》刊登了《征求东北抗日烈士的遗物启事》，广泛征集抗日烈士和抗日联军的遗物。据统计，当时共征集各种文物、史料1152件，为烈士事迹展览和纪念馆建设奠定了基础。[①] 1949年，北平和平解放后，北平市军管会文化接管委员会文物部因鲁迅故居有流亡地主等寄居问题，为加强保护管理，申请筹备成立鲁迅纪念馆。

"新民主主义革命时期，新文学就开始了对党的革命历史的同步记录和书写。"[②] 1921年，郭沫若的《女神》最早表达了对共产主义的呼唤，表现出摧毁旧世界、创造新世界的革命精神；1926年，蒋光慈的小说《少年漂泊者》最早描写青年知识分子投奔共产主义的历程；1931年，巴金的小说《死去的太阳》最早表现上海、南京等地的工人运动；茅盾的《子夜》全景表现20世纪30年代都市生活的方方面面，书写旧世界的崩溃和新生事物的诞生，成为革命启蒙教科书；1935年，萧军的《八月的乡村》正面表现东北抗战和东北人民的生活与挣扎；1945年，贺敬之、丁毅合著的《白毛女》生动再现了"旧社会把人变成鬼，新社会把鬼变成人"的主题；1946年，邵子南的《李勇大摆地雷阵》生动描写敌后抗日斗争；1948年，周立波的《暴风骤雨》真实表现解放区土改的宏阔场景。

除了这些名家名篇，革命文艺工作者创作了大量的红色作品，激发广大军民的革命斗志，仅《中央苏区革命文化史料汇编》所收录的戏剧名录就多达一百八十种，活报剧三十四种，歌剧、舞剧、表演唱二十九种，舞蹈十六种，戏曲、木偶戏十六种，曲艺十种，讽刺剧、滑稽剧、哑剧五种。内容和主题包括反映军事斗争的，如《一起抗日去》《义勇军》；保卫红色政权的，如《打倒尹道一》《年关斗争》；反映经济建设的，如《春耕突击队》《春耕战线》；反映思想教育的，如《反对旧礼教》《我觉悟了》；歌赞英雄人物的，如《罗伟就义》《自己的兄弟》反映白区斗争，如《阶级》《出路》；反映重大节日活动的，如《两个新年》《难忘的"五二一"》等。[③] 延安时期先后创作了长诗《王贵与李香香》、大型音乐作品《黄

① 黑龙江省地方志编纂委员会编：《黑龙江省志·文物志》，黑龙江人民出版社，1994年，第460页。
② 吴义勤：《百年中国文学的红色基因》，《光明日报》，2021年6月22日，第16版。
③ 江西省文化厅革命文化史料征集工作委员会、福建省文化厅革命文化史料征集工作委员会编：《中央苏区革命文化史料汇编》，江西人民出版社，1994年，第357–375页。

河大合唱》、陕北说书《刘巧团圆》等作品。这些反映革命实践活动,体现革命精神的红色经典,在团结人民、战胜敌人方面发挥了重要作用。

为了宣传党的政策、传播马克思主义,革命政权和革命文艺团体先后创办了众多报纸杂志、出版了许多革命书籍。据统计,中央苏区时期,出版的党报党刊有 160 余种由江苏省档案馆所藏,1936—1946 年间中国共产党在国统区和根据地出版期刊 80 余种。在 20 世纪 30 年代前期,左翼文艺阵营创办了很多专业文艺刊物,现能查到的至少有 45 种。[①] 在解放区,由中国共产党领导宣传马克思主义思想的文艺报刊至少有 51 种。[②]

新民主主义革命时期的革命实践中,为后代留下了极为宝贵的精神文化遗产和物质文化遗产,培育并缔造了伟大建党精神、井冈山精神等红色精神谱系,在坚定信念、凝聚力量、团结人民、教育人民中发挥重要作用。中国共产党为保护珍贵红色遗产、传承红色基因做出了极大的努力。

二、社会主义革命和建设时期,通过整理修缮、发掘抢救、保护建设等举措,为红色遗产传承、保护和利用奠定基础

红色遗产彰显着中国先进分子的初心使命,是革命历史的见证。为纪念 1840 年以来在历次斗争中英勇牺牲的人民英雄,在中华人民共和国成立之际,通过了建立人民英雄纪念碑的决定,毛泽东偕同全体政协委员在北京天安门广场中心举行奠基典礼,表达对英雄的敬意。中华人民共和国一成立,就相继出台了有关政策,积极加强对革命文物的保护,初步建立了红色遗产保护的工作体制机制。1950 年 3 月,中央革命博物馆筹备处在北京成立,负责革命历史档案的相关工作以及文物的搜集和保存。1950 年 6 月,中华人民共和国中央人民政府政务院下达关于征集革命文物的命令,文件中将革命文物的范围扩大到从鸦片战争到旧民主主义革命时期的全部革命运动史料。[③] 1951 年 7 月 3 日,当中共中央收到上海市委宣传部已经查悉党的一大会址及一大会后党的领导机关的办公地点的消息后,即指示

---

① 马良春、张大明编:《三十年代左翼文艺资料选编》,四川人民出版社,1980 年,第 223 页。
② 胡采主编:《中国解放区文学书系·文学运动·理论编》,重庆出版社,1992 年,第 43 页。
③ 苏天钧主编:《北京考古集成》,北京出版社,2000 年,第 7 页。

上海市委："这几个地方，如属可靠，即可用适当方式保存，留作纪念。"① 1952
年 10 月 28 日，毛泽东外出视察返京途中，特意在邯郸停留，专程参谒晋冀鲁豫
烈士陵园，参谒长眠在陵园里的英灵，特别参谒迁移至这里的左权的墓。

随着大规模经济建设的展开，党和政府十分注意解决农业生产、经济建设和
革命文物保护的矛盾。政务院 1953 年 10 月颁发《关于在基本建设工程中保护历
史及革命文物的指示》，其明确规定"各级人民政府对历史及革命文物负有保护责
任"。② 全国各级博物馆、纪念馆等机构纷纷开展革命文物征集和保护工作，并利
用历史和革命文物对人民进行爱国主义教育。国务院 1956 年下发《关于在农业生
产建设中保护文物的通知》，把文物保护工作作为一项广泛的群众性工作，决定设
立文物保护单位，开展全国历史和革命文物普查工作。"大跃进"运动中，文物、
博物馆事业坚持政治挂帅，提出了一些不切实际的发展方案。如全国 1957 年共有
72 家博物馆在"大跃进"运动中盲目建设，反而影响了红色遗产的保护工作。

1961 年 3 月，国务院发布了《文物保护管理暂行条例》。这是国务院制定和
公布的第一个全面的国家文物保护法规，是我国文物事业开始向规范化、制度化
迈进的重要标志。1964 年，中共中央决定建设韶山毛泽东同志纪念馆。该馆现在
已有馆藏文物、文献、资料 6.3 万件，在国内外产生了广泛影响。③ "文化大革命"
期间，党的许多革命历史和革命传统被扭曲，革命历史旧址、革命文物、纪念性
建筑等遭到严重破坏。

在革命斗争实践中孕育形成的革命传统和革命精神，彰显了共产党人的信仰
底色。④ 1951 年 8 月毛泽东亲笔题词"发扬革命传统，争取更大光荣"。在整风运
动中，中国共产党十分注重加强党的革命精神、革命传统教育，切实反对主观主
义和宗派主义，并反对官僚主义。在社会主义建设中，党始终强调发扬革命精神、
传承革命传统来推动经济社会工作。党带领人民在艰苦创业中形成的雷锋精神、

---

① 中共中央宣传部办公厅、中央档案馆编研部编：《中国共产党宣传工作文献选编（1949–1956）》，
北京：学习出版社，1996 年，第 249 页。
② 中共中央文献研究室编：《建国以来重要文献选编》第 4 册，北京：人民出版社，1993 年，第 462 页。
③ 高巍、谢磊编：《闪光的足迹——韶山毛泽东纪念馆（故居）》，2019–08–14，http：//dangshi.
people.com.cn/gb/n1/2019/0814/c427898-31293916.html。
④ 毛泽东：《毛泽东选集》第 4 卷，北京：人民出版社，1991 年，第 1438 页。

大庆精神等伟大精神是革命精神在建设年代的进一步丰富发展，保持了革命品格和精神风范。

在征集、出版革命前辈回忆和讲述中国革命历史的书籍中最具代表性的是《星火燎原》。解放军总政治部专门成立编辑部编辑整理，《星火燎原》丛书自 1958 年至 1963 年出版 8 卷，共发行 710 余万册。[①] 党的十一届三中全会之后，《星火燎原》继续选编修订出版，累计 373 万字。[②] 该丛书反映重要人物、重大事件的文章由总政治部把关，刊载的有回忆录、传记、小说，还有诗歌和日记等，内容非常丰富，有描写革命领袖的，有记录革命先烈的，有回忆著名英雄和重大历史事件的，有描述无名英雄和革命生活的。这是革命历史最真实最鲜活的记载，史料价值很高，后来的党史人物传也从中汲取材料。这些红色经典影响了几代人，感染、鼓舞、教育着后人。

有些回忆录题材像《红色娘子军》《党员》《杜鹃山（潘虎）》等征文稿，尚未等到结集出版，就已经被改编成电影或戏剧。[③] 许多基于革命历史而创作出的各种革命题材的作品成了红色经典。这些红色经典作品吸收了原生的红色遗产，红色经典也成了红色遗产，属于衍生的红色遗产。

中国革命波澜壮阔的历史，为中国的红色文艺创作提供了不竭的源泉，激发了广大文艺工作者的创作热情，造就了社会主义建设和革命历史题材文艺创作的繁盛期，涌现了包括小说、散文、诗集、美术、话剧、电影、大型音乐舞蹈史诗、大型雕塑等在内的大批反映革命历史题材的现实主义经典作品。如报告文学《谁是最可爱的人》《为了六十一个阶级兄弟》等；如体现革命斗争的《红岩》《林海雪原》等；反映新中国新面貌的《山乡巨变》《龙须沟》《创业史》等；小说有《刘胡兰小传》《董存瑞》等；还有《铁道游击队》《小兵张嘎》等优秀电影；大型音乐舞蹈史诗《东方红》等，这些艺术作品具有高度的思想性和艺术性，在中国文艺史上占有重要地位，在社会产生了极广泛的影响，极大地激发了人们建设社会

---

① 朱德思想生平研究会编：《缅怀先辈殊勋 发扬优良传统》，北京：中央文献出版社，2013 年，第 109 页。

② 朱冬生：《〈星火燎原〉：精心打造传世经典》，《解放军报》，2019 年 9 月 13 日，第 8 版。

③ 朱冬生：《〈星火燎原〉：精心打造传世经典》，《解放军报》，2019 年 9 月 19 日，第 8 版。

主义的热情，社会主义革命和建设时期是艰苦创业的时期，也是激情燃烧的岁月。

社会主义革命和建设时期，中国共产党为发掘、抢救和保护各类原生红色文化资源做出了巨大努力，许多领袖人物的故居和革命旧址得到整理和修缮，博物馆、纪念馆等革命纪念场馆得到大规模建设支持，举办了众多内容丰富的革命展览，开展了大量红色资源的保护和利用工作，取得了对文物保护工作的一些规律性认识，为改革开放新时期探索革命文物及红色资源保护工作提供了基础。

三、改革开放和社会主义现代化建设时期，加大红色遗产传承、保护和利用力度，社会效益和经济效益凸显

改革开放和社会主义现代化建设新时期，红色遗产的保护传承进一步提升，向法治化、专业化、规范化迈进，社会效益与经济效益提升。为加强文物保护，传承中华优秀传统文化，建设社会主义物质文明和精神文明。1982年，我国颁布了第一部《中华人民共和国文物保护法》，将党保护利用革命文物的主张转化为具有普遍约束力的法律规范。以《文物保护法》为中心，逐步建立起了行政法规、部门规章等相关法律框架，规范了红色资源保护。经济发展与文物保护的矛盾随着社会主义市场经济体制的建立变得更加突出。国务院先后于1992年、1995年召开两次全国文物工作会议，确立了"保护为主、抢救第一""有效保护、合理利用、加强管理"的原则和方针。1997年国务院颁布了《关于加强和改善文物工作的通知》提出了建立国家保护为主，动员社会参与的文物保护体制。

2002年修订的《中华人民共和国文物保护法》确立了"保护为主、抢救第一、合理利用、加强管理"的文物工作方针。文物保护法进一步明确了红色资源保护与利用的关系：保护是文物工作的基本任务和核心任务，保护中要抓住重点，利用要合理，要以保护为主、加强管理。2008年，又出台了《关于加强革命文物工作的若干意见》，对革命文物进行界定："包括各种具有重要纪念意义和教育意义的革命运动、重大历史事件或英烈人物，或者具有史料价值的近代重要史迹、实物、代表性建筑。"这对建立科学完备的红色文物保护管理体系和宣传教育体系起到了积极的指导作用。在改革开放新时期，红色文物收藏保护工作得到有效加强、基础设施条件明显改善、展示传播功能显著增强，红色文化资源保护与利用工作继续推进，进一步强化了红色资源的社会教育功能。红色遗产是最有说服力和感染力的爱国主义革命传统教材，在党的思想政治工作中一直占有十分重要的位置。1983 年，中宣部、中央书记处研究室印发《关于爱国主义宣传教育的意见》，要求充分利用各种革命历史文化资源，推进爱国主义教育。1984 年中宣部印发《关于加强革命传统教育的意见》，进一步重申了爱国主义和革命传统教育的重要性。这一时期社会主义精神文明建设取得了较大进展。

党的十三届四中全会于 1989 年 6 月召开，在这次会上对改革开放以来的经验教训进行了总结，认为要加强对人民尤其是青少年的思想政治工作，推动革命传统教育和思想教育。多部门联合印发《关于充分利用文物开展爱国主义和革命传统教育的通知》，指出要充分挖掘和发挥我们红色资源的丰富优势，"依托博物馆、纪念馆和各种革命遗迹、遗址开展爱国主义和革命传统教育活动"。[①]进入 21世纪，红色资源的社会教育功能进一步彰显，除了通过重要的纪念活动进行红色教育，还注重从各个方面、群体、领域发挥红色资源的育人价值。在改革开放的伟大历史进程中，红色基因得到了传承和创新，产生了浦东精神、九八抗洪精神、航天精神、奥运精神、世博精神、抗疫精神等，以创新、拼搏、奋斗的精神展现了民族精神的时代风貌，不断推动改革开放事业取得伟大成就。

市场经济为红色遗产挖掘利用、红色基因传承保护与发展开辟了广阔空间。以第四次文代会召开为标志，中共中央恢复了领导文化工作的"双百方针"，又指明了"文艺为人民服务、为社会主义服务"的方向，文坛艺苑空前活跃，红色文化呈现出多样态发展。在市场经济理念下，红色资源不仅仅是教育的资源和载体，同时也成为文学、影视、出版、音乐、美术等的创作素材，在文化产业视角中红色资源的物质载体和文化产品本身，成为推动经济发展的重要增长点。《抗日战争》《解放战争》《湘江之战》全景反映革命战争，再现了革命军人英勇战斗、不畏牺牲的精神；反映新中国及改革开放以来中国社会发生的翻天覆地的变化的文学作品有《哥德巴赫猜想》《人到中年》《平凡的世界》等。[②]在"弘扬主旋律、提倡多样性"的方针下，一批弘扬主旋律的优秀红色文艺作品取得了可观的

---

① 教育部思想政治工作司组编：《加强和改进大学生思想政治教育重要文献选编（1978–2014）》，北京：知识产权出版社，2015 年，第 118 页。
② 吴义勤：《百年中国文学的红色基因》，《光明日报》，2021 年 6 月 22 日，第 16 版。

经济效益。

2004 年,中共中央提出要大力发展红色旅游产业。2005 年出台《2004-2010年全国红色旅游发展规划纲要》,指出培育十二个"红色旅游重点区域",组织规划三十条"红色旅游精品线路"。革命遗址大多位于不发达的革命老区,红色旅游可以有效地将政治优势转变为经济优势,将经济优势转化为脱贫富民工程,带动革命老区发展。因此"发展红色旅游,既是一项经济工程,更是文化工程、政治工程,是一项利党利国利民的重大举措。"将以往红色旅游发展规划中红色旅游的重点由新民主主义革命拓展到自 1840 年鸦片战争以来的中国革命遗址遗迹,包括中华人民共和国成立后社会主义革命和建设以及改革开放新时期以来的纪念地,把红色遗产景区作为党员干部了解党史、锤炼党性的主要场所。红色旅游的开发将红色遗产的魅力转化为红色旅游的吸引力,不仅提升了旅游的品质和内涵,也促进了红色遗产的保护与传承,是红色遗产在改革开放和市场经济条件下传承、保护与开发利用的有效实践形式。

四、党的十八大以来,以习近平同志为核心的党中央高度重视红色遗产传承、保护和利用工作,不断加强顶层设计,加快形成红色遗产传承、保护和利用联动长效机制

党的十八大以来,以习近平同志为核心的党中央极度重视红色遗产保护利用和红色基因传承。2019 年,习近平在看望文艺社科界委员时,发表重要讲话,指出:"共和国是红色的,不能淡化这个颜色"。习近平总书记多次到访革命纪念地,他的足迹遍布了江西井冈山、山西吕梁、上海、浙江嘉兴、湖南汝城、广西全州等革命老区和革命圣地。《求是》杂志显示,2012 年 12 月至 2021 年 3 月间,习近平总书记在地方考察调研讲话时提及有关红色资源的次数有 32 次。[①] 他反复强调,要把红色资源作为教科书,切实发挥革命文物在党史学习教育、革命传统教育、爱国主义教育中的重要作用,以此坚定理想信念、不忘初心使命。在建党 100 周年之际,中央政治局就用好红色资源、赓续红色血脉又专门进行了第三十一次集体学习。以习近平同志为核心的党中央前所未有地重视红色遗产,推动了红色遗

---

① 习近平:《用好红色资源,传承好红色基因把红色江山世世代代传下去》,《求是》,2021 年,第 10 期。

产传承、保护与利用政策供给的强化，有利于革命文物保护制度的完善，有利于红色遗产保护长效管理机制的建立，以实现红色遗产传承保护高质量发展。

（一）完善革命文物保护制度，加强立法保护红色遗产顶层设计

2016年《关于加强革命文物工作的通知》发布，国家文物局据此会同有关部门和革命文物资源丰富的省（市、区），共同研讨加强保护传承的措施方法，拟定了摸清底数、顶层设计、加强保护、大力弘扬的工作思路。"十三五"以来，革命文物制度设计不断完善。中央军委2018年6月印发《传承红色基因实施纲要》。2018年7月出台《关于实施革命文物保护利用工程（2018-2022年）的意见》，这是第一个专门针对革命文物的中央文件，这是新时代红色文化资源保护和利用的重要指导方针。财政部、国家文物局联合印发《国家文物保护专项资金管理办法》，对保护革命文物给予资金倾斜，赞成革命文物保护利用片区进行整体陈列展示。国家发改委牵头修订《文化旅游提升工程实施方案中央预算内投资管理办法》，加大对红色旅游基础建设的投入。2019年11月，通过《长城、大运河、长征国家文化公园建设方案》。31个省（市、区）和新疆生产建设兵团制定了革命文物保护利用实施方案。制定革命文物保护利用"十四五"规划，推动革命旧址的维修保护和馆藏革命文物的修复保护工作，使一批革命文物保护项目得以进行储备、实施和完工，确保革命文物的真实性、完整性、文化连续性。

2014年8月，颁发《关于做好烈士纪念日纪念活动的通知》，将9月30日定为烈士纪念日，强调"要充分利用红色资源，加大烈士纪念设施保护力度，强化烈士纪念设施教育功能。"[①] 十三届全国人大常委会第二次会议2018年4月通过《英雄烈士保护法》，这是保卫英雄、发扬红色文化的法律保障。《中华人民共和国文物保护法》最新修订正在征求意见，拟进行修订的一个重要内容就是文物法将进一步明确革命文物类型，强化政府责任，加快红色遗产立法工作。江西率先在全国出台《江西省革命文物保护条例》，该条例于2022年1月1日起正式实施，进一步夯实了革命文物保护利用基础。2021年5月21日，《上海市红色资源传承弘扬和保护利用条例》由上海市人大常委会通过。这部专项立法提出了联席会议机

---

① 中共中央办公厅、国务院办公厅、中央军委办公厅：《关于做好烈士纪念日纪念活动的通知》，《人民日报》，2014年9月28日，第01版。

制、名录制度、长三角联动等体制机制和举措。《条例》第48条规定，鼓励社会参与红色资源传承弘扬和保护利用工作。红色遗产保护主体并不只是政府，还鼓励社会参与，企业投钱改建、运营维护，企业员工来担任讲解员，学校历史老师担任讲解员、志愿者，向公众宣传红色历史红色故事。2021年8月《河北省人民代表大会常务委员会关于加强革命文物保护利用的决定》颁布施行，并制定了《河北省红色文创产品开发促进方案》，为进一步加快推进红色文化遗产开发转化提供了指导。

新时代，各级党委和政府落实保护责任的意识显著增强、各级文物部门守土尽责、社会群体广泛参与，全社会对红色文化遗产保护与利用重要性的共识初步形成，革命文物保护利用取得重大进展。2012年，国家图书馆开启"革命文献与民国文献保护"计划，对红色文献的保护、整理和出版是其重点工作之一，形成了"革命历史文献资料丛编"系列，2021年出版《中国共产党党报党刊史料丛编（1920-1949）（第一辑）》《马克思主义在中国早期传播报刊文献汇编（1917-1927）》《革命和进步期刊汇编》《山东革命根据地红色期刊汇编》《山东革命根据地红色报纸汇编》。据不完全统计，不可移动革命文物全国有36万余处，可移动革命文物100余万件套，革命博物馆、纪念馆1600余座。公布两批共37个革命文物保护利用片区，覆盖全国1433个县，强化了系统保护。对赣南等原中央苏区革命遗址、延安革命旧址群等实施保护工程，革命文物保护状况得到有效改善。中共历史展览馆、上海中共一大纪念馆、北大红楼、中共早期北京革命活动旧址向公众开放，"十三五"期间推出革命文物展览4000多个，全国文物保护单位革命旧址开放率约为94%。

红色遗产是党和国家弥足珍贵的宝贵财富，在保护好革命文物本体的基础上，使红色文化资源从博物馆里、从书本中走出来，成为看得见、摸得着的资源宝库，使红色遗产"活起来"，是新时代的一大特征。加大红色遗产的应用研究力度，切实做好挖掘和创新工作。深入挖掘红色遗产，丰富红色文化教育的内容，一个重要的方面就是要深入挖掘红色遗产的内涵，进一步加强对红色遗产的调查记录、抢救挖掘、传承保护和系统研究，实现红色遗产在新时代的创新性发展和创造性转化。2021年8月，上海市档案局印发的《加强红色档案资源保护和利用工作的意见》中提出要全力推进红色档案数字化，落实数字赋能；要全力推进红色档案资源信息的集聚共享，开展红色档案信息归集，将数字化理念和技术应用于红色档案的科学保管保护和开发利用，让红色档案的收管存用插上数字化的翅膀，让红色档案资源在数字时代焕发出新的生命力。

（二）充分发挥红色遗产是"四史"学习教育鲜活生动教科书的作用

习近平总书记强调，"革命博物馆、纪念馆、党史馆、烈士陵园等是党和国家红色基因库""讲好党的故事、革命的故事、根据地的故事、英雄和烈士的故事，加强革命传统教育、爱国主义教育、青少年思想道德教育，把红色基因传承好，确保红色江山永不变色。"①党史学习教育中充分运用革命旧址、博物馆、纪念馆、展览馆和各类纪念设施，就近就便开展体验教学、主题党日等活动，就地取材开设"第二课堂"，把旧址遗址建设成"党史课堂"，把文物史料建设成"党史教材"，让英烈模范成为"党史教师"。推介庆祝中国共产党成立100周年精品展览，实施革命文物"三个百集"宣传传播工程，具体抓好百集革命文物故事微视频制作等工作，打造内容鲜活、形式新颖、群众喜爱的精品节目。开展好"百名红色讲解员讲百年党史"宣讲活动，推动宣讲活动进机关进学校、进部队，用心用情、用老百姓的语言、用人民群众喜闻乐见的形式，讲好党史中的"真理故事""人民故事""奋斗故事"。

每一个历史事件、每一位革命英雄、每一种革命精神、每一件革命文物，都代表着我们党走过的光辉历程、取得的重大成就，展现了我们党的梦想和追求、情怀和担当、牺牲和奉献，汇聚成我们党的红色血脉。《十八洞村的十八个故事》《战国红》《乡村国是》等描绘了脱贫攻坚伟大事业带来的历史巨变；《毛乌素绿色传奇》《告别伐木时代》《那山，那水》等讲述了当代中国践行绿水青山就是金山银山，建设绿色美丽家园的生动实践；《如果来日方长》《苍生在上》等呈现的是中国人民在抗击新冠疫情战疫中的伟大奉献精神和英勇斗争品质；《大国重器》《中国速度》等展现了国家建设的巨大成就。

围绕党和国家重要时间节点和重大战略，不同单位举办了一系列展演展览展

① 习近平：《用好红色资源，传承好红色基因，把红色江山世世代代传下去》，《求是》，2021年，第10期。

示活动。以建党百年为契机，大批红色题材精品力作涌现。实施庆祝建党百年舞台艺术精品创作工程，推出一批不同门类、不同题材的优秀舞台艺术作品共 140 部、美术佳作 180 多幅，其中《伟大征程》以大型情景史诗形式呈现，京剧《李大钊》、歌剧《红船》、舞剧《永不消逝的电波》等革命题材作品不断涌现，记录脱贫攻坚伟大历程和抗击新冠疫情的各类红色题材结合彩调剧、花鼓戏、豫剧等传统戏剧形式，在发挥各自艺术特色和剧种优势的同时，也在舞台上成功塑造出一个个感人至深的艺术形象，这些作品集中展现了中国共产党带领中国人民从站起来、富起来到强起来的伟大历程。

（三）注重创新红色遗产的传播方式，提高红色遗产传播的信度

习近平总书记指出："要运用新媒体新技术使工作活起来，推动思想政治工作传统优势同信息技术高度融合，增强时代感和吸引力。"[①] 红色文化网站、红色数据资料库、红色文化网上体验、红色遗产信息应用平台等信息平台的建设，对红色遗产的保护与利用起到良好的效果。央视播出百集特别节目《美术经典中的党史》，央视网与教育部高等教育司、中国传媒大学、党建杂志社联合高校推出的百集"微党课"短视频《红色文物青年说》。融媒体时代，推动线上线下融合发展，用好各种媒体、网络平台，推出一批既有深度又接地气，政治性、思想性、艺术性相统一，表现力、传播力、影响力突出的红色教育资源，让红色遗产活起来、"潮"起来。据统计，24 集文献专题片《敢教日月换新天》大屏首播的观众规模累计达 13.36 亿，成为近年来第一部首轮播出破 10 亿的文献专题片。小屏全网点击量达到 19.8 亿，微博相关话题阅读量超 24.14 亿，16 天共 22 次登上微博热搜榜，单个话题最高阅读量达 2.9 亿，成为"爆款"。近百年来，红色题材的艺术创作积累了丰富的经验，高质量艺术作品逐渐满足着人民日益增长的美好生活需要。

自第一个全国红色旅游发展规划纲要发布，发展红色旅游成为国家重点建设项目，自此，每五年都有一份新的规划纲要出炉。中央财政对于红色旅游的专项资金投入也在持续增加。着力完善基础设施、提升公共服务、深化内涵挖掘、推动红色旅游与红色培训等相结合，提高红色旅游资源智慧化、数字化水平，延展

---

① 习近平：《习近平谈治国理政》第二卷，北京：外文出版社，2017 年，第 378 页。

红色旅游产业辐射宽度和资源聚集深度,以"红色旅游+"推动多元业态融合发展,通过党建、研学、乡村观光、休闲度假等方式,进一步提升红色旅游产品的表达形式。扩大红色旅游受众规模,推动红色旅游持续健康发展,不断提升红色旅游发展水平,红色旅游逐步成为旅游发展新亮点。2004年全国参加红色旅游的人次为1.4亿,2019年上升到了14.1亿。在整个"十三五"期间,红色旅游出游人数均保持11%以上的市场份额。10年,已有40多亿人次选择"红色旅游"。2020年开始,"在遴选发布'建党百年红色旅游百条精品线路'基础上,推出更多红色文化主题的旅游景区景点和精品线路,吸引更多游客参与红色旅游,接受革命传统教育、爱国主义教育和国情教育,深入开展全国红色旅游创意产品和红色旅游演艺作品创新成果征集展示活动,实施红色旅游讲解员建设行动,办好全国红色故事讲解员大赛、中国红色旅游博览会,不断提升红色旅游发展水平,提高红色旅游资源智慧化、数字化水平,扩大红色旅游受众规模。"①

国家支持有条件的革命老区利用红色遗产发展红色旅游,促进群众就业增收,巩固拓展脱贫攻坚成果,更好服务乡村振兴。例如,湘赣边区域是典型的革命老区、欠发达地区和相对贫困地区。2019年,井冈山及其周边县(市、区)实现红色旅游收入1050亿元,接待游客1.2亿人次,让一大批贫困群众实现脱贫致富。

随着"文创热"不断升温,红色文创产品呈现出潮流化、年轻化特色。上海一大会址设计有石库门雕花式样的"望志路106号"冰箱贴、笔记本、明信片、立体书等多类产品。井冈山设计有体现红色元素的根雕、竹雕、纪念章、胸针、书法、刻章等多种文创产品。

百年恰是风华正茂,我们正向建成社会主义现代化强国的目标迈进,我们仍然需要继续用好红色遗产,弘扬光荣传统,赓续红色血脉,让红色遗产释放更强的凝聚力和感召力。同时,红色遗产的学理研究是实现红色资源科学有效开发、运用、转化的重要支撑。加大革命文物研究、展示力度,加强红色遗产研究阐释,挖掘思想内涵,突出价值引领,扩大红色基因传承的群众基础,使其焕发出时代的活力。如此,才能让革命事业薪火相传、血脉永续。

---

① 胡和平:《立足文化和旅游特色用好红色资源、传承红色基因》,《人民日报》,2021年7月19日,第13版。

第二节　井冈山红色遗产传承、保护与开发利用的现状和问题

井冈山红色遗产是珍贵的不可再生的政治资源和精神文化资源，也是我国红色遗产不可替代的组成部分。井冈山红色遗产十分丰富，涵盖红色旧居旧址、红色文物、红色文献、井冈山精神等，包括有形遗存、无形遗存两部分。调研组通过对井冈山斗争时期遗留下来的红色遗产进行专项普查登记，形成井冈山红色旧居旧址、井冈山红色文物、井冈山红色文献索引目录汇编（见附录）等三个井冈山红色遗产数据库，并对井冈山红色遗产传承、保护与开发展开田野调查，梳理了井冈山红色遗产传承、保护与利用的现状及问题，并提出了针对性的对策及建议。

一、井冈山红色遗产传承、保护与开发利用的现状

井冈山以红色旅游发展为契机，大力打造红色遗产传承、保护和开发综合利用的高地；加强基础设施建设，不断夯实红色遗产传承、保护和开发利用的物质基础；理顺管理体制机制，加大红色遗产和中华优秀传统文化等资源的整合力度；依托红色遗产开展红色培训，充分发挥其传承红色基因、赓续红色血脉的独特作用。

（一）以红色旅游发展为契机，大力打造红色遗产传承、保护和开发综合利用的高地

2016 年 10 月，新出台的全国红色旅游发展三期规划纲要要求红色旅游经典景区体系要日益完善，教育功能要更突出，经营管理要更规范。《中华人民共和国"十三五"旅游业发展规划》明确提出发挥红色旅游在脱贫攻坚中的积极作用，突出社会效益，强化教育功能，把红色旅游打造成常学常新的教育课堂，进一步增强"四个自信"，增强红色旅游的发展活力。

国家层面的规划和指导，带领了红色旅游发展的春风，井冈山红色旅游在前期发展的基础上，立足现实，着眼长远，开始向新的目标推进。井冈山要紧紧抓住红色旅游大发展的机遇，大力打造红色遗产传承、保护和开发综合利用的高地。井冈山以中国革命摇篮著称，中国共产党在此开辟了"农村包围城市，武装夺取政权"的井冈山道路。经课题组田野调查，井冈山及其周边迄今保存完好的革命遗址、旧址有 130 多处，其中列入国家重点文物保护单位的就有 38 处。红色旧

居旧址包括：茨坪革命旧址群 15 处、大小五井旧址群 10 处、茅坪革命旧址群 23 处、龙市革命旧址群 12 处、五大哨口旧址群 7 处、黄坳革命旧址群 7 处、下七革命旧址群 4 处、永新革命旧址群 13 处、遂川革命旧址群 8 处、万安革命旧址群 2 处、吉安革命旧址群 4 处、安福革命旧址群 2 处、莲花革命旧址群 1 处、茶陵革命旧址群 2 处、桂东革命旧址群 5 处、炎陵革命旧址群 3 处（详情见附录一）。井冈山被国家文物局列为"全国优秀社会教育基地"，被中宣部等六部委列为首批"全国爱国主义教育示范基地"。红色文物包括：档案文书 56 份、文件与宣传品 22 份、图书报刊 107 份、文具 7 份、题词手稿 52 份、画像照片 15 份、钱币 45 份、服装标识 59 份、武器 13 份、其他 164 份（详情见附录二）、红色文献 98 份（详情见附录三）。

（二）加强基础设施建设，不断夯实红色遗产传承、保护和开发利用的物质基础

井冈山位于湘赣交界处罗霄山脉中段，和长沙相距 350 公里，距郴州、衡阳 160 公里，距南昌 310 公里，是中三角、长三角、闽三角、珠三角这一华南四大黄金板块的腹地中心，地理区位优势明显。东接江西泰和、遂川二县，南接江西赣州市，西接湖南炎陵、茶陵，北邻永新，是江西省的西南门户。

中华人民共和国成立后，经过几代人的艰苦奋斗，特别是近年来的重点建设，井冈山的交通已十分便利。2005 年 4 月泰井高速通车，东接赣粤高速，西接井冈山。这条高速公路起点是泰和县，终点是井冈山，途中经泰和县、吉安县和井冈山市的十余个乡镇，这条高速完善了江西公路网络，连接了井冈山和外界高速网。井冈山机场距茨坪 88 公里，在打通陆路之后又打通了空中通道。2004 年，井冈山机场开通深圳、北京两条航线，2007 年起，先后增开上海、西安、成都、广州、深圳、厦门、珠海、昆明等航线，出行路线越来越便捷。尤其是 2007 年 6 月 28 日，井冈山铁路全线建成通车，井冈山与外界的距离被拉近了。铁路从京九线吉安南站出发，途经吉安、永新、泰和三县，最终到达井冈山市厦坪镇。正在建设中的渝长厦高速铁路，也在井冈山设立停靠站。公路、铁路、民航、高铁陆续开通，大大改善了井冈山的交通条件，为全国各地游客到井冈山观光旅游提供了便利，对于井冈山红色遗产的开发利用，推动经济社会高质量发展，推进乡村振兴，具有十分重要的意义。

2005 年 9 月 29 日，井冈山革命纪念地建设工程暨全国爱国主义教育示范基地"一号工程"在茨坪开工，为顺利实施井冈山"一号工程"，整合红色遗产旅游资源，保护生态环境，提高旅游接待能力，更好地发挥红色遗产的作用，井冈山行政中心从 2005 年起分步迁至 30 公里外的厦坪。2007 年，井冈山革命博物馆新馆落成，同时对旧址周边的环境进行整治，对生态环境进行保护，"一号工程"给井冈山红色旅游增加了新内涵，促进了经济社会快速和谐发展。据有关部门的统计，2019 年井冈山共接待国内外游客 1930 余万人次，确立了井冈山在全国红色旅游中的引领地位和标杆作用。

（三）理顺体制机制，加大红色遗产和中华优秀传统文化等资源的整合力度

井冈山市利用发展红色旅游的大好机遇，理顺管理体制，处理好了"蛋黄""蛋清""蛋壳"的关系。在 2004 以前，井冈山红色旅游的发展面临很多体制障碍。井冈山原有管理体制，可以比作"蛋黄""蛋清""蛋壳"的关系——井冈山革命博物馆隶属于省文化和旅游厅、井冈山自然保护区管理局隶属于省林业厅、井冈山垦殖集团隶属于省农垦厅，一座山上有三个"婆婆"。井冈山市委市政府通过向上级部门积极争取，自然保护区和垦区集团都决定下放属地管理；负责红色遗产管理的井冈山革命博物馆划归市委市政府直接管理，省文化和旅游厅仅做业务指导。井冈山逐步形成了管理集中、职责明确、利益共享的管理体制，促进了井冈山红色遗产景区各类利益群体的可持续发展。

井冈山政府保护开发红色遗产的同时，大力发展红色产业，努力将红色遗产转变为经济发展优势。在当地政府的积极支持下，当地民众和一批有远见的企业家开发了一系列具有井冈特色的旅游产品，有毛泽东诗词竹匾、竹凉席、竹笔筒、竹雕、竹玩具等竹制品；同时还延伸了红色食品产业链，开发了红米酒、井冈茶等特色产品。这些在井冈山斗争时期深受红军喜爱的红色遗产被打造成特色品牌，深受游客欢迎，助推了老区经济发展。

井冈山峰峦叠嶂，形态各异。景点有 70 多处，景观 270 多处。井冈山主峰是 1990 年版百元大钞的背景图案，还有雄伟的瀑布、耀眼的溶洞、壮丽的日出、著名的十里杜鹃花长廊、享誉世界的黄洋界、八角楼；登高可远眺云海、飞云；

探险可观奇峰、奇石、峭壁；它把"泰山的雄、黄山的奇、华山的险、峨眉的秀"融为一体。

井冈山还有"古色"优势，井冈山古称"庐陵西麓"，以庐陵文化著称于世。1930年2月，毛泽东写下名句"十万工农下吉安"。自唐宋至明，吉安的科举进士多达3005人，其中状元21人，绘就了"一门六进士，五里三状元，九子十知州，十里九布政，百步两尚书"的历史画卷。吉安市现有重点文物保护单位300余处，其中国家级20余处，省级30余处，有民族英雄文天祥纪念馆；有国宝"木叶天目"；有江南四大书院之一的白鹭洲书院；同时还有宋代吉州古窑遗址……这些都为融合红色旅游资源和古色旅游资源发展打下了坚实基础。

（四）依托红色遗产开展红色培训，充分发挥传承红色基因、赓续红色血脉的独特作用

井冈山是中国共产党人永远的精神家园。在这块红色的土地，洒满了革命先烈的鲜血，见证了一段伟大的革命历程，铸就了一座巍峨的精神丰碑。这座丰碑，永远铭刻着革命先辈的丰功伟绩，永远传承着中国共产党人的优良传统，永远维系着中国共产党人的精神血脉。井冈山及周边130多座保存完好的革命旧居遗址和大量宝贵史料，见证了井冈山革命斗争的历史，高度凝聚了井冈山精神，为进行党性锤炼和理想信念教育提供了生动独特的素材。

井冈山两年零四个月的斗争历史，不仅留下了极其丰富而宝贵的精神财富和历史经验，而且还留下了许多治党、治国、治军的方法。学习这段历史，有利于领导干部提高马克思主义素养。学员通过学习，有助于增强对党的忠诚意识和作为组织成员的光荣感、归属感。井冈山红色遗产把井冈山斗争时期的历史经验与改革开放和现代化建设的实践相结合，不仅内容生动新鲜形象，还容易震撼受教育者的心灵，这一改思想教育说教空洞的特点，使党性教育具有时代性、针对性、实效性。

红米饭南瓜汤，朱德的扁担，八角楼的灯光，"三大纪律、六项注意"，这些永恒、经典的历史片段和场景，是井冈山时期共产党人党性党风党纪的表现，是中国共产党人优良传统及精神的主要源泉，是我们党和整个民族的宝贵财富，是新时代干部锤炼党性的精神宝库，也是干部教育培训的珍贵资源。据统计，2017年井冈山共举办了 7818 期培训班,培训学员 46.17 万人次,实现了"培训 + 生态旅游""培训 + 文化创意""培训 + 运动""培训 + 养生""培训 + 互联网"的多产业辐射发展。

二、井冈山红色旅游资源保护与开发中亟待解决的问题

(一)对红色遗产的认识不足,保护力度不够

井冈山及周边迄今保存完好的旧居旧址有 130 多处,其中列入国家重点文物保护单位的就有 38 处,留下了"一根灯芯""朱德的扁担""写满错别字的入党誓词""有盐同咸无盐同淡"等感人的故事,是一片充满红色记忆的红土地。同时,也存在对红色遗产"正本清源、固根守魂"的重要作用认识不足,革命文物法规意识淡薄,红色遗产的传承保护和利用不到位等问题。对红色遗产的调查保护、内涵的价值挖掘,红色遗产传承什么、怎么传承、如何保护、如何开发等基础工作的系统研究还不够深入,有些人甚至认为保护是一种包袱,只算眼前经济账,较少考虑红色遗产的社会效益。

在推动形成全面开放格局的实践中,要高度重视逐利性价值取向,部分人,甚至少数党员、干部对革命传统的淡漠,对理想信念的淡化等问题。我国的教育、文化、就医、就业、人居环境等各个方面的确还存在一些问题,特别是地区差异大,制度的碎片化,普惠性、基础性、兜底性民生建设等方面还需要统筹协调,这些问题影响了一些群众的情绪与认知,也相应地产生了一些社会问题,导致一些人甚至认为社会的发展与革命先辈的追求有些差别,再提倡加强红色遗产传承保护的意义不大等原因也影响了大众的认知。

(二)红色遗产的政治价值、经济价值、教育价值、社会价值的深入发掘有待加强

红色遗产是"最好的教科书""最好的营养剂",带有鲜明的中国特色和党的烙印,对于党性教育和价值观培育有着极其重要的作用。推进红色基因传承,是习近平总书记特别强调:"井冈山精神和苏区精神是我们党的宝贵精神财富,要永远铭记、世代传承,教育引导广大党员、干部在思想上正本清源、固根守魂,始终保持共产党人政治本色。"然而,对井冈山精神与伟大建党精神之间的渊源关系的研究不够深入,相关研究还停留在碎片化和零散化的阶段,对红色遗产的政治价值、经济价值、教育价值、社会价值的深入发掘有待加强,红色遗产的相关价

值没有得到充分展现，红色基因活化传承示范效应不强。

红色遗产传承的目的在于传承红色基因、赓续红色血脉，培养具有爱国主义、集体主义和奉献精神的时代新人。但现实生活中服务精神与奉献精神不足等价值观念还不同程度地存在，甚至还有一些人比较功利，讲究利益，过分追求物质享受；有些人过分强调个人价值和个人利益。实用性、功利性价值观的存在和传播，对红色遗产传承、保护产生了不利的影响。

（三）红色遗产保护经费投入不足，修缮维护难以有序开展

在红色遗产的修缮维护上，国保、省保的文物单位投入以中央、省财政资金为主，大量的市县级和未定级的不可移动的红色遗产由于数量庞大、投入有限，地方财政投入不足，科学保护和有效传承难以为继。目前的红色遗产旧居旧址有许多都是民国乃至明清时期的古建筑，古建筑在保护方面的专业要求很高，每平方米的修缮经费在 5000 至 7000 元，一个旧居旧址的修缮保护经费需求动辄上百万元，地方财力很难满足传承保护的需要。

（四）从事红色遗产传承、保护与开发利用的专业技术人才缺乏

井冈山关于红色遗产研究与管理的专业技术人才缺乏，一直是制约红色遗产进行科学有效传承和保护的短板。以井冈山革命博物馆为例，该馆共有 130 个编制，编研陈列室只有 13 人，需负责红色遗产研究、史料征集和研究宣传工作；井冈山斗争史陈列设计和展板制作；旧居旧址和各种陈列设施的维修保护；文物征集、鉴别、研究、保管、复制、利用和建档工作；旧居旧址周边环境的整治和保护等工作。人力资源与其所承担的红色遗产传承、保护的繁重工作极不相称。

（五）红色遗产整合力度不够，红色遗产开发中的跨区域合作不够

由于缺乏跨区域长远规划，井冈山斗争所形成的红色遗产散布在两省六县一市甚至更偏远的区域，导致部分红色遗产点存在孤立现象。井冈山地处湘赣两省之交的罗霄山脉中段，行政管辖下的地域分割，给不同区域红色遗产资源的整合带来很大的难度，影响了红色遗产集群保护及开发利用的集聚效应，难以实现市内、省内乃至与全国联动的深度合作。

从井冈红色遗产来看，井冈山及其周边蕴藏着丰富的"红""绿""古""客家"资源，红色遗产产业结构不合理，缺乏优质的红色遗产项目。游客可选择参加的

旅游项目和活动较少，井冈山在购物、娱乐休闲等方面缺乏自身特色的旅游商品及项目，其和国内大部分景区差不多。因此，不可能让游客在这里长期停留，这对进一步提升井冈山旅游经济效益有较大影响。在没有科学规划和资源整合的情况下，难以发挥红色感召市场、绿色稳定市场、古色及客家文化拓展市场的组合效应，难以使红色遗产传承、保护和开发利用成为广大党员干部以及游客的初心使命之旅、寻根之旅、补钙之旅、加油之旅。

（六）红色遗产文创产品呈现方式单一，缺乏参与性、互动性、体验性

井冈山革命博物馆采用声光电等表现方式，增强游客吸引力，以中国井冈山干部学院为首的培训机构也采用了形式多样的党性、党风、党纪教育方式，但总体而言，井冈山红色遗产文创项目的互动性相对欠缺，大多数旧居和文物以静态展陈为主。游客只能看、只能听，不能摸、不能碰，缺乏深度参与、体验和互动，红色遗产文创产品呈现方式单一，无法通过生动、形象的展示方式表现出历史的原貌和深厚的红色遗产底蕴。网络已成为社会信息传播、人际交往的基本手段。特定的时代会形成相应的时代文化，红色遗产的传承和保护也因此受到冲击和碰撞。如何在网络社会大力推进红色遗产的传承、保护是亟待解决的课题。

（七）市场经济发展对红色遗产产生冲击，红色遗产产权保护形势严峻

当前，随着经济发展水平的提升和人们物质生活的丰富，社会生活也发生着新的变化，现实生活中的娱乐化、世俗化，使一些人对发生在眼前的事情更为关心，客观上消解了人们对政治的参与热情。市场经济的逐利性强化了人们的市场观念和竞争意识，但也造成部分人只关注个人利益，集体观念淡化，对国家的前途和民族命运的关注不够，缺乏家国情怀和对社会、家庭、事业的担当责任，对国家利益和社会公众事业不够关心，这无疑给红色遗产传承保护带来了一些消极影响。

井冈山红色遗产品牌流失日益加剧，新兴知识产权保护迫在眉睫。笔者通过中国商标局官网、中国商标网查询了解到，大量红色遗产标志性名称被抢注商标，如井冈山、五指峰、黄洋界等。其中，"井冈山"被济南元首针织有限公司注册为内衣品牌；"井冈山"还被浙江某酒行公司注册，核定商品为矿泉水；"井冈jinggang"被江西盐矿有限公司注册，该公司不在井冈山，但以"井冈"为招牌经营盐业，与红色遗产无关。

第三节　井冈山红色遗产传承、保护与开发利用的对策建议

一、不断完善红色遗产传承保护制度，加强红色遗产传承、保护与开发利用

率先出台的《江西省革命文物保护条例》已于 2022 年 1 月 1 日正式实施，夯实了井冈山红色遗产传承保护和开发利用的制度基础。笔者建议编制井冈山片区红色遗产保护利用专项规划，开展红色遗产专项调查，建立红色遗产数据库；实施红色遗产集中连片传承保护与开发利用工程，加大革命旧居旧址修缮力度，打造红色遗产保护传承示范基地；统筹好抢救性保护和预防性保护、本体保护和周边保护、单点保护和集群保护，建立红色遗产传承保护常态化、长效化机制。

井冈山红色遗产是中国革命斗争史的遗迹，是一种不可再生、具有地域局限性的稀缺资源。这些资源与周围的地理人文环境密切相关。在开发利用过程中，任何现有建筑及其环境面貌一旦被破坏就无法复制，哪怕是在原地按原样重建，这些复制品也丧失了原物固有的历史内涵、历史见证。所以，要让政府在红色遗产继承、保护、开发和利用中充分发挥主导作用。要加强各级政府领导职能，推动形成政府加强领导、各级职能部门紧密配合、公众积极参与的红色遗产保护发展新机制，形成红色遗产传承、保护和开发长效联动机制。充分调动群众对红色遗产传承保护的认同感、使命感、自豪感，成立由村民及家庭为主体的群众性基层红色遗产保护组织，并按照红色遗产传承保护和管理的现实需要，合理聘用专业人士进行管理，使红色遗产传承、保护工作做到无懈可击。2021 年中国红色旅游博览会的成功举办，井冈山文化旅游协会的成立，红色教育培训机构的集中联审，还有井冈山旅游发展公司、井冈山文化旅游集团公司的上市之旅，为井冈山旅游发展插上了腾飞的翅膀，更拉开了打造"世界红色旅游目的地、国际知名旅游休闲度假区"的序章。

二、深入挖掘红色遗产的价值内涵，实现创新性发展和创造性转化

习近平总书记强调"革命博物馆、纪念馆、党史馆、烈士陵园等是党和国家红色基因库""每一个历史事件、每一位革命英雄、每一种革命精神、每一件革命文物，都代表着我们党走过的光辉历程、取得的重大成就，展现了我们党的梦想

和追求、情怀和担当、牺牲和奉献，汇聚成我们党的红色血脉。"笔者建议建设井冈山红色基因传承研究中心，开展红色遗产系统研究；深入挖掘红色遗产的思想内涵和时代价值，尤其是厘清红色遗产与马克思主义中国化时代化最新发展成果的逻辑关联，实现红色遗产在新时代的创新性发展和创造性转化。要让红色遗产发挥教化育人、凝心聚力的作用，使井冈山成为全国党员干部传承红色基因、赓续红色血脉的入党第一课、入职第一课和示范性教育培训基地。引导广大党员干部深刻领会"两个确立"的决定性意义，进一步增强政治自觉，把红色基因传承好，确保红色江山永不变色。

只有正确认识当下，才能正确把握未来。井冈山的红色遗产为当今判断行为的得失及善恶美丑提供了价值取向，为利益取舍和道德选择确定了"参照系"，更为我国核心价值观的建设提供了丰富的教育资源及广阔的平台。游客前往井冈山开展红色之旅，在欣赏祖国大好河山、体验民俗风情中释放身心压力；通过观赏人文景观、缅怀先烈、了解历史文化，可以丰富自己的人生阅历，强化民族认同感，精神得到享受，觉悟受到启迪。井冈山红色遗产是革命历史的精华，要用心用情、用老百姓的语言、用人民群众喜闻乐见的形式展现好红色文化，"我们要讲好党的故事、讲好红军的故事，讲好西路军的故事，把红色基因传承好。"笔者认为党史部门可以和有关专家学者密切合作，还可以开展全国性学术研讨活动或高层论坛，进一步论证历史事件，进一步增强井冈山在全国学界的影响力，精心铸就红色品牌。

三、加大红色遗产经费投入，走传承、保护与开发相结合的高质量发展之路

要有效保护红色遗产，仅靠国家输血拨款是不够的，要设立维修、保护革命遗址的专项经费，始终坚持"保护为主、抢救第一、合理利用、传承发展"的方针，走传承、保护、开发相融合的高质量发展道路，让红色遗产具备自身造血功能。要打破行政区划限制，着眼全国，围绕党和国家重要时间节点和重大战略，统筹规划、合理配置资源，正确处理好旅游接待能力与环境承载能力、红色遗产开发与保护的关系。充分挖掘、开发、整合湘赣边红色遗产资源，参考、借鉴《长城、大运河、长征国家文化公园建设方案》，将井冈山沿线红色、绿色、古色景点串起来，打造更多以红色文化为主题的旅游景点和精品路线。实现从"一红独大"到红绿古交相辉映。井冈山红色旅游已进入快车道，游客人数逐年大幅增加，不仅对旅游接待能力提出了更高要求，还对环境承载能力提出了新课题。

另一方面，应正确处理红色遗产传承、保护和开发的关系，坚持科学发展观，走高质量发展道路。要营造优良投资环境，吸引社会资金参与井冈山红色遗产服务设施等配套旅游项目的开发。旅游区域合作是指树立大市场、大旅游观念，打破行政壁垒和区域封锁，避免条块分割。旅行社可以通过联合规划把区域内外的旅游资源组合成各类旅游产品，满足不同层次游客的需求，共同推动红色遗产旅游可持续发展。井冈山要努力争取使各级政府和部门给予更多政策优惠，用以推动井冈山红色遗产的传承、保护和深度开发。要继续加大服务设施建设投入，要推动休闲生活设施建设，让游客有看有玩有吃，为游客提供娱乐、生活的便利设施。

四、加强红色遗产人力资源的开发与管理，不断充实专业技术人才队伍

专业人才是红色遗产传承保护和开发利用的生力军，要加大专业人才培养力度，建立健全激励人才培养、选拔、管理、考核机制，要把引进和培养高素质的人才作为促进井冈山红色遗产高质量发展的重要工作来抓，结合实际制定人才引进和发展支持政策，使数量庞大的红色遗产得到专业人员的科学保护和开发利用，使红色遗产的价值得到充分发挥。要合理增加地方党史办、方志办、文化馆、博物馆等部门的科研人员编制，适度地在革命纪念场馆设立一些研究机构，努力打造一批高层次红色遗产研究队伍、高水平红色遗产传承保护和开发利用专业队伍、高素质红色遗产宣讲队伍，不断提高红色遗产传承保护管理水平和服务质量。

五、利用红色遗产发展红色旅游，巩固拓展脱贫攻坚成果，更好服务乡村振兴

依托红色遗产井冈山发展红色旅游，是一项深入民心的政治工程、经济工程、文化工程和乡村振兴工程。旅游一直是井冈山的"金字招牌"，为将"招牌"吆喝得更响，将"山水经"念得更活，井冈山按照"转型保总量、融合保质量、开放保效益"的思路，全面打响了旅游发展"保卫战"。要利用红色遗产大力发展红色旅游，完善基础设施、提升公共服务，推动红色遗产与乡村旅游、生态旅游、红色培训等相结合，提高红色遗产智慧化、数字化水平，延展红色旅游产业辐射宽度和资源聚集深度，以"红色旅游+"推动多元业态融合发展，通过党建、研学、乡村观光、休闲度假等方式，进一步提升红色旅游产品的表达形式。

红色遗产的开发利用将会巩固拓展脱贫攻坚成果，促进乡村振兴，带动老区转型跨越发展。2019 年井冈山实现红色旅游收入 160 多亿元，接待游客 1930 多万人次，让老区人民率先脱贫走向共同富裕，革命老区焕发出新的生机和活力。井冈山应把红色遗产资源与周边旅游资源进行联动开发，和助力革命老区脱贫攻坚密切结合，与乡村振兴密切结合，不断提升红色遗产传承和保护的科学化水平。

六、注重创新红色遗产的传播方式，提升传播效度和信度

要用新媒体、新技术让工作活起来，推动思政工作传统优势与信息技术高度融合，强化时代感和吸引力。要推进红色遗产档案数字化，落实数字赋能；推进红色遗产档案资源信息的集聚共享，开展红色遗产档案信息归集，将数字化理念和技术应用于红色遗产档案的科学保管保护和开发利用。要加快红色遗产网站、红色遗产数据资料库、红色遗产网上体验、红色遗产信息应用平台等信息平台的建设，推动线上线下融合发展，用好各类自媒体、新媒体以及网络平台，让红色遗产在数字时代焕发出新的生命力，让红色遗产活起来、"潮"起来，进一步提升传播效度和信度。

宣传井冈山红色遗产应提供详尽充分的资料，不但要展现动人的故事、惊险的战斗、崇高的革命精神，还要展示迷人的生态风光和独特的客家文化。让"绿色""古色"更好地衬托"红色"。应积极利用媒体、互联网、对外宣传资料、重大纪念活动、专题展览、文艺演出等形式，开展红色旅游宣介，使广大党员干部和群众深刻领会井冈山精神的内涵。

附录一：

井冈山红色遗产数据库——红色旧址索引目录汇编

一、茨坪革命旧址群

JGS-HSYC-JZ-0001　毛泽东同志旧居

JGS-HSYC-JZ-0002　红四军军部旧址（含朱德同志旧居）

JGS-HSYC-JZ-0003　红四军军官教导队旧址

JGS-HSYC-JZ-0004　新遂边陲特区公卖处旧址

JGS-HSYC-JZ-0005　红四军军械处旧址

JGS-HSYC-JZ-0006　中共湘赣边界特委旧址

JGS-HSYC-JZ-0007　行洲红军标语墙

JGS-HSYC-JZ-0008　湘赣边界防务委员会旧址

JGS-HSYC-JZ-0009　新遂边陲特别区工农兵政府旧址

JGS-HSYC-JZ-0010　旗锣坳战斗遗址

JGS-HSYC-JZ-0011　红军游击队山洞

JGS-HSYC-JZ-0012　湘州红军造币厂旧址

JGS-HSYC-JZ-0013　王佐故居

JGS-HSYC-JZ-0014　彭德怀发银元遗址（茨坪北桥）

JGS-HSYC-JZ-0015　井冈山红军学校遗址（茨坪黄竹坳）

二、大小五井旧址群

JGS-HSYC-JZ-0016　大井毛泽东同志旧居

JGS-HSYC-JZ-0017　大井朱德和陈毅同志旧居

JGS-HSYC-JZ-0018　大井乡工农兵政府旧址

JGS-HSYC-JZ-0019　王佐烈士墓（含大井红军烈士墓）

JGS-HSYC-JZ-0020　大井练兵场遗址

JGS-HSYC-JZ-0021　小井红四军医院旧址

JGS-HSYC-JZ-0022　小井红军重伤病员殉难处遗址

JGS-HSYC-JZ-0023　红军重伤病员藏身山洞及红军造币厂遗址

JGS-HSYC-JZ-0024　上井红军造币厂旧址

JGS-HSYC-JZ-0025　毛泽东宣布"三项纪律"的地点——雷打石

三、茅坪革命旧址群

JGS-HSYC-JZ-0026　湘赣边界前委和特委旧址（含红军医院旧址）

JGS-HSYC-JZ-0027　湘赣边界党的"一大"旧址

JGS-HSYC-JZ-0028　八角楼毛泽东同志旧居

JGS-HSYC-JZ-0029　士兵委员会旧址（含陈毅同志旧居）

JGS-HSYC-JZ-0030　湘赣边界工农兵政府旧址

JGS-HSYC-JZ-0031　湘赣边界第二次党代会旧址

JGS-HSYC-JZ-0032　中国工农革命军第一师师部旧址

JGS-HSYC-JZ-0033　中国红军第四军军部旧址

JGS-HSYC-JZ-0034　红四军二十八团团部旧址

JGS-HSYC-JZ-0035　红四军军需处旧址

JGS-HSYC-JZ-0036　红四军三十二团团部旧址

JGS-HSYC-JZ-0037　红四军二十九团团部旧址

JGS-HSYC-JZ-0038　袁文才、王佐部队升编旧址

JGS-HSYC-JZ-0039　红军军械修理所旧址

JGS-HSYC-JZ-0040　红四军三十一团团部旧址

JGS-HSYC-JZ-0041　茅坪枫石

JGS-HSYC-JZ-0042　步云山红军练兵场旧址

JGS-HSYC-JZ-0043　工农革命军后方留守处旧址

JGS-HSYC-JZ-0044　茅坪乡工农兵政府旧址

JGS-HSYC-JZ-0045　袁文才烈士墓

JGS-HSYC-JZ-0046　大陇毛泽东同志旧居

JGS-HSYC-JZ-0047　红军染布房旧址

JGS-HSYC-JZ-0048　红军被服厂旧址

JGS-HSYC-JZ-0049　茅坪红军烈士墓

JGS-HSYC-JZ-0050　茅坪红军井

JGS-HSYC-JZ-0051　茅坪红军粮库旧址

JGS-HSYC-JZ-0052　茅坪红军交通站旧址

JGS-HSYC-JZ-0053　睦村战斗遗址

JGS-HSYC-JZ-0054　坳头陇"布袋战"战斗遗址

JGS-HSYC-JZ-0055　大陇红色圩场旧址

JGS-HSYC-JZ-0056　茅坪谢甲开墓

JGS-HSYC-JZ-0057　乔林党支部旧址

四、龙市革命旧址群

JGS-HSYC-JZ-0058　红四军建军广场旧址

JGS-HSYC-JZ-0059　朱德、毛泽东会见旧址（含红军教导队旧址）

JGS-HSYC-JZ-0060　古城会议会址

JGS-HSYC-JZ-0061　柏路会议会址

JGS-HSYC-JZ-0062　红四军军部旧址

JGS-HSYC-JZ-0063　新城战斗遗址（含南门城楼和部分城墙）

JGS-HSYC-JZ-0064　棋山指挥亭旧址

JGS-HSYC-JZ-0065　毛泽东和袁文才大仓会见旧址

JGS-HSYC-JZ-0066　毛泽东同志旧居（蔡家田村）

JGS-HSYC-JZ-0067　红五军军部旧址（黄夏村）

JGS-HSYC-JZ-0068　中共宁冈县委旧址、共青团宁冈县委旧址

JGS-HSYC-JZ-0069　坳里乡柴冲亭遗址

五、五大哨口旧址群

JGS-HSYC-JZ-0070　黄洋界哨口工事遗址

JGS-HSYC-JZ-0071　黄洋界哨口营房旧址

JGS-HSYC-JZ-0072　黄洋界槲树

JGS-HSYC-JZ-0073　桐木岭哨口工事遗址

JGS-HSYC-JZ-0074　八面山哨口工事遗址

JGS-HSYC-JZ-0075　双马石哨口工事遗址

JGS-HSYC-JZ-0076　朱砂冲哨口工事遗址

六、黄坳革命旧址群

JGS-HSYC-JZ-0077　黄坳毛泽东同志旧居

JGS-HSYC-JZ-0078　黄坳战斗遗址

JGS-HSYC-JZ-0079　黄坳红军物资转运站旧址

JGS-HSYC-JZ-0080　洪石红军标语旧址

JGS-HSYC-JZ-0081　黄坳红军烈士墓

JGS-HSYC-JZ-0082　黄坳陕西岭排头兵故事遗址

JGS-HSYC-JZ-0083　黄坳雁塔桥战斗遗址（杨得志入党地址）

七、下七革命旧址群

JGS-HSYC-JZ-0084　龙潭红军标语墙

JGS-HSYC-JZ-0085　竹坝红军标语墙

JGS-HSYC-JZ-0086　黄泥红军标语墙

JGS-HSYC-JZ-0087　下七红军烈士墓

八、永新革命旧址群

JGS-HSYC-JZ-0088　三湾改编旧址群

JGS-HSYC-JZ-0089　贺页朵入党誓词保存地——才丰乡北田村榨油坊

JGS-HSYC-JZ-0090　《贺页朵入党誓词》纪念馆永新县才丰乡北田村

JGS-HSYC-JZ-0091　贺子珍故居——永新县烟阁乡黄竹岭村

JGS-HSYC-JZ-0092　红四军军委旧址群

JGS-HSYC-JZ-0093　塘边毛泽东同志旧居

JGS-HSYC-JZ-0094　红四军三十一团团部旧址

JGS-HSYC-JZ-0095　湘赣边界临时特委旧址

JGS-HSYC-JZ-0096　张子清墓

JGS-HSYC-JZ-0097　龙源口桥

JGS-HSYC-JZ-0098　七溪岭战斗指挥所旧址（望月亭）

JGS-HSYC-JZ-0099　七溪岭战斗遗址

JGS-HSYC-JZ-0100 湘赣省委机关旧址

九、遂川革命旧址群

JGS-HSYC-JZ-0101 遂川县工农兵政府旧址

JGS-HSYC-JZ-0102 遂川联席会议旧址

JGS-HSYC-JZ-0103 遂川毛泽东同志旧居

JGS-HSYC-JZ-0104 遂川县李家坪（六项注意诞生地）

JGS-HSYC-JZ-0105 遂川县草林红色圩场旧址

JGS-HSYC-JZ-0106 草林毛泽东同志旧居

JGS-HSYC-JZ-0107 遂川县大汾战斗遗址

JGS-HSYC-JZ-0108 遂川戴家铺王展程遇难处

十、万安革命旧址群

JGS-HSYC-JZ-0109 万安城墙

JGS-HSYC-JZ-0110 万安暴动行动委员会旧址

十一、吉安革命旧址群

JGS-HSYC-JZ-0111 "二七"陂头会议会址

JGS-HSYC-JZ-0112 东固瑶下红军医院旧址

JGS-HSYC-JZ-0113 渼陂红四军总部旧址（梁氏总祠永穆堂）

JGS-HSYC-JZ-0114 中共赣西南第一次党代会旧址

十二、安福革命旧址群

JGS-HSYC-JZ-0115 伍中豪墓

JGS-HSYC-JZ-0116 贺国中遇难地

十三、莲花革命旧址群

JGS-HSYC-JZ-0117 莲花宾兴馆

十四、茶陵革命旧址群

JGS-HSYC-JZ-0118 茶陵县苏维埃政府旧址

JGS-HSYC-JZ-0119 茶陵县工农兵政府旧址

十五、桂东革命旧址群

JGS-HSYC-JZ-0120 毛泽东迎还红军大队旧址——唐家大屋

JGS-HSYC-JZ-0121　　工农革命军活动旧址——万寿官

JGS-HSYC-JZ-0122　　重申"三大纪律、六项注意"旧址

JGS-HSYC-JZ-0123　　桂东农民运动讲习所旧址

JGS-HSYC-JZ-0124　　红四军军部旧址群

十六、炎陵革命旧址群

JGS-HSYC-JZ-0125　　支部建在连上——水口叶家祠

JGS-HSYC-JZ-0126　　朱毛会师地——十都镇万寿官

JGS-HSYC-JZ-0127　　中国工农红军活动旧址——洣泉书院

附录二：

井冈山红色遗产数据库——红色文物索引目录汇编

一、档案文书

JGS-HSYC-WW-0001　宁冈县工农兵政府购粮账簿

JGS-HSYC-WW-0002　宁冈县新城区桥上乡农民交土地税清单

JGS-HSYC-WW-0003　莲花县上西乡农民自卫团给第七区第三分部的信函

JGS-HSYC-WW-0004　酃县黄挪潭区赤卫军名册

JGS-HSYC-WW-0005　莲花县泰岭乡党支部会议记录（残页）

JGS-HSYC-WW-0006　中央人民政府南方根据地访问团《致老根据地人民的信》

JGS-HSYC-WW-0007　贺国中烈士的修业证书

JGS-HSYC-WW-0008　永新县四区三十九乡苏维埃政府通行证

JGS-HSYC-WW-0009　江西省苏维埃政府通行证

JGS-HSYC-WW-0010　公略县开仑区龙田乡土地免税证收据

JGS-HSYC-WW-0011　山色文化资源揽萃丛书

JGS-HSYC-WW-0012　范致全的分田证

JGS-HSYC-WW-0013　乡苏维埃政府给刘德焊的耕山证

JGS-HSYC-WW-0014　永丰县严东乡苏维埃政府发给范三官的分房证

JGS-HSYC-WW-0015　永丰县严东乡苏维埃政府给曹明忠、范桂财的分塘证

JGS-HSYC-WW-0016　李统源的中国共产党党证

JGS-HSYC-WW-0017　抗美援朝捐款收据

JGS-HSYC-WW-0018　中华苏维埃元年四月十二日宁冈县第四区苏维埃政府指令

JGS-HSYC-WW-0019　土地革命时期宁冈县第三区第十乡政府便条

JGS-HSYC-WW-0020　1928年宁冈县赤卫连点名册

JGS-HSYC-WW-0021　土地革命时期中华苏维埃共和国临时中央政府借谷证

JGS-HSYC-WW-0022　土地革命时期宁冈县浆山乡邹冬英的分田证

JGS-HSYC-WW-0023　1928年5月24日宁冈县第三区第四乡苏维埃政府通告

JGS-HSYC-WW-0024　1934年杨殷县均村区东山乡主席发给张黄能的节约粮食捐助红军的收据

JGS-HSYC-WW-0025　1933年湘赣省永新县南阳区征收张稿仙的土地税收据

JGS-HSYC-WW-0026　1932年江西省公略县征收刘宪志的土地税收据

JGS-HSYC-WW-0027　1933年江西省公略县儒林区征收刘元玉的土地税收据

JGS-HSYC-WW-0028　1932年赣县文口乡苏维埃政府发给罗良煓的耕田证

JGS-HSYC-WW-0029　1932年贫农范致全的分田证

JGS-HSYC-WW-0030　1932年贫农团主任刘文樟发给刘德煐的耕山证

JGS-HSYC-WW-0031　1933年永丰县严东乡苏维埃政府发给范三官的分房证

JGS-HSYC-WW-0032　1933年江西省鼎龙区茶岭乡李统源的中国共产党党证

JGS-HSYC-WW-0033　1933年江西省高兴区鸭仔湖乡杨望逢的中国共产党党证

JGS-HSYC-WW-0034　1933年瑞金武阳区农民陈远炘的中国共产党党证

JGS-HSYC-WW-0035　1934年中华苏维埃共和国粮食人民委员会干谷100斤借谷票

JGS-HSYC-WW-0036　1934年中华苏维埃共和国粮食人民委员会干谷50斤借谷票

JGS-HSYC-WW-0037　第二次国内革命战争时期中华苏维埃共和国干谷100斤红军临时借谷证

JGS-HSYC-WW-0038　1932 年中华苏维埃共和国临时中央政府干谷 10 斤临时借谷证

JGS-HSYC-WW-0039　1932 年中华苏维埃共和国临时中央政府干谷 20 斤临时借谷证

JGS-HSYC-WW-0040　第二次国内革命战争时期中华苏维埃共和国干谷 500 斤红军临时借谷证

JGS-HSYC-WW-0041　1935 年 11 月江西省苏维埃政府颁发的通行证

JGS-HSYC-WW-0042　1952 年井冈山人民抗美援朝捐款的收据

JGS-HSYC-WW-0043　1933 年 12 月 11 日江西省公略县张坊乡发给刘宪志的土地税免税证收据

JGS-HSYC-WW-0044　1930 年瑞金东区陈埜隘农民协会发给沈啟塸的耕田证

JGS-HSYC-WW-0045　1931 年 12 月赣县柴冈乡苏维埃政府发给黄业湖的分田证

JGS-HSYC-WW-0046　1928 年宁冈县新城区桥上乡收土地税清单

JGS-HSYC-WW-0047　1932 年湘赣全省工人第一次代表大会铜代表证

JGS-HSYC-WW-0048　1930 年莲花县九都区楼下乡消费合作社发给陈新恩的红军家属特别价售货证

二、文件与宣传品

JGS-HSYC-WW-0049　宁冈县赤卫委员会制订的《教练士兵、教练官之注意》

JGS-HSYC-WW-0050　宁冈县第三区第八乡苏维埃政府布告

JGS-HSYC-WW-0051　红军战士的学习材料《名词释义》

JGS-HSYC-WW-0052　少共永新三区委员会的通知

JGS-HSYC-WW-0053　少共永新三区委员会给少共钱溪支校的指示信（一）

JGS-HSYC-WW-0054　少共永新三区委员会给中共钱溪支校的指示信（二）

JGS-HSYC-WW-0055　莲花县农民协会筹备处通告第二号

JGS-HSYC-WW-0056　1952 年井冈山斗争亲历者杜修经任慈利县人民政府副县长的通知书

JGS-HSYC-WW-0057　　1927 年至 1929 年宁冈县一区八乡工农兵政府赤卫军点名册

JGS-HSYC-WW-0058　　1928 年宁冈县工农兵政府购粮账簿

JGS-HSYC-WW-0059　　1928 年酃县黄挪潭区赤卫军名册

三、图书报刊

JGS-HSYC-WW-0060　　湘赣省苏维埃政府机关报《红色湘赣》第十四期

JGS-HSYC-WW-0061　　红五军第四纵队司令贺国中阅读过的《现代新主义》

JGS-HSYC-WW-0062　　中央军委总政治部编印的《什么是托洛斯基主义和托洛斯基派》

JGS-HSYC-WW-0063　　土地革命时期酃县苏维埃政府翻印的《工农学校读本》第三册

JGS-HSYC-WW-0064　　1932 年 8 月 15 日中国工农红军总政治部编印的《革命与战争》（第二期）

JGS-HSYC-WW-0065　　1934 年 6 月 20 日中央革命军事委员会编印的《革命与战争》（第五期）

JGS-HSYC-WW-0066　　第二次国内革命战争时期莲花县泰岭乡党支部会议纪录本

JGS-HSYC-WW-0067　　1932 年 6 月 10 日团中央指示出版的苏区机关报《青年实话》（第十九期）

JGS-HSYC-WW-0068　　1932 年 6 月 20 日出版的苏区机关报《青年实话》（第二十期）

JGS-HSYC-WW-0069　　1932 年 8 月红军战士学习的《支部工作纲要》

JGS-HSYC-WW-0070　　1930 年 10 月 5 日粤北特区委翻印的《名词释义》

JGS-HSYC-WW-0071　　1931 年 12 月 1 日中华苏维埃共和国临时中央政府颁布的《劳动法、土地法》

JGS-HSYC-WW-0072　　1932 年 5 月中国工农红军总政治部编印的《帝国主义与中国》

JGS-HSYC-WW-0073　　1932 年中央出版局印行的《第一国际到第三国际》

JGS-HSYC-WW-0074　第二次国内革命战争时期编印的《阶级与阶级斗争》

JGS-HSYC-WW-0075　1932年中共莲花县委翻印的《党员责任》

JGS-HSYC-WW-0076　1933年10月10日江西军区政治部翻印的政治课第三期教材《防空防毒》

JGS-HSYC-WW-0077　1932年6月中央出版局印行的《毒瓦斯防御法》

JGS-HSYC-WW-0078　1931年7月20日印发的《中国共产主义青年团鄱县第二次代表大会政治决议案》

JGS-HSYC-WW-0079　1932年6月3日印发的《江西省苏维埃第一次代表大会各种决议案的决议》

JGS-HSYC-WW-0080　1932年中共莲花中心县委油印本《中央局关于苏区新党员入党手续的决议》

JGS-HSYC-WW-0081　1934年5月9日中国工农红军公略学校政治处印发的《苏维埃建设讲授提纲》

JGS-HSYC-WW-0082　1931年12月31日中华苏维埃共和国临时中央政府批准的《江西省苏维埃政府没收和分配土地的条例》

JGS-HSYC-WW-0083　1932年1月中国工农红军总政治部颁发的《中国工农红军政治部暂行条例》

JGS-HSYC-WW-0084　1931年11月中央执委会第一次全会通过的《中华苏维埃共和国选举细则》

JGS-HSYC-WW-0085　1932年6月中国工农红军总政治部编印的《红军中共产主义青年团教育纲要》

JGS-HSYC-WW-0086　1931年中共河西道委手抄本《工农革命歌本》

JGS-HSYC-WW-0087　1934年5月红军政治处编印的《政治工作讲授提纲》

JGS-HSYC-WW-0088　1932年12月7日中共湘赣省委油印本《彻底粉碎帝国主义国民党四次围剿中阶级力量对比图解》

JGS-HSYC-WW-0089　第二次国内革命战争时期江西军区政治部教导大队部编印的《术科教练分析表》

JGS-HSYC-WW-0090　1924 年 7 月湖南暂编陆军第四师司令部发给贺国中在电信教练所的油印本《修业证书》

JGS-HSYC-WW-0091　1934 年中华苏维埃共和国人民委员会出版的《区乡苏维埃怎样工作》

JGS-HSYC-WW-0092　1932 年 8 月红军班长陈贵山学习的《支部工作纲要》

JGS-HSYC-WW-0093　1930 年 9 月 24 日红四军前委组织部印发的《军队中的支部工作》

JGS-HSYC-WW-0094　第二次国内革命战争时期永新县委编印的《三大纪律八个注意说明》

JGS-HSYC-WW-0095　1927 年刘贞沂加入遂川县盘坵乡农民协会油印本《入会证明书》

JGS-HSYC-WW-0096　1933 年 9 月 25 日湘赣省永新县南田乡主席发给濑田村村民贺云桂的《土地税免税证明书》

JGS-HSYC-WW-0097　1914 年中共莲花县委书记刘仁堪读过的《理科教科书》(第三册)

JGS-HSYC-WW-0098　1914 年中共莲花县委书记刘仁堪读过的《地理教科书》(第二册)

JGS-HSYC-WW-0099　1927 年红五军第四纵队司令贺国中阅读过的《现代新主义》

JGS-HSYC-WW-0100　1928 年茅坪红军医院中医谢禹楷阅读过的《入学莪门秘诀》

JGS-HSYC-WW-0101　1928 年茅坪红军医院中医谢禹楷阅读过的《伤寒赋》

JGS-HSYC-WW-0102　1928 年茅坪红军医院中医谢禹楷阅读过的《诊病法》

JGS-HSYC-WW-0103　20 世纪 20 年代初期红五军第四纵队司令贺国中使用过的《康熙字典》(首部)

JGS-HSYC-WW-0104　20 世纪 20 年代初期红五军第四纵队司令贺国中使用过的《康熙字典》(备考总目)

JGS-HSYC-WW-0105　20世纪20年代初期红五军第四纵队司令贺国中阅
　　　　　　　　　　读过的《康熙字典》(补遗总目)

JGS-HSYC-WW-0106　20世纪20年代初期红五军第四纵队司令贺国中阅
　　　　　　　　　　读过的《康熙字典》(子集下)

JGS-HSYC-WW-0107　20世纪20年代初期红五军第四纵队司令贺国中阅
　　　　　　　　　　读过的《康熙字典》(寅集上)

JGS-HSYC-WW-0108　20世纪20年代初期红五军第四纵队司令贺国中阅
　　　　　　　　　　读过的《康熙字典》(寅集中)

JGS-HSYC-WW-0109　20世纪20年代初期红五军第四纵队司令贺国中阅
　　　　　　　　　　读过的《康熙字典》(寅集下)

JGS-HSYC-WW-0110　20世纪20年代初期红五军第四纵队司令贺国中阅
　　　　　　　　　　读过的《康熙字典》(卯集上)

JGS-HSYC-WW-0111　20世纪20年代初期红五军第四纵队司令贺国中阅
　　　　　　　　　　读过的《康熙字典》(卯集中)

JGS-HSYC-WW-0112　20世纪20年代初期红五军第四纵队司令贺国中阅
　　　　　　　　　　读过的《康熙字典》(辰集上)

JGS-HSYC-WW-0113　20世纪20年代初期红五军第四纵队司令贺国中阅
　　　　　　　　　　读过的《康熙字典》(辰集中)

JGS-HSYC-WW-0114　20世纪20年代初期红五军第四纵队司令贺国中阅
　　　　　　　　　　读过的《康熙字典》(巳集上)

JGS-HSYC-WW-0115　20世纪20年代初期红五军第四纵队司令贺国中阅
　　　　　　　　　　读过的《康熙字典》(巳集中)

JGS-HSYC-WW-0116　20世纪20年代初期红五军第四纵队司令贺国中阅
　　　　　　　　　　读过的《康熙字典》(午集中)

JGS-HSYC-WW-0117　20世纪20年代初期红五军第四纵队司令贺国中阅
　　　　　　　　　　读过的《康熙字典》(午集下)

JGS-HSYC-WW-0118　20世纪20年代初期红五军第四纵队司令贺国中阅
　　　　　　　　　　读过的《康熙字典》(未集上)

JGS-HSYC-WW-0119　20 世纪 20 年代初期红五军第四纵队司令贺国中阅
读过的《康熙字典》(未集中)

JGS-HSYC-WW-0120　20 世纪 20 年代初期红五军第四纵队司令贺国中阅
读过的《康熙字典》(未集下)

JGS-HSYC-WW-0121　20 世纪 20 年代初期红五军第四纵队司令贺国中阅
读过的《康熙字典》(酉集中)

JGS-HSYC-WW-0122　20 世纪 20 年代初期红五军第四纵队司令贺国中使
用过的《康熙字典》(酉集下)

JGS-HSYC-WW-0123　20 世纪 20 年代初期红五军第四纵队司令贺国中使
用过的《康熙字典》(戌集上)

JGS-HSYC-WW-0124　20 世纪 20 年代初期红五军第四纵队司令贺国中使
用过的《康熙字典》(戌集中)

JGS-HSYC-WW-0125　20 世纪 20 年代初期红五军第四纵队司令贺国中阅
读过的《康熙字典》(戌集下)

JGS-HSYC-WW-0126　20 世纪 20 年代初期红五军第四纵队司令贺国中阅
读过的《康熙字典》(亥集上)

JGS-HSYC-WW-0127　20 世纪 20 年代初期红五军第四纵队司令贺国中阅
读过的《康熙字典》(亥集中)

JGS-HSYC-WW-0128　20 世纪 20 年代初期红五军第四纵队司令贺国中阅
读过的《康熙字典》(亥集下)

JGS-HSYC-WW-0129　20 世纪 20 年代初期红五军第四纵队司令贺国中阅
读过的《重订左古文贯通详解》(卷上、中、下)

JGS-HSYC-WW-0130　20 世纪 20 年代初期红五军第四纵队司令贺国中阅
读过的《民用通用监略妥注》

JGS-HSYC-WW-0131　20 世纪 20 年代初期红五军第四纵队司令贺国中阅
读过的《重订春秋左传详节句解》(卷五)

JGS-HSYC-WW-0132　20 世纪 20 年代初期红五军第四纵队司令贺国中阅
读过的《重订春秋左传详节句解》(卷六)

JGS-HSYC-WW-0133　20世纪20年代初期红五军第四纵队司令贺国中阅读过的《古文快笔贯通解》(卷中)

JGS-HSYC-WW-0134　20世纪20年代初期红五军第四纵队司令贺国中阅读过的《新增诗经补注附考备旨》(卷五、六)

JGS-HSYC-WW-0135　20世纪20年代初期红五军第四纵队司令贺国中阅读过的《新增诗经补注附考备旨》(卷七、八)

JGS-HSYC-WW-0136　20世纪20年代初期红五军第四纵队司令贺国中阅读过的《新订四书补注备旨》(下孟卷之四)

JGS-HSYC-WW-0137　20世纪20年代初期红五军第四纵队司令贺国中阅读过的《四书类典赋》(卷十五、十六)

JGS-HSYC-WW-0138　20世纪20年代初期红五军第四纵队司令贺国中阅读过的《古唐诗合解》(卷之三、四)

JGS-HSYC-WW-0139　20世纪20年代初期红五军第四纵队司令贺国中阅读过的《女四书集注》(卷一、二、三、四)

JGS-HSYC-WW-0140　20世纪20年代初期红五军第四纵队司令贺国中阅读过的《续古文词类纂》(卷十、十一、十二)

JGS-HSYC-WW-0141　1934年3月供红校政治营及党校红军班用的《中国革命问题》(第三篇 政治常识讲义)

JGS-HSYC-WW-0142　1933年印发的《革命歌谣选集》

JGS-HSYC-WW-0143　1934年教育人民委员部编印的《共产儿童读本》(第五册)

JGS-HSYC-WW-0144　第二次国内革命战争时期鄗县苏维埃政府翻印的《工农学校读本》(第三册)

JGS-HSYC-WW-0145　1933年临时教材《共产儿童读本》(第一册)

JGS-HSYC-WW-0146　1933年临时教材《共产儿童读本》(第二册)

JGS-HSYC-WW-0147　1933年临时教材《共产儿童读本》(第三册)

JGS-HSYC-WW-0148　第二次国内革命战争时期手抄本《初级国语读本》(第一册)

JGS-HSYC-WW-0149　第二次国内革命战争时期编印的《国语》（第二册）

JGS-HSYC-WW-0150　1934 年教育人民委员部编印的《国语教科书》（第三册）

JGS-HSYC-WW-0151　1932 年湘赣省苏文化部编《国语读本》（第四册）

四、文具

JGS-HSYC-WW-0152　中共莲花县委书记刘仁堪用过的瓷笔筒

JGS-HSYC-WW-0153　毛泽东在茅坪八角楼用过的砚台

JGS-HSYC-WW-0154　谭震林用过的裁纸刀

JGS-HSYC-WW-0155　谭震林用过的订书机

JGS-HSYC-WW-0156　尹宁万烈士用过的笔筒

JGS-HSYC-WW-0157　红五军第四纵队司令贺国中用过的铜笔架

五、题词手稿

JGS-HSYC-WW-0158　朱德题写的"井冈山革命博物馆"馆名手稿

JGS-HSYC-WW-0159　红军教导队学员蔡德华听课笔记本

JGS-HSYC-WW-0160　朱德题写的"黄洋界保卫战胜利纪念碑"横幅

JGS-HSYC-WW-0161　朱德题写的"天下第一山"手稿

JGS-HSYC-WW-0162　朱德题写的"国营井冈山综合垦殖场"条幅

JGS-HSYC-WW-0163　1960 年 10 月董必武访问井冈山时题写的楷书五言诗立轴

JGS-HSYC-WW-0164　1960 年 10 月董必武为井冈山垦殖场题写的七言诗立轴

JGS-HSYC-WW-0165　1965 年 1 月 15 日朱德题词"中国革命摇篮井冈山"卷轴

JGS-HSYC-WW-0166　1965 年郭沫若过桐木岭诗立轴

JGS-HSYC-WW-0167　1965 年 7 月 2 日郭沫若龙潭诗立轴

JGS-HSYC-WW-0168　1965 年郭沫若在茨坪迎"七一"《念奴娇·颂井冈山》轴

JGS-HSYC-WW-0169　1965 年 7 月郭沫若《黄洋界》诗稿卷轴

JGS-HSYC-WW-0170　1966 年 3 月中宣部部长陆定一在井冈山革命博物馆题写的"井冈山，两件宝"立轴

JGS-HSYC-WW-0171　1965 年郭沫若"井冈山小井红军医院烈士纪念碑"立轴

JGS-HSYC-WW-0172　1965 年 7 月郭沫若"井冈山革命博物馆"卷轴

JGS-HSYC-WW-0173　1965 年 7 月郭沫若《绿化歌》诗稿卷轴

JGS-HSYC-WW-0174　1965 年 7 月郭沫若题"井冈山光荣敬老院"卷轴

JGS-HSYC-WW-0175　1965 年 7 月郭沫若题词"井冈山大井革命群众集体殉难纪念亭"卷轴

JGS-HSYC-WW-0176　1965 年 7 月郭沫若题写"井冈山小学"卷轴

JGS-HSYC-WW-0177　1965 年 5 月湖南省委书记张平化井冈山题写的七言诗轴

JGS-HSYC-WW-0178　1965 年 6 月解放军空军副司令员曹里怀在井冈山题写的七言诗轴

JGS-HSYC-WW-0179　1980 年原甘肃省人大常委会副主任李克如题写《水调歌头·重上井冈山》纸页

JGS-HSYC-WW-0180　1983 年解放军总政治部副主任刘志坚为井冈山题写的"莫忘过去，振兴中华"纸页

JGS-HSYC-WW-0181　1984 年解放军工程兵司令员陈士榘《回井冈山》诗词纸页

JGS-HSYC-WW-0182　1984 年全国政协副主席马文瑞题词"发扬井冈山革命创业精神，为振兴中华奋勇前进"纸页

JGS-HSYC-WW-0183　1984 年 12 月中共陕西省委秘书长孙平在井冈山题写的五言诗纸页

JGS-HSYC-WW-0184　1965 年南京军区副政委赖毅为井冈山题词纸页

JGS-HSYC-WW-0185　1961 年 5 月解放军高等军事学院副院长杨至成《参观井冈山》诗词纸页

JGS-HSYC-WW-0186　1965 年 7 月郭沫若夫人于立群为井冈山题写的五言诗纸页

JGS-HSYC-WW-0187　1985 年解放军总参谋长杨得志题词"井冈烽火燎原大地，红军精神代代相传"纸页

JGS-HSYC-WW-0188　1985 年解放军总后勤部部长张宗逊题词"继承和发扬井冈山英勇奋斗精神，为建设祖国多做贡献"纸页

JGS-HSYC-WW-0189　1986 年 4 月总后勤部副部长唐天际题词"发扬井冈山革命精神"纸页

JGS-HSYC-WW-0190　1985 年 11 月总政治部副主任甘渭汉题词"当年红军今存几人，先烈精神永继承"纸页

JGS-HSYC-WW-0191　1986 年 7 月井冈山老红军杜修经题词"在建设具有中国特色的社会主义"纸页

JGS-HSYC-WW-0192　1960 年 10 月十世班禅额尔德尼为井冈山题词及刘春、梁洪等人签名纸页

JGS-HSYC-WW-0193　1959 年 4 月共青团中央副书记胡克实等人留下的纸页

JGS-HSYC-WW-0194　1986 年中组部副部长曾志"井冈山红旗"纸页

JGS-HSYC-WW-0195　1986 年 7 月中央书记处书记邓力群题词"站得稳看得远"纸页

JGS-HSYC-WW-0196　1986 年 5 月中共中央党史征集委员会主任冯文彬等人为井冈山题词纸页

JGS-HSYC-WW-0197　1961 年解放军总参谋长黄永胜题词"当年作战在井冈"纸页

JGS-HSYC-WW-0198　1966 年 10 月港澳各界国庆观礼团为井冈山题词纸页

JGS-HSYC-WW-0199　1965 年 11 月驻老挝大使刘春《革命工农创业难》诗稿纸页

JGS-HSYC-WW-0200 1992 年国防大学校长张震题词"星火燎原"纸页

JGS-HSYC-WW-0201 1999 年中央军委副主席张万年题词"继承红军传统，弘扬井冈山精神"纸页

JGS-HSYC-WW-0202 2001 年文化部副部长周巍峙题词"人心向背，决定胜负"纸页

JGS-HSYC-WW-0203 2002 年书法家、词作家魏鑫题词"水洗皮肤雨洗心"纸页

JGS-HSYC-WW-0204 1984 年 11 月中组部部长宋任穷题词"发扬井冈山光荣传统，建设社会主义现代化强国"纸页

JGS-HSYC-WW-0205 1964 年 4 月 13 日溥仪等 28 人给井冈山革命博物馆的《感谢书》纸页

JGS-HSYC-WW-0206 1959 年 2 月 25 日朱德题词"井冈山的斗争"纸页

JGS-HSYC-WW-0207 1959 年 3 月最高人民法院院长谢觉哉《井冈山》诗纸页

六、画像照片

JGS-HSYC-WW-0208 袁文才等人在吉安农民运动训练班的合影

JGS-HSYC-WW-0209 第二次国内革命战争时期莲花县第二次工农兵代表大会代表朱宜邦等五人合影的黑白照片

JGS-HSYC-WW-0210 1924 年宁冈县马刀队参谋长袁文才在永新县立中学读书时的半身黑白照片

JGS-HSYC-WW-0211 1924 年 1 月 31 日中共鄱县县委书记李郤非于北京全身黑白照片

JGS-HSYC-WW-0212 1927 年红五军第四纵队司令贺国中等四人在黄埔军校的合影黑白照片

JGS-HSYC-WW-0213 1926 年吉安农民运动训练班袁文才等九人的合影黑白照片

JGS-HSYC-WW-0214 1926 年吉安农民运动训练班袁文才等四人合影黑白照片

七、邮品

JGS-HSYC-WW-0215　湘赣苏区发行的邮票

JGS-HSYC-WW-0216　中华赤色邮政湘赣省总局局牌

JGS-HSYC-WW-0217　陈毅安烈士赠给未婚妻李志强的贺年片

JGS-HSYC-WW-0218　1932 年湘赣省苏维埃赤色邮政总局发行的三分
十二连张邮票

JGS-HSYC-WW-0219　1932 年 12 月 24 日湘赣省赤色邮政上城邮局挂号
信凭证

八、钱币

JGS-HSYC-WW-0220　红五军慰问井冈山人民的"工"字银元

JGS-HSYC-WW-0221　湘赣省造币厂制造银元用过的对花铜模

JGS-HSYC-WW-0222　湘赣省造币厂制造银元用过的兑花石

JGS-HSYC-WW-0223　中华苏维埃共和国湘赣省发行的伍角革命战争公
债券

JGS-HSYC-WW-0224　中华苏维埃共和国湘赣省发行的壹圆革命战争公
债券

JGS-HSYC-WW-0225　中华苏维埃共和国湘赣省发行的伍圆革命战争公
债券

JGS-HSYC-WW-0226　湘赣省国家银行分行发行的伍分纸币

JGS-HSYC-WW-0227　湘赣省国家银行分行发行的壹角纸币

JGS-HSYC-WW-0228　湘赣省国家银行分行发行的贰角纸币

JGS-HSYC-WW-0229　中华苏维埃共和国国家银行湘赣省分行发行的"拾
枚"纸币

JGS-HSYC-WW-0230　湘赣省国家银行分行发行的壹圆纸币

JGS-HSYC-WW-0231　湘鄂赣省工农银行发行的壹角银洋

JGS-HSYC-WW-0232　湘鄂赣省工农银行发行的叁角银洋

JGS-HSYC-WW-0233　湘鄂赣省工农银行发行的"铜元贰百文"纸币

JGS-HSYC-WW-0234　闽浙赣苏维埃银行发行的壹角纸币

JGS-HSYC-WW-0235　闽浙赣苏维埃银行发行的壹圆纸币

JGS-HSYC-WW-0236　闽浙赣省苏维埃银行发行的铜元拾枚纸币

JGS-HSYC-WW-0237　中华苏维埃共和国发行的贰圆经济建设公债券

JGS-HSYC-WW-0238　湘赣省工农银行发行的 8296 号壹圆公债券

JGS-HSYC-WW-0239　苏联红军司令部发行的壹圆纸币

JGS-HSYC-WW-0240　中华苏维埃共和国发行的铜币

JGS-HSYC-WW-0241　1927 年毛泽东在井冈山用过的银币一

JGS-HSYC-WW-0242　1927 年毛泽东在井冈山用过的银币二

JGS-HSYC-WW-0243　第二次国内革命战争时期中华苏维埃共和国国家银
　　　　　　　　　　行伍分铜币

JGS-HSYC-WW-0244　第二次国内革命战争时期中华苏维埃共和国国家银
　　　　　　　　　　行壹分铜币

JGS-HSYC-WW-0245　1931 年湘鄂赣省工农银行壹角纸币

JGS-HSYC-WW-0246　1932 年中华苏维埃共和国国家银行壹元纸币

JGS-HSYC-WW-0247　1933 年中华苏维埃共和国国家银行伍角纸币

JGS-HSYC-WW-0248　1932 年湘鄂赣省工农银行叁角纸币

JGS-HSYC-WW-0249　1932 年中华苏维埃共和国国家银行壹角纸币

JGS-HSYC-WW-0250　第二次国内革命战争时期湘鄂赣省工农银行当铜元
　　　　　　　　　　贰百文纸币

JGS-HSYC-WW-0251　1932 年中华苏维埃共和国国家银行伍分纸币

JGS-HSYC-WW-0252　第二次国内革命战争时期闽浙赣省苏维埃银行铜元
　　　　　　　　　　拾枚纸币

JGS-HSYC-WW-0253　1934 年中华苏维埃共和国国家银行湘赣省分行当
　　　　　　　　　　铜元拾枚纸币

JGS-HSYC-WW-0254　1934 年中华苏维埃共和国国家银行湘赣省分行拾
　　　　　　　　　　枚纸币

JGS-HSYC-WW-0255　1936 年中华苏维埃共和国湘赣省经济建设公债贰
　　　　　　　　　　元券

JGS-HSYC-WW-0256　　1936 年中华苏维埃共和国经济建设公债壹元券

JGS-HSYC-WW-0257　　1936 年中华苏维埃共和国经济建设公债伍角券

JGS-HSYC-WW-0258　　1936 年中华苏维埃共和国经济建设公债叁元券

JGS-HSYC-WW-0259　　1932 年湘赣省工农银行公债壹元券

JGS-HSYC-WW-0260　　1945 年苏联红军司令部壹元纸币

JGS-HSYC-WW-0261　　1932 年中华苏维埃共和国发行的湘赣省工农银行
　　　　　　　　　　　股票

九、服装标识

JGS-HSYC-WW-0262　　欧阳倬的红色交通证

JGS-HSYC-WW-0263　　湘赣全省工人第一次代表大会代表证

JGS-HSYC-WW-0264　　钟步全的党徽

JGS-HSYC-WW-0265　　中国工农红军第五军战士李金华用过的袖章

JGS-HSYC-WW-0266　　遂川藻林泥木工会蒋兴会员证

JGS-HSYC-WW-0267　　宁冈县农民运动训练班第一期毕业纪念章

JGS-HSYC-WW-0268　　郡县三区三乡少年先锋队袖章

JGS-HSYC-WW-0269　　红军战士杨冬狗用过的干粮袋

JGS-HSYC-WW-0270　　小井红军医院用过的印花包袱布

JGS-HSYC-WW-0271　　湘东南少共特委宣传部部长甘露用过的棉线毯

JGS-HSYC-WW-0272　　红军打土豪分给宁冈群众的小脚鞋

JGS-HSYC-WW-0273　　红军打土豪分给宁冈群众的绣花荷包

JGS-HSYC-WW-0274　　永丰县下庄水源乡农民协会会员邓文顺用过的臂章

JGS-HSYC-WW-0275　　遂川草鞋洲乡工农兵政府裁判兼肃反革命委员李锦
　　　　　　　　　　　富的袖章

JGS-HSYC-WW-0276　　江西省公略县东固区签给李才元的红军家属优待证

JGS-HSYC-WW-0277　　永新县象形区发给汤仕生的红军家属证

JGS-HSYC-WW-0278　　湘赣军区总指挥部的特别证

JGS-HSYC-WW-0279　　谭家述授中将军衔的蓝呢将军服

JGS-HSYC-WW-0280　　匡贱玉中华苏区革命互济会会员证

JGS-HSYC-WW-0281　江西省公略县刘隆镛的反帝拥苏同盟会员证

JGS-HSYC-WW-0282　清牡丹鸰丝纹绣花床帘

JGS-HSYC-WW-0283　1928 年红军使用的布绑腿

JGS-HSYC-WW-0284　第二次国内革命战争时期永丰县湖西乡农民协会会员符号

JGS-HSYC-WW-0285　第二次国内革命战争时期江西省赣县发给罗长喜的布红军家属优待证

JGS-HSYC-WW-0286　第二次国内革命战争时期江西省杨殷县黄塘区发给魏书生的布红军家属优待证

JGS-HSYC-WW-0287　1933 年 5 月 5 日莲花县九都区苏维埃执行委员会主席发给朱茂典的布红军家属证

JGS-HSYC-WW-0288　1933 年 10 月 28 日安福县苏维埃执行委员会主席发给赖立炎的布红军家属证

JGS-HSYC-WW-0289　1931 年 8 月革命老人匡贱玉的中华苏区革命互济会会员证

JGS-HSYC-WW-0290　1934 年 8 月瑞金壬田风岗村村民张才彬的中华苏区革命互济会会员证

JGS-HSYC-WW-0291　1934 年 1 月 1 日江西省公略县发给村民刘隆繍的中国店员手艺工人工会会员证

JGS-HSYC-WW-0292　1934 年 3 月刘招玉的江西省公略县反帝拥苏同盟会员证

JGS-HSYC-WW-0293　1934 年 3 月刘龙菊的江西省公略县反帝拥苏同盟会员证

JGS-HSYC-WW-0294　1934 年 3 月刘生凤的江西省公略县反帝拥苏同盟会员证

JGS-HSYC-WW-0295　1933 年 5 月中华苏维埃共和国中央军事委员会抚恤委员会发给江西省公略县袁郁镇的半残废证

JGS-HSYC-WW-0296　1934 年 5 月中华苏维埃共和国中央军事委员会抚恤委员会发给江西省公略县朱候兴的三等残废证

JGS-HSYC-WW-0297　1927 年酃县赤卫军第一团一营二连三排袖章

JGS-HSYC-WW-0298　1927 年酃县赤卫军第一团二营二连三排袖章

JGS-HSYC-WW-0299　1928 年遂川县新林乡苏维埃政府发给赤卫队员梁培贤的袖章

JGS-HSYC-WW-0300　1928 年永新县四区苏维埃工农兵政府交通员欧阳倬用过的红绸交通证

JGS-HSYC-WW-0301　1928 年遂川第五乡工农兵政府赤卫队长王棣权用过的识别带

JGS-HSYC-WW-0302　1931 年莲花县九都区南陂乡苏维埃政府颁发给少先队的奖旗

JGS-HSYC-WW-0303　现代井冈山老红军陈正人穿过的蓝呢大衣

JGS-HSYC-WW-0304　1927 年工农革命军战士钟步全佩戴的银党徽

JGS-HSYC-WW-0305　第二次国内革命战争时期井冈山老红军赖传珠穿过的棉裤

JGS-HSYC-WW-0306　第二次国内革命战争时期安福县上城区苏维埃政府颁发的"共产儿童团廿天工作竞赛"四等铜奖章

JGS-HSYC-WW-0307　第二次国内革命战争时期中国共产主义青年团海丰县委"少年先锋"金属奖章

JGS-HSYC-WW-0308　第二次国内革命战争时期赣东北省革命军事委员会"努力"圆形铜奖章

JGS-HSYC-WW-0309　第二次国内革命战争时期湘赣省军区"争取战争胜利"五角形铜奖章

JGS-HSYC-WW-0310　第二次国内革命战争时期中华苏维埃政府"扩大红军优胜"五角形铜奖章

JGS-HSYC-WW-0311　第二次国内革命战争时期江西省苏维埃政府平行四边形铜证章

JGS-HSYC-WW-0312　第二次国内革命战争时期吉安市苏维埃政府五角形
铜证章

JGS-HSYC-WW-0313　第二次国内革命战争时期万安县苏维埃政府平形四
边形铁证章

JGS-HSYC-WW-0314　1940 年张令彬佩戴过的"陕甘宁边区第二届农工
业展览会"心形金属奖章

JGS-HSYC-WW-0315　1937 年井冈山老红军谭家述佩戴的"红军十周年
纪念章"五角形铜章

十、武器

JGS-HSYC-WW-0316　王佐赠给李嗣凤的青龙剑

JGS-HSYC-WW-0317　段红皮在龙源口战斗中用过的土枪

JGS-HSYC-WW-0318　湘赣边界苏区群众用过的太平天国时期制造的铜炮

JGS-HSYC-WW-0319　范桂荣烈士使用过的佩刀

JGS-HSYC-WW-0320　莲花农民自卫军班长贺国庆保存的"俄国造"步枪

JGS-HSYC-WW-0321　湘赣省军区兵工厂制造的手榴弹

JGS-HSYC-WW-0322　湘赣省地方武装用过的抬枪

JGS-HSYC-WW-0323　1929 年红五军在第三次反"会剿"时使用的重机
枪架

JGS-HSYC-WW-0324　第二次国内革命战争时期中共湘赣临时省委书记谭
余保用过的土炮

JGS-HSYC-WW-0325　1931 年湘赣省军区兵工厂制造的手榴弹

JGS-HSYC-WW-0326　土地革命时期井冈山根据地西源乡赤卫队用的土
炮一

JGS-HSYC-WW-0327　土地革命时期井冈山根据地西源乡赤卫队用的土
炮二

十一、其他

JGS-HSYC-WW-0328　工农革命军进军途中用过的米缸

JGS-HSYC-WW-0329　湘赣省永新县城内横街赤色消费合作社印章

JGS-HSYC-WW-0330　黄洋界保卫战修筑工事用过的铁镐

JGS-HSYC-WW-0331　茶陵县工农兵政府公文纸木印板

JGS-HSYC-WW-0332　土地革命时期毛泽东在茅坪八角楼用过的青油灯

JGS-HSYC-WW-0333　毛泽东在井冈山斗争时期用过的草鞋

JGS-HSYC-WW-0334　中共湘赣边界第一次代表大会主席台桌子

JGS-HSYC-WW-0335　湘赣边界工农兵政府财政部部长余贲民用过的箱子

JGS-HSYC-WW-0336　红军被服厂用过的缝纫机头

JGS-HSYC-WW-0337　井冈山根据地茅坪红军医院用过的药柜

JGS-HSYC-WW-0338　井冈山根据地红军被服厂用过的竹尺

JGS-HSYC-WW-0339　井冈山根据地工农革命军修械所用过的锉刀

JGS-HSYC-WW-0340　陈毅安、李志强结婚时购置的时钟

JGS-HSYC-WW-0341　中共湘赣边界特委用过的石印石残块

JGS-HSYC-WW-0342　红四军标语石碑栏

JGS-HSYC-WW-0343　红军造币厂煮银用过的大号坩埚

JGS-HSYC-WW-0344　红军熬硝盐用过的水缸

JGS-HSYC-WW-0345　大井红军医务所用过的碾药轮

JGS-HSYC-WW-0346　茨坪红军被服厂用过的熨斗

JGS-HSYC-WW-0347　龙源口战斗中红四军二十九团用过的军号

JGS-HSYC-WW-0348　石塘村列宁小学用过的风琴

JGS-HSYC-WW-0349　张子清用过的针线盒

JGS-HSYC-WW-0350　三湾改编时工农革命军用过的饭盒

JGS-HSYC-WW-0351　湘赣省委用过的文件藤篮

JGS-HSYC-WW-0352　贺子珍用过的熊猫牌电子管收音机

JGS-HSYC-WW-0353　永新县某乡工农兵政府主席尹初官用过的印章盒

JGS-HSYC-WW-0354　毛泽东在遂川县居住时用过的四方桌子

JGS-HSYC-WW-0355　土地革命时期工农革命军战士吴腾云在攻打新城战
　　　　　　　　　　　斗中用的棉絮

JGS-HSYC-WW-0356　土地革命时期井冈山根据地红军被服厂用的铁尺

JGS-HSYC-WW-0357	1928 年 4 月写在宁冈县大陇的"欢迎朱军长"标语
JGS-HSYC-WW-0358	土地革命时期宁冈县第三区第十乡政府便条
JGS-HSYC-WW-0359	土地革命时期陈毅安、李志强用的搪瓷茶盘
JGS-HSYC-WW-0360	土地革命时期井冈山根据地工农革命军修械所用的钳子一
JGS-HSYC-WW-0361	土地革命时期井冈山根据地工农革命军修械所用的钳子二
JGS-HSYC-WW-0362	土地革命时期井冈山根据地红军被服厂用的火烫斗一
JGS-HSYC-WW-0363	土地革命时期井冈山根据地红军被服厂用的剪刀一
JGS-HSYC-WW-0364	土地革命时期井冈山根据地红军被服厂用的剪刀二
JGS-HSYC-WW-0365	土地革命时期井冈山根据地茅坪红军医院用的药碾槽
JGS-HSYC-WW-0366	1928 年 4 月写在宁冈县龙市的"庆祝红军胜利会师"标语
JGS-HSYC-WW-0367	民国庚午年宁冈县刘敬柳、袁锡光等 16 位共产党员寄彭德怀并转赣西南特委和军委各路行委各党部信
JGS-HSYC-WW-0368	1928 年大井红军医务所用过的药碾
JGS-HSYC-WW-0369	1928 年大井红军医务所用过的捣药铁罐
JGS-HSYC-WW-0370	1928 年茨坪红军被服厂使用的剪刀
JGS-HSYC-WW-0371	1928 年红四军桃寮被服厂使用的缝纫机残架
JGS-HSYC-WW-0372	1930 年中国工农红军第五军彭德怀送给农民贺南梅的铜手炉
JGS-HSYC-WW-0373	1913 年至 1930 年王佐做裁缝使用的铁剪刀
JGS-HSYC-WW-0374	1913 年至 1930 年王佐做裁缝使用的铁尺
JGS-HSYC-WW-0375	1927 年毛泽东在鄘县水口黄昌秀家吃饭使用的瓷花碗

JGS-HSYC-WW-0376	1928 年安仁县工农兵苏维埃政府成立大会上朱德使用的瓷茶壶
JGS-HSYC-WW-0377	1928 年红四军送给李尚发的食盐陶罐
JGS-HSYC-WW-0378	1927 年秋收起义部队进驻莲花县甘家村时借用村民陈娇枝家的大米储存的陶缸
JGS-HSYC-WW-0379	1927 年至 1930 年王佐烈士戴过的手镯
JGS-HSYC-WW-0380	1924 年中共莲花县委书记刘仁堪使用的珍珠地花叶纹笔筒
JGS-HSYC-WW-0381	1932 年湘赣省永新县城内横街消费合作社条形木印
JGS-HSYC-WW-0382	1928 年刻茶陵县工农兵政府信笺木印板
JGS-HSYC-WW-0383	1931 年"湘赣省酃县十都区苏维埃执行委员会"椭圆木印
JGS-HSYC-WW-0384	1931 年中共湘赣省委宣传部部长甘露烈士使用过的指北针钢笔
JGS-HSYC-WW-0385	1928 年毛泽东在永新塘边村帮助房东周香姬挑水用过的木水桶
JGS-HSYC-WW-0386	1927 年工农革命军第一军第一师第一团三营营长张子清使用的木手杖
JGS-HSYC-WW-0387	现代井冈山老红军谭震林用过的紫砂杯
JGS-HSYC-WW-0388	1955 年至 1966 年陈毅使用过的床头柜
JGS-HSYC-WW-0389	第二次国内革命战争时期张子清烈士使用过的皮箱
JGS-HSYC-WW-0390	1932 年茶陵县群众慰劳红军的背包
JGS-HSYC-WW-0391	1928 年中共湘赣边界特委用过的石印机铁轮
JGS-HSYC-WW-0392	1930 年红四军三十二团坚持井冈山斗争使用的铜锅
JGS-HSYC-WW-0393	1928 年桃寮红军被服厂使用的烙铁
JGS-HSYC-WW-0394	1928 年桃寮红军被服厂使用的熨钩
JGS-HSYC-WW-0395	1928 年红军熬硝盐使用的铁锹
JGS-HSYC-WW-0396	1928 年红军造币厂使用的铁砧

JGS-HSYC-WW-0397　1931 年湘赣省军区兵工厂使用的虎头钳

JGS-HSYC-WW-0398　1927 年毛泽东在莲花高滩村喝水用过的瓷茶壶

JGS-HSYC-WW-0399　1928 年中共湘赣边界特委使用的石刷板

JGS-HSYC-WW-0400　1928 年红四军在井冈山写有标语的建筑石构件

JGS-HSYC-WW-0401　1928 年红军熬硝盐使用的水缸

JGS-HSYC-WW-0402　1928 年井冈山红军造币厂煮银使用的小号坩埚

JGS-HSYC-WW-0403　1928 年井冈山红军造币厂煮银使用的中号坩埚

JGS-HSYC-WW-0404　1928 年井冈山红军造币厂煮银使用的大号坩埚

JGS-HSYC-WW-0405　1928 年毛泽东在宁冈县路下村罗召行家就餐用过的竹菜筒

JGS-HSYC-WW-0406　1928 年桃寮红军被服厂使用的木尺

JGS-HSYC-WW-0407　1928 年工农革命军攻打新城使用的木梯

JGS-HSYC-WW-0408　1928 年永新县厚幽城区红军军械修造厂制造的木工具箱

JGS-HSYC-WW-0409　1924 年中共莲花县委书记刘仁堪使用的藤篮

JGS-HSYC-WW-0410　1934 年何长工长征时使用的牛皮文件包

JGS-HSYC-WW-0411　1965 年 5 月毛泽东重上井冈山在井冈山宾馆使用的瓷汤碗

JGS-HSYC-WW-0412　1965 年 5 月毛泽东重上井冈山在井冈山宾馆使用的瓷饭碗

JGS-HSYC-WW-0413　1965 年 5 月毛泽东重上井冈山在井冈山宾馆使用的瓷调羹

JGS-HSYC-WW-0414　1965 年 5 月毛泽东重上井冈山在井冈山宾馆使用的中号瓷碟

JGS-HSYC-WW-0415　1965 年 5 月毛泽东重上井冈山在井冈山宾馆使用的瓷杯

JGS-HSYC-WW-0416　1965 年毛泽东重上井冈山在井冈山宾馆用餐使用过的竹提篮

JGS-HSYC-WW-0417　　1965 年毛泽东重上井冈山在井冈山宾馆使用过的木筷

JGS-HSYC-WW-0418　　第二次国内革命战争时期"少年先锋队莲花县南村区队部"方形木印

JGS-HSYC-WW-0419　　第二次国内革命战争时期"莲花南村区中国共产主义儿童团儿童局印"

JGS-HSYC-WW-0420　　第二次国内革命战争时期"莲花县南村区苏维埃执行委员会工农检查部"椭圆木印

JGS-HSYC-WW-0421　　第二次国内革命战争时期"莲花南村区苏维埃执行委员会劳动部"椭圆形木印

JGS-HSYC-WW-0422　　第二次国内革命战争时期"莲花县南村区苏维埃执行委员会卫生部"椭圆形木印

JGS-HSYC-WW-0423　　第二次国内革命战争时期"莲花县南村区苏维埃执行委员会教育部"椭圆形木印

JGS-HSYC-WW-0424　　第二次国内革命战争时期"莲花县第四区第一乡苏维埃政府"条形木印

JGS-HSYC-WW-0425　　现代毛泽东装书用过的樟木箱

JGS-HSYC-WW-0426　　1928 年永新县某乡工农兵政府主席尹初官使用的印盒

JGS-HSYC-WW-0427　　1928 年红军送给李尚发的搪瓷杯

JGS-HSYC-WW-0428　　1928 年红军送给李尚发的搪瓷脸盆

JGS-HSYC-WW-0429　　1928 年红军送给井冈山群众李富祥的铜脸盆

JGS-HSYC-WW-0430　　1928 年宁冈县四区二乡工农兵政府使用的马灯残架

JGS-HSYC-WW-0431　　1928 年宁冈县四区二乡工农兵政府使用的马灯

JGS-HSYC-WW-0432　　第二次国内革命战争时期红军战士罗初林使用的搪瓷脸盆

JGS-HSYC-WW-0433　　1949 年天津解放时黄克诚赠陈正人的半导体收音机

JGS-HSYC-WW-0434　20 世纪 20 年代初期原湘军赵恒惕部第二旅二团士兵贺国中使用的铜笔架

JGS-HSYC-WW-0435　1931 年中共湘赣省委宣传部部长甘露使用过的铁香烟盒

JGS-HSYC-WW-0436　1928 年红军打土豪分给群众的樟木箱

JGS-HSYC-WW-0437　1928 年黄洋界保卫战群众给红军送子弹使用的木箱

JGS-HSYC-WW-0438　1931 年墨书红军标语的木窗板

JGS-HSYC-WW-0439　1926 年"永新六区厚溪第五乡农民协会"条形木印

JGS-HSYC-WW-0440　清光绪粉彩花鸟纹攒盘

JGS-HSYC-WW-0441　清钱纹铜水烟枪

JGS-HSYC-WW-0442　清光绪木刻描金八仙人物花卉图案诗词挂屏

JGS-HSYC-WW-0443　清塔形双层铁烛台

JGS-HSYC-WW-0444　清镂雕描金人文故事图案诗词挂屏

JGS-HSYC-WW-0445　清龙尾挂式铜油灯架

JGS-HSYC-WW-0446　清镂雕描金双龙戏珠纹床屏

JGS-HSYC-WW-0447　清红釉束口三足香炉

JGS-HSYC-WW-0448　清康熙青花龙纹香炉

JGS-HSYC-WW-0449　清光绪青花山水人物纹笔筒

JGS-HSYC-WW-0450　西晋青瓷唾壶

JGS-HSYC-WW-0451　清腰形首饰竹盒

JGS-HSYC-WW-0452　清描金江夏堂神祖牌

JGS-HSYC-WW-0453　清福禄纹烟丝铜盒

JGS-HSYC-WW-0454　1931 年写有红军标语的木窗门板

JGS-HSYC-WW-0455　1928 年红军打土豪分给宁冈县群众的绣花小脚布鞋

JGS-HSYC-WW-0456　清铜挂饰

JGS-HSYC-WW-0457　1965 年 5 月毛泽东重上井冈山使用的餐巾

JGS-HSYC-WW-0458　第二次国内革命战争时期永丰县第四区漠源乡暴动队队旗

JGS-HSYC-WW-0459　1928年安福县巨头乡工农兵政府奖旗

JGS-HSYC-WW-0460　1928年红军战士杨冬狗使用的干粮布袋

附录三：

井冈山红色遗产数据库——红色文献索引目录汇编

JGS-HSYC-WX-0001　中共中央关于湘鄂粤赣四省农民秋收暴动大纲

JGS-HSYC-WX-0002　毛泽东在中央紧急会议上的发言

JGS-HSYC-WX-0003　陈毅安给李志强的三封信

JGS-HSYC-WX-0004　苏先俊报告

JGS-HSYC-WX-0005　任弼时报告（一）

JGS-HSYC-WX-0006　任弼时报告（二）

JGS-HSYC-WX-0007　彭公达同志关于湖南秋暴经过的报告

JGS-HSYC-WX-0008　余洒度报告

JGS-HSYC-WX-0009　政治纪律决议案

JGS-HSYC-WX-0010　江西省委合字通告第 3 号

JGS-HSYC-WX-0011　中共中央给朱德并转军中全体同志的信（一）

JGS-HSYC-WX-0012　中共中央给朱德并转军中全体同志的信（二）

JGS-HSYC-WX-0013　湘鄂赣川四省农民暴动之新发展

JGS-HSYC-WX-0014　江西省委关于赣西南目前工作决议案

JGS-HSYC-WX-0015　遂川县工农兵政府临时政纲

JGS-HSYC-WX-0016　湖南政治任务与工作方针决议案

JGS-HSYC-WX-0017　中央致湘鄂赣三省委信

JGS-HSYC-WX-0018　江西省委致中共中央的信

JGS-HSYC-WX-0019　湘赣边特委致省委转中央的信

JGS-HSYC-WX-0020　中共江西省委转来毛泽东同志的信

JGS-HSYC-WX-0021　江西省委致中央信

JGS-HSYC-WX-0022　中共湘赣边界第一次代表大会政治纪律决议案

JGS-HSYC-WX-0023　中央给前敌委员会的信

JGS-HSYC-WX-0024　　湘南工作决议案

JGS-HSYC-WX-0025　　杜修经给湖南省委的报告

JGS-HSYC-WX-0026　　湖南省委给湘赣边特委及四军军委信

JGS-HSYC-WX-0027　　湖南省委给湘赣边特委及四军军委的工作决议案

JGS-HSYC-WX-0028　　湖南省委关于军事工作给湘赣特委及四军军委指示信

JGS-HSYC-WX-0029　　CY 湘南特委徐林同志关于湘南暴动经过的报告

JGS-HSYC-WX-0030　　巡视员向中央报告湖南情形之一段

JGS-HSYC-WX-0031　　中共湘赣边特委和红四军军委给湖南省委的报告

JGS-HSYC-WX-0032　　湖南省委关于目前湖南工作给湘赣边特委的补充指示

JGS-HSYC-WX-0033　　杜修经向中共湖南省委的报告

JGS-HSYC-WX-0034　　湖南省委中央巡视员给毛泽东、朱德转军委信

JGS-HSYC-WX-0035　　润仙给湘赣特委及四军军委信

JGS-HSYC-WX-0036　　湘赣边界各县党第二次代表大会决议案

JGS-HSYC-WX-0037　　中央巡视员贺昌给龚楚兄转玉阶润之及四军军委信

JGS-HSYC-WX-0038　　红军第四军第六次党代表大会决议案

JGS-HSYC-WX-0039　　中央给代远德怀公略并转五军全体同志的信

JGS-HSYC-WX-0040　　井冈山前委对中央的报告

JGS-HSYC-WX-0041　　遂川县工农兵苏维埃政府文件

JGS-HSYC-WX-0042　　中共中央给毛泽东等的指示

JGS-HSYC-WX-0043　　井冈山土地法

JGS-HSYC-WX-0044　　红军第四军司令部布告

JGS-HSYC-WX-0045　　告绿林弟兄书

JGS-HSYC-WX-0046　　告商人及知识分子

JGS-HSYC-WX-0047　　代远向湖南省委报告

JGS-HSYC-WX-0048　　湘赣边界特委给湖南省委信

JGS-HSYC-WX-0049　　中央给润之、玉阶两同志并转湘赣边特委信

JGS-HSYC-WX-0050　杨克敏关于湘赣边苏区情况的综合报告

JGS-HSYC-WX-0051　中共湘赣边界临时特委信

JGS-HSYC-WX-0052　彭德怀给中央的信

JGS-HSYC-WX-0053　红四军前委致中央的信

JGS-HSYC-WX-0054　中央给润之、玉阶两同志信

JGS-HSYC-WX-0055　前委来信

JGS-HSYC-WX-0056　朱毛红军与闽赣农民暴动之发展

JGS-HSYC-WX-0057　江西军事工作报告

JGS-HSYC-WX-0058　青年对于朱毛红军斗争应有之认识

JGS-HSYC-WX-0059　中共湘赣边界特委报告

JGS-HSYC-WX-0060　前委书记毛泽东同志给中央的报告

JGS-HSYC-WX-0061　中共湘赣边界特委报告第 2 号

JGS-HSYC-WX-0062　毛泽东给林彪的信

JGS-HSYC-WX-0063　中央给云卿并前委诸同志的指示信

JGS-HSYC-WX-0064　一个红军寄回来的信

JGS-HSYC-WX-0065　秋收暴动之始末

JGS-HSYC-WX-0066　赣西特委给江西省委的报告

JGS-HSYC-WX-0067　邓乾元关于湘赣边界五月至八月工作对中央的报告

JGS-HSYC-WX-0068　苏维埃组织法

JGS-HSYC-WX-0069　中央给四军前委的指示信

JGS-HSYC-WX-0070　陈毅关于朱毛军的历史及其状况的报告（一）

JGS-HSYC-WX-0071　陈毅关于朱毛红军的党务概况报告（二）

JGS-HSYC-WX-0072　湘赣边界目前工作任务决议案

JGS-HSYC-WX-0073　刘作抚关于赣西情形的综合报告

JGS-HSYC-WX-0074　江西省委致湘赣边特委工作（综合）指示

JGS-HSYC-WX-0075　红军布告

JGS-HSYC-WX-0076　中央给湘赣边特委信

JGS-HSYC-WX-0077　中共中央给红军第四军前委的指示信

JGS-HSYC-WX-0078	中国工农红军第五军的报告
JGS-HSYC-WX-0079	中共福建省委给闽西特委、四军前委的信
JGS-HSYC-WX-0080	共产党组织根本原则
JGS-HSYC-WX-0081	毛泽东同志给中央的报告
JGS-HSYC-WX-0082	红四军部队情况报告
JGS-HSYC-WX-0083	关于纠正党内的错误思想
JGS-HSYC-WX-0084	星星之火，可以燎原
JGS-HSYC-WX-0085	红四军前委向中央的报告
JGS-HSYC-WX-0086	五军报告
JGS-HSYC-WX-0087	张怀万巡视赣西南报告
JGS-HSYC-WX-0088	五军军委滕代远报告
JGS-HSYC-WX-0089	井冈山斗争与中国工农红军的创造
JGS-HSYC-WX-0090	1927 年莲花县上西乡农民自卫团给七区三分部的信函
JGS-HSYC-WX-0091	第二次国内革命战争时期中、少共永新市田区委给中少共各支校的通知
JGS-HSYC-WX-0092	1930 年 6 月遂川县上七乡工农兵苏维埃政府发给谢桂山兄弟的路条
JGS-HSYC-WX-0093	1928 年 4 月 17 日宁冈县六乡苏维埃政府要求谢鹏恩交土地税的通知
JGS-HSYC-WX-0094	1932 年酃县黄挪潭区油印廖厚芳的新同志入团介绍表
JGS-HSYC-WX-0095	1927 年至 1928 年永新县泥金乡党支部会议记录本
JGS-HSYC-WX-0096	第二次国内革命战争时期赣南军区第一分区红军连指导员刘位升的笔记本
JGS-HSYC-WX-0097	1950 年江西省委书记陈正人使用的工作笔记本

第六章　结语

红色遗产承载着新中国的历史和现在、过去和未来、目标和道路，凝结着中国共产党的性质和宗旨、使命和任务、理论和实践，昭示着中国共产党的理念和根脉、力量和生命、灵魂和形象。传承和保护红色遗产，是培根固本的基因工程，是厚植血脉的基础工程，是高扬旗帜、走向复兴的强国工程。保护红色遗产，利用红色资源，传承红色基因，赓续红色血脉，必须弄明白谁来传承，传承什么，传承给谁，如何传承这些最基本的问题。

一、谁来传承？

毫无疑问，中国共产党是红色遗产的创造者、建设者，也是当仁不让的传承者、传播者。党的领导人历来十分重视红色遗产传承。传承红色基因，赓续红色血脉，关键是要把红色遗产传承传播队伍建设好。中共中央、国务院多次出台有关发展红色遗产传承传播的文件，如 1994 年出台了《新时代爱国主义教育实施纲要》；自 1996 年，连续四次出台《全国干部教育培训五年规划》；2004 年、2011 年连续出台红色旅游发展规划；2017 年实施中华优秀传统文化传承发展工程；2019 年中组部印发各省（部）成立干部党性教育基地的通知。这些文件都对红色遗产传承传播的队伍建设提出了明确要求。

宝贵的红色遗产深刻影响了一代又一代社会主义建设者和接班人，党中央始终重视传承红色基因和赓续红色血脉，坚持用革命精神影响和教育一代又一代的社会主义建设者和接班人，培育了一大批优秀的红色遗产传承传播工作者，队伍呈现出层次多样、专兼结合、人员充足的特点。他们当中有的在专门承担红色遗产传承传播任务的专职岗位上工作，有的在特定人群的培训教育中承担红色遗产传承传播任务，有的在国民教育系统中承担红色遗产传承传播职责，也有的兼职在社会上面向不特定人群开展红色遗产传承传播。主要有以下几类：

（一）红色旧居旧址及革命纪念馆等场所的讲解人员

各地政府依托地域内的红色遗产设立有类型各样、数量众多的红色旧居旧址及纪念楼堂馆等，这些旧居、旧址又被打造成一个个红色遗产景点景区。从2010年红色旅游一期规划开始，到2015年红色旅游二期规划完成后，红色旅游经典景区建设增加到249处。2015年8月，全国红办发布65条抗战主题红色旅游精品路线。在1997年、2001年、2005年和2009年，中宣部先后共公布全国爱国主义教育示范基地353个，其中大部分包含红色旧居旧址和革命纪念馆等。这些革命纪念场馆、旧居旧址以及爱国主义基地等培养了一支专业讲解队伍。

（二）党政系统中从事干部教育培训的人员

《2013—2017年全国干部教育培训规划》由中共中央印发，规划明确规定，在党员干部培训中，要加强学习党史国史。显然红色遗产传承传播正是这些院校、机构等进行干部培训教育的重要内容之一。专职及兼职在这些院校、机构从事干部培训教育工作的人员及各地各级党委讲师团的成员是我国红色遗产传承传播工作队伍的重要组成部分。据统计，2014年全国党校系统工作人员大数是10万人[①]。另外，中央、各省和部分地市还设立了具有统一战线性质的社会主义学院，也是党和国家干部教育培训体系的有机组成部分，在统战人才培训教育中发挥着关键作用，同时也肩负着培养统战干部的职责。党外代表的培训教育工作强调以不断增强政治共识为核心，社会主义学院的教学必然涉及红色遗产传承传播的内容，其中的教职人员同样是红色遗产传承传播队伍的一分子。

（三）大中小学教职员工

青少年是红色遗产传承传播的重点受众人群，学校是进行红色遗产传承传播的主要渠道。大中小学的教职员工都负有对学生进行思想道德建设及思想政治教育的责任，而进行红色遗产传承传播是其主要任务之一。中小学的思想政治课教师、少先队辅导员、共青团干部、班主任是承担中小学生红色遗产传承传播任务的主要人员；大中专院校的党政干部和共青团干部、思想政治理论课教师、哲学社会科学课

---

① 何毅亭：《在海南省委党校座谈会上的讲话》，2014年6月20日，中共中央党校网，http：//www.capo.gov.cn/xrid/heyiting/hyll/201812/120181212_118460.shtml

教师等是红色遗产传承传播的主要人员。据教育部和人力资源和社会保障部统计，2023 年全国各级各类学校有全日制教师 1792.97 万人，其中幼儿园 29.17 万所，幼儿园全日制教师 291.34 万人；义务教育学校共 21.08 万所，专职教师 1029.49 万人；高中教育学校 2.45 万所，其中普通高中 1.42 万所，中等职业教育学校 9896 所，专任教师 108.3 万人；高等教育学校共 2738 所，专任教师 183.3 万人。

（四）其他在社会上兼职从事红色遗产传承传播的人员

除以上各层面的专职人员外，社会上还有许多兼职从事红色遗产传承传播的人员。比如，中国关心下一代工作委员会组织的"五老"队伍即是一批活跃在青少年教育战线上的兼职人员，其中的"老战士"更是主要面向青少年进行红色遗产传承传播；他们是在青少年宫、儿童活动中心等未成年人专门活动场所兼职承担教育任务的课外指导员，也是一支进行红色遗产传承传播的社会力量；他们中有受邀进入大中小学学校的两院院士、国有企业负责人、劳模、英模等，他们常以参与讲坛、沙龙等方式面向青少年开展红色遗产传承传播。

二、传承什么？

传承红色基因必须找到我们党之所以能的核心因子，也就是遗传密码，如此方能赓续血脉、事业永续。要教育引导全党从百年党史中汲取智慧力量，大力发扬红色传统，传承红色基因，赓续红色血脉，为实现中华民族伟大复兴而踔厉奋发、笃行不怠；概括起来讲就是学史明理、学史增信、学史崇德、学史力行。

（一）要坚定理想信念

习近平总书记说："坚定理想信念，坚守共产党人精神追求，始终是共产党人安身立命的根本。""革命理想高于天。理想信念之火一经点燃，就永远不会熄灭。在中央苏区和长征中，党和红军就是依靠坚定的理想信念和坚强的革命意志，一次次绝境重生，愈挫愈勇，最后取得了胜利，创造了难以置信的奇迹。"有坚定理想的党员领导干部才能坚持正确政治方向，能站得更高、视野更宽阔、胸襟更开阔，永葆共产党人政治本色。习近平总书记 2019 年 5 月 22 日在江西考察时指出："我们要从红色基因中汲取强大的信仰力量，增强'四个意识'，坚定'四个自信'，做到'两个维护'，自觉做共产主义远大理想和中国特色社会主义共同理想的坚定信仰者和忠实实践者，真正成为百折不挠、终生不悔的马克思主义战士。"

（二）要坚持理论创新

一个民族想走在时代的前列，就时刻要有理论思维，要时刻有正确思想的引导。理论的生命力在于创新，百年党史就是一部不断推进理论创新的历史。在波澜壮阔的百年历程中，党之所以能够领导人民在千辛万苦地求索开拓中完成使命，根源在于我们党始终把马克思主义基本原理与中国实际、优秀传统文化结合，用科学理论指导党和人民发展事业。坚持用党的创新理论武装头脑，在学习贯彻中促进各项工作高质量发展。习近平新时代中国特色社会主义思想，是中华文化和中国精神的精髓，是马克思主义中国化新飞跃，是推进党和国家事业发展、民族复兴的指导思想。

（三）要站稳人民立场

江山就是人民，人民就是江山。我们百年党史，是践行初心使命的历史，是党与人民心相印共命运的历史，是为了人民的根本利益而奋斗的历史。牢牢站稳人民立场是贯穿党百年历程的主题使命，历史深刻昭示，人心向背关系党的生死存亡，党的立场关系民族前途命运。只有得到人民拥护，才能克服任何困难、战胜任何敌人，无坚而不摧、无往而不胜，这可以说是一条"铁律"。习近平总书记强调"江山就是人民，人民就是江山"。

（四）要培养历史思维

把过去、当下和未来贯通起来思考问题叫历史思维。毛泽东同志认为："如果不把党的历史搞清楚，不把党在历史上所走的路搞清楚，便不能把事情办得更好。"习近平所说的历史思维，是以唯物史观认识历史、把握现在、开拓未来的科学方法。学习党史可以帮助我们从历史长河、时代大潮、全球风云中探究历史规律、分析演变机理，准确认识和把握社会主要矛盾、确定中心任务，提出相应的战略，强化工作的系统性、可预见性和创新性，增强把握现在、创造未来的能力。

（五）要传承伟大精神

在党的百年奋斗历程中，培育了一系列彰显政党性质、反映民族精神、体现时代要求的伟大精神，形成了以伟大建党精神为源头的中国共产党人的精神谱系。这些伟大精神虽然带有不同的时代印记，但始终具有一脉相承的共同品格，通过学习百年党史，可以更好地传承已经融入中国共产党人血脉与灵魂的伟大精神，从中汲取源源不断的奋斗力量，不断凝聚民族复兴的不竭动力，在推进民族复兴新征程上创造新的辉煌。

三、传承给谁？

中国共产党在长期革命、建设中形成的红色遗产带有鲜明的中国特色和党的烙印，对于党性教育和价值观培育有着极其重要的作用。党的二十大报告指出，"弘扬以伟大建党精神为源头的中国共产党人精神谱系，用好红色资源，深入开展社会主义核心价值观宣传教育，深化爱国主义、集体主义、社会主义教育，着力培养担当民族复兴大任的时代新人。"通过对红色遗产的保护开发、展示、解说和参与等培育活动，可以让党员干部、大学生、普通游客近距离地聆听、触摸、体验和感悟，更直观地了解中国共产党的光辉历程，使之更加明白我们是从哪里来的，要到哪里去。在潜移默化中形成"知史爱党、知史爱国"的凝聚性价值共识，从而"确保我们的江山不易色、政权不丢失、道路不改变"。因此，将传承红色基因融入党、团、少先队活动中，目的就在于赓续红色血脉。利用红色遗产传承红色教育，一是可以使广大党员始终坚守信仰追求，坚定理想信念，不忘初心、牢记使命，为党尽忠，为民尽力；二是可以教育引导广大青年、少年儿童更好地学习继承和发扬优良传统，树立远大志向，当好革命事业的真正接班人。

（一）中国共产党广大党员干部

中国共产党代表中国最广大人民的根本利益。中央组织部最新党内统计数据显示，截至 2022 年 12 月 31 日，中国共产党党员总数为 9804.1 万名，基层组织506.5 万个。中国共产党自建党以来，已经开展了十次全党教育活动，通过每一次教育活动固牢和守住我们党的生命线和根本工作路线——群众路线，来进行党性党风党纪、思想政治、理想信念以及初心使命教育，从而从百年党史中汲取智慧力量，传承红色基因，赓续红色血脉。从党的基层组织开展活动的情况来看，主要是通过"三会一课"、党日活动等常规安排来实施教育，加强对广大党员的教育管理，永葆共产党人本色。

（二）中国共产主义青年团

共青团是党的助手和后备军。至 2022 年 12 月底，全国共有共青团员 7358.3万名，共青团组织 409.3 万个，其中学生团员 4016.3 万名。开展以"团结、教育、引导、服务"为主题的活动，是团组织存续的根本所在。共青团要永远站在理想信念的高地上，用党的科学理论武装青年，用党的初心使命感召青年，用党的光辉旗帜指引青年，用党的优良作风塑造青年。特别是要注重从优秀共青团员中培养和发展党员，团结带领广大团员青年勇做新时代的弄潮儿，紧密围绕和一直贯穿为实现中国梦而奋斗的主题，争当伟大理想的追梦人，争做伟大事业的生力军，争做革命的先锋队、突击队，确保红色江山永不变色。

（三）中国少年先锋队

少年儿童的健康成长，是国家和民族存续发展的希望所在。少先队组织少先队员参观红色基地、讲故事、做游戏……对少年儿童进行红色遗产传承教育，让革命先烈的高尚品德、英勇事迹深入少年儿童的心，激发少年儿童爱党、爱国，成为建设社会主义和共产主义的后备队。

四、如何传承?

注重从党史中汲取智慧力量，推动党的事业向前发展，是我们党的优良传统及政治优势。党史是最鲜活最有说服力的教科书，也是最好的营养补充品。在开启第二个百年新征程的重要时刻，习近平总书记关于党史学习教育的系列重要论述，不仅为"建立常态化长效化制度机制，不断巩固拓展党史学习教育成果"提供了根本遵循，也为今后传承红色基因、赓续红色血脉指明了方向。

（一）坚持唯物史观和正确的党史观

唯物史观是共产党人认识把握历史的根本方法。要树立正确的党史观，须以唯物史观为指导，用正确的立场、观点、方法认识党史，把握党史。坚持人民立场，坚持实事求是，坚持以发展的眼光，将党史中的重大事件、重要会议、重要人物、重大问题置于中华民族伟大复兴的历史坐标来观察。要以党的三个历史决议为依据，加强思想引导，准确把握党的历史发展的主题主线、主流本质，正本清源、固本培元，自觉抵制对党史的庸俗化、娱乐化、粗鄙化，让正史成为全党全社会的共识。

（二）坚持实事求是、知行合一

力行是明理、增信、崇德的落脚点。传承红色遗产贵在实干笃行。总结党员干部在党史学习教育中"学党史、悟思想、办实事、开新局"的宝贵经验，切实把传承红色遗产同观照现实、解决实际问题、推动事业发展密切结合。善于从历史经验中提炼出克敌制胜的法宝，提升斗争本领，增强把握大局明辨大势的能力、掌握分析破解难题的方法，切实把学习成效转化为担当作为的强大动力。

（三）坚持创新方式方法

中国互联网络信息中心发布第 52 次《中国互联网络发展状况统计报告》显示，截至 2023 年 6 月，我国网民规模达 10.79 亿人，较 2022 年 12 月增长 1109 万人，互联网普及率达 76.4%。因此，要充分运用互联网技术、信息化手段和新媒体平台，应用互联网通过计算机技术搭建红色文化 VR 虚拟场馆，还原革命人物、革命场景、革命事件，营造革命年代的氛围感，由视觉、听觉、触觉等感官感知历史场景，使人身临其境从而深刻感受在革命战争年代无数英雄抛头颅洒热血的革命精神，展现红色遗产的独特魅力。

（四）建立和完善制度机制

传承红色基因、赓续红色血脉要和建立党史学习教育常态化长效化机制结合起来，应以党员干部为示范引领，切实扩大党史资政育人范围，提高党史资政育人效能。要从党员干部抓起，发挥"关键少数"的示范带动作用。用好党委（党组）理论学习中心组制度，推动领导干部带头学党史、经常学党史；用好干部教育培训机制，继续把党史作为党校（行政学院）、干部学院的必修课、常修课，通过专题研讨、理论宣讲、主题党日等形式，采取集中学习和个人自学结合的方式，将党史学习教育在日常学习工作中落深、落细、落实。传承红色遗产，准确把握党的重大成就和历史经验，推动党的历史更好进教材、进课堂、进头脑，在学校思政课中开展红色遗产传承，让红色基因代代相传。

参考文献

一、经典文献

[1] 马克思恩格斯全集：第 1 卷 [M]. 北京：人民出版社，2009.

[2] 马克思恩格斯全集：第 3 卷 [M]. 北京：人民出版社，1960.

[3] 马克思恩格斯全集：第 4 卷 [M]. 北京：人民出版社，2002.

[4] 马克思恩格斯全集：第 13 卷 [M]. 北京：人民出版社，1962.

[5] 马克思恩格斯全集：第 23 卷 [M]. 北京：人民出版社，1972.

[6] 马克思恩格斯全集：第 42 卷 [M]. 北京：人民出版社，1979.

[7] 马克思恩格斯全集：第 46 卷 [M]. 北京：人民出版社，2003.

[8] 马克思恩格斯全集：第 46 卷下册 [M]. 北京：人民出版社，1980.

[9] 马克思恩格斯全集：第 2 卷 [M]. 北京：人民出版社，2009.

[10] "马克思列宁主义基础"经典著作摘录（导言）[M]. 北京：中国人民大学出版社，1955.

[11] 马克思恩格斯选集：第 1—2 卷 [M]. 北京：人民出版社，1995.

[12] 马克思恩格斯选集：第 1—3 卷 [M]. 北京：人民出版社，2012.

[13] 恩格斯 . 自然辩证法 [M]. 北京：人民出版社，2018.

[14] 列宁全集：第 20 卷 [M]. 北京：人民出版社，1989.

[15] 列宁全集：第 34 卷 [M]. 北京：人民出版社，1985.

[16] 列宁全集：第 38 卷 [M]. 北京：人民出版社，1986.

[17] 列宁全集：第 55 卷 [M]. 北京：人民出版社，1990.

[18] 列宁全集：第 55 卷 [M]. 北京：人民出版社，2017.

[19] 列宁全集：第 6 卷 [M]. 北京：人民出版社，2013.

[20] 列宁选集：第 1 卷 [M]. 北京：人民出版社，1995.

[21] 列宁选集：第 2 卷 [M]. 北京：人民出版社，2012.

[22] 列宁选集：第 4 卷 [M]. 北京：人民出版社，1995.

[23] 列宁专题文集 [M]. 北京：人民出版社，2009 年版

[24] 毛泽东文集：第二卷 [M]. 北京：人民出版社，1993.

[25] 毛泽东文集：第六卷 [M]. 北京：人民出版社，1999.

[26] 毛泽东文集：第七卷 [M]. 北京：人民出版社，1999.

[27] 毛泽东选集：第一—四卷 [M]. 北京：人民出版社，1991.

[28] 邓小平文选：第一—二卷 [M]. 北京：人民出版社，1994.

[29] 邓小平文选：第三卷 [M]. 北京：人民出版社，1993.

[30] 邓小平 . 建设有中国特色的社会主义（增订本）[M]. 北京：人民出版社，1987.

[31] 刘少奇选集：上卷 [M]. 北京：人民出版社，1981.

[32] 江泽民论社会主义精神文明建设 [M]. 北京：中央文献出版社，1999.

[33] 江泽民文选：第一—三卷 [M]. 北京：人民出版社，2006.

[34] 江泽民 . 论党的建设 [M]. 北京：中央文献出版社，2001.

[35] 江泽民 . 在庆祝中国共产党成立八十周年大会上的讲话 [M]. 北京：人民出版社，
    2001.

[36] 江泽民 . 论"三个代表"[M]. 北京：中央文献出版社，2001.

[37] 胡锦涛 . 高举中国特色社会主义伟大旗帜为夺取全面建设小康社会新胜利而奋
    斗——在中国共产党第十七次全国代表大会上的报告 [M]. 北京：人民出版社，
    2007.

[38] 胡锦涛 . 在纪念红军长征胜利 70 周年大会上的讲话 [M]. 北京：人民出版社，
    2006.

[39] 习近平 . 习近平谈治国理政 [M]. 北京：外文出版社，2014.

[40] 习近平 . 习近平谈治国理政：第一卷 [M]. 北京：外文出版社，2018.

[41] 习近平 . 关于"不忘初心、牢记使命"重要论述选编 [M]. 北京：党建读物出版社，
    中央文献出版社，2019.

[42] 习近平 . 在北京大学师生座谈会上的讲话 [M]. 北京：人民出版社，2018.

[43] 习近平 . 在纪念五四运动 100 周年大会上的讲话 [M]. 北京：人民出版社，2019.

[44] 习近平 . 在庆祝中国共产党成立 95 周年大会上的讲话 [M]. 北京：人民出版社，

2016.

[45] 习近平 . 在文艺工作座谈会上的讲话 [M]. 北京：人民出版社，2015.

[46] 习近平总书记系列重要讲话读本 [M]. 北京：学习出版社，人民出版社，2016.

[47] 习近平 . 在庆祝改革开放 40 周年大会上的讲话 [M]. 北京：人民出版社，2018.

[48] 习近平 . 决胜全面建成小康社会夺取新时代中国特色社会主义伟大胜利——在中

国共产党第十九次全国代表大会上的报告 [M]. 北京：人民出版社，2017.

[49] 习近平关于党的群众路线教育实践活动论述摘编 [M]. 北京：党建读物出版社，中

央文献出版社，2014.

[50] 中央电视台《复兴之路》栏目组，人民出版社，《复兴之路》编写组编 . 复兴之路

[M]. 北京：人民出版社，中国民主法制出版社，2013.

[51] 习近平总书记系列重要讲话读本 [M]. 北京：学习出版社，人民出版社，2014.

[52] 中共中央党史研究室 . 中国共产党历史 1921—1949：第一卷上册 [M]. 北京：中共

党史出版社，2011.

[53] 中共中央文件选集：第一—十四册 [M]. 北京：中共中央党校出版社，1989.

[54] 中共中央文献选集：第十五册 [M]. 北京：人民出版社，1991.

[55] 中共中央文献选集：第十六册 [M]. 北京：人民出版社，1991.

[56] 中央档案馆编 . 北伐战争（资料选辑）[M]. 北京：中共中央党校出版社，1981.

[57] 中央档案馆编 . 南昌起义（资料选辑）[M]. 北京：中共中央党校出版社，1981.

[58] 建党以来重要文献选编：第二册 [M]. 北京：中央文献出版社，2011.

[59] 建国以来毛泽东文稿：第六册 [M]. 北京：人民出版社，1992.

[60] 厉行节约反对浪费——重要论述摘编 [M]. 北京：中央文献出版社，2013.

[61] 中共中央文件选集：第十二册 [M]. 北京：中共中央党校出版社，1991.

[62] 中共中央文件选集：第十三册 [M]. 北京：中共中央党校出版社，1991.

[63] 中共中央文件选集：第十四册 [M]. 北京：中共中央党校出版社，1991.

[64] 中共中央文件选集：第十七册 [M]. 北京：中共中央党校出版社，1991.

[65] 中央宣传部办公厅编. 党的宣传工作会议概况和文献（1951—1992）[M]. 北京：中共中央党校出版社，1994.

[66] 中央档案馆编. 北伐战争（资料选辑）[M]. 北京：中共中央党校出版社，1981.

[67] 李大钊全集：第一、第四卷 [M]. 北京：人民出版社，1999.

[68] 毛泽东年谱（1893—1949）（修订本）：中卷 [M]. 北京：中央文献出版社，2013.

[69] 中共中央中原局（1938.11—1941.5）：上卷 [M]. 北京：中共党史出版社，2013.

二、学术著作

[1]《马克思主义基本原理概论》编写组编. 马克思主义基本原理概论 [M]. 北京：高等教育出版社，2013.

[2]《毛泽东思想和中国特色社会主义理论体系概论》编写组编. 毛泽东思想和中国特色社会主义理论体系概论（2018 年版）[M]. 北京：高等教育出版社，2018.

[3] 井冈山革命根据地党史资料征集编研协作小组，井冈山革命博物馆. 井冈山革命根据地（上、下）[M]. 北京：中共党史资料出版社，1987.

[4] 中共中央党史资料征集文员会，中共中央党史研究室. 中共党史资料（1–76 专辑）[M]. 北京：中共中央党校出版社，1982.

[5] 中央档案馆. 中共中央文件选集（1—18 册）[M]. 北京：中共中央党校出版社，1989.

[6] 余伯流，陈钢. 井冈山革命根据地全史 [M]. 南昌：江西人民出版社，2010.

[7] 罗学渭，肖长春. 井冈山革命根据地党的建设史 [M]. 南昌：江西人民出版社，2007.

[8] 李小三. 中国共产党人精神研究 [M]. 北京：中央文献出版社，2008.

[9] 戴木才. 中国特色核心价值观的传统现实与前景 [M]. 南宁：广西人民出版社，2011.

[10] 朱伟. 社会主义核心价值体系的建构 [M]. 北京：线装书局，2007.

[11] 裴德海. 从一般价值到核心价值社会主义核心价值观培育与践行的双重逻辑 [M]. 合肥：安徽教育出版社，2013.

[12] 陈章龙. 价值观研究 [M]. 南京：南京师范大学出版社，2004.

[13] 吴向东. 重构现代性：当代社会主义价值观研究 [M]. 北京：北京师范大学出版社，2006.

[14] 李斌雄. 中国共产党的价值观研究 [M]. 北京：中国社会科学出版社，2003.

[15] 田海舰. 社会主义核心价值观研究 [M]. 保定：河北大学出版社，2008.

[16] 吴必虎，余青. 红色旅游开发管理与营销 [M]. 北京：中国建筑工业出版社，2006.

[17] 高舜礼. 中国红色旅游发展的历程、特征与对策 [M]. 北京：社会科学文献出版社，2005.

[18] 中国井冈山干部学院编. 井冈山革命根据地史料大全——大事记 [M]. 北京：党建读物出版社，2016.

[19] 中国井冈山干部学院编. 党性教育——实践与创新 [M]. 北京：党建读物出版社，2012.

[20] 中国井冈山干部学院教材编审委员会组织编写. 革命传统教育经典案例 [M]. 北京：党建读物出版社，2012.

[21] 埃里奥特·阿伦森. 社会心理学 [M]. 侯玉波，译. 北京：中国轻工业出版社，2007.

[22] 雅斯贝尔斯. 什么是教育 [M]. 邹进，译. 上海：三联书店，1991.

[23] 帕斯卡尔. 思想录：论宗教和其他主题的思想 [M]. 何兆武，译. 上海：上海人民出版社，2007.

[24] 傅治平. 精神的升华——中国共产党的精气神 [M]. 北京：人民出版社，2007.

[25] 李华兴，吴嘉勋编. 梁启超选集 [M]. 上海：上海人民出版社，1984.

[26] 刘孚威主编. 论井冈山精神 [M]. 南昌：江西人民出版社，2011.

[27] 平章起，梁禹祥. 思想政治教育基本理论问题研究 [M]. 天津：南开大学出版社，2010.

[28] 郑永廷等. 社会主义意识形态发展研究 [M]. 北京：人民出版社，2002.

[29] 瓦西留克. 体验心理学 [M]. 黄明等，译. 北京：中国人民大学出版社，1989.

[30] 爱德华·希尔斯. 论传统 [M]. 傅铿，吕乐，译. 上海：上海人民出版社，1991.

[31] 汉娜·阿伦特.论革命 [M].陈周旺，译.南京：凤凰出版传媒集团，译林出版社，1991.

[32] 国家教委思想政治工作司组编.中国共产党思想政治工作史 [M].北京：红旗出版社，1995.

[33] 陈万伯，张耀灿主编.思想政治教育学原理（第三版）[M].北京：高等教育出版社，2015.

[34] 周金堂等.革命老区 80 年党建之考量——"五县一市"井冈山斗争时期与新时期党的建设比较研究 [M].北京：党建读物出版社，2017.

[35] 周金堂等.党员领导干部党性与作风问题研究 [M].北京：党建读物出版社，2011.

[36] 顾明远主编.教育大词典（增订合编本）[M].北京：上海教育出版社，1998.

[37] 巴班斯基主编.教育学 [M].李子卓等，译.北京：人民教育出版社，1987.

[38] 罗国杰主编.中国传统道德·名言卷 [M].北京：中国人民大学出版社，1995.

[39] 斯卡特金主编.中学教学论——当代教学论的几个问题 [M].赵维贤，丁酉成等，译.北京：人民教育出版社，1985.

[40] 塞缪尔·亨廷顿，劳伦斯·哈里森.文化的重要作用——价值观如何影响人类进步(修订版）[M].程克雄译.北京：新华出版社，2011.

[41] 克罗齐.历史学的理论和实际 [M].道格拉斯·安斯利，英译.傅任敢，译.北京：商务印书馆，2005.

[42] 托克维尔.旧制度与大革命 [M].冯棠，译.北京：商务印书馆，1996.

[43] 古斯塔夫·勒庞.革命心理学 [M].佟德志，刘训练，译.长春：吉林人民出版社，2004.

[44] 费正清，费维恺.剑桥中华民国史（上、下）[M].杨品泉，孙开远，黄沫，译.北京：中国社会科学出版社，1993.

[45] 塞缪尔·亨廷顿.变化社会中的政治秩序 [M].王冠华等，译.上海：三联书店，1989.

[46] 石川祯浩.中国共产党成立史 [M].袁广泉，译.北京：中国社会科学出版社，2006.

[47] 哈耶克.通往奴役之路 [M].王明毅，冯兴元等，译.北京：中国社会科学出版社，1997.

[48] 阿里夫·德里克.革命与历史 [M].翁贺凯，译.南京：江苏人民出版社，2005.

[49] 曼瑟尔·奥尔森.集体行动的逻辑 [M].陈郁,郭宁峰,李崇新,译.上海:三联书店,2008.

[50] 斯坦利·巴兰,丹尼斯·戴维斯著.大众传播理论:基础、争鸣与未来 [M].曹书乐,译.北京:清华大学出版社,2004.

[51] 张腾霄主编.中国共产党干部教育研究资料丛书(第一辑)[M].北京:中国人民大学出版社,1988.

[52] 姜成厚.革命传统新编 [M].天津:天津人民出版社,1996.

[53] 联合国教科文组织国际教育发展委员会编著.学会生存——教育世界的今天和明天 [M].北京:教育科学出版社,1996.

[54] 中国井冈山干部学院编.红色家书——革命烈士书信选编 [M].北京:党建读物出版社,2018.

[55] 扈中平.现代教育学 [M].北京:高等教育出版社,2014.

[56] 邱国勇.社会主义核心价值观教育研究 [M].北京:人民出版社,2014.

[57] 联合国教科文组织.反思教育:向"全球共同利益"的理念转变? [M].北京:教育科学出版社,2015.

[58] 汪建民编著.代代读革命先烈(第二辑)——恽代英 [M].北京:北京工业大学出版社,2012.

[59] 周兆良编著.永不消逝的电波——李白烈士的故事 [M].上海:上海人民出版社,2011.

三、报刊文章

[1] 江泽民.在全国宣传部长会议上的讲话 [N].人民日报,2001-1-10.

[2] 江泽民在江西考察工作时指出结合群众实践加强党的建设,深入基层为老百姓办实事好事 [N].人民日报,2001-6-4.

[3] 江泽民.深入基层为百姓办实事好事 [N].人民日报,2001-6-4.

[4] 胡锦涛.坚持发扬艰苦奋斗的优良作风努力实现全面建设小康社会的宏伟目标 [J].求是,2003(1).

[5] 胡锦涛.在 2010 年全国劳动模范和先进工作者表彰大会上的讲话 [N].人民日报,2010-4-28.

[6] 胡锦涛在中共中央政治局第三十三次集体学习时强调坚持不懈地学习中国革命史发扬光大党的光荣革命传统 [N]. 人民日报，2006-7-26.

[7] 胡锦涛. 坚定不移沿着中国特色社会主义道路前进为全面建成小康社会而奋斗——在中国共产党第十八次全国代表大会上的报告 [N]. 人民日报，2012-11-18.

[8] 中共中央文献研究室. 毛泽东邓小平江泽民关于艰苦奋斗、居安思危、保持同人民群众血肉联系的论述 [J]. 党的文献，2003（1）.

[9] 大力弘扬井冈山精神——四论学习贯彻胡锦涛总书记考察江西重要讲话精神 [N]. 江西日报，2009-2-27.

[10] 习近平强调用井冈山精神激励干部群众继承发扬党的优良传统促进浙江又快又好发展 [N]. 浙江日报，2006-3-31.

[11] 习近平在湖南调研时强调以更加奋发有为的精神加强和改进党的建设为实现"十二五"时期良好开局提供坚强保证 [N]. 人民日报，2011-3-24.

[12] 习近平. 在纪念中央革命根据地创建暨中华苏维埃共和国成立 80 周年座谈会上的讲话 [N]. 人民日报，2011-11-5.

[13] 党面临的"赶考"远未结束——习近平总书记再访西柏坡侧记 [N]. 人民日报，2013-7-14.

[14] 习近平在指导河北省委常委班子专题民主生活会时强调坚持用好批评和自我批评的武器提高领导班子解决自身问题能力 [N]. 人民日报，2013-9-26.

[15] 习近平春节前夕赴陕西看望慰问广大干部群众 [N]. 人民日报，2015-2-17.

[16] 习近平. 走好新的长征路 [N]. 人民日报，2016-9-24.

[17] 习近平. 铭记党的奋斗历程时刻不忘初心担当党的崇高使命矢志永远奋斗 [N]. 人民日报，2017-11-1.

[18] 习近平. 在纪念刘少奇同志诞辰 120 周年座谈会上的讲话 [N]. 人民日报，2018-11-24.

[19] 习近平. 在全国高校思想政治工作会议上的讲话 [N]. 光明日报，2016-12-9.

[20] 习近平. 在学校思想政治理论课教师座谈会上的讲话 [N]. 人民日报，2019-3-19.

[21] 要群众信任，决不仅仅靠权力——中共浙江省委书记习近平在省委专题学习会上的讲话 [N]. 人民日报，2005-5-30.

[22] 中共中央政治局召开会议审议《新时代爱国主义教育实施纲要》和《中国共产党党校（行政学院）工作条例》，中共中央总书记习近平主持会议 [N]. 人民日报，2019–9–25.

[23] 开启新征程谱写新史诗——以习近平同志为核心的党中央引领中国特色社会主义进入新时代 [N]. 人民日报（海外版），2018–1–2.

[24] 习近平在学习贯彻党的十九大精神研讨班开班式上发表重要讲话 [N]. 人民日报，2018–1–6.

[25] 在参观"伟大的变革——庆祝改革开放 40 周年大型展览"时的讲话 [N]. 人民日报，2018–11–14.

[26] 一以贯之坚持和发展中国特色社会主义——论学习贯彻习近平总书记"1·5"重要讲话 [N]. 人民日报，2018–1–6.

[27] 在科学发展道路上阔步前进——习近平在江西调研考察纪实 [N]. 江西日报，2008–10–17.

[28] 习近平在调研指导兰考县党的群众路线教育实践活动时强调大力学习弘扬焦裕禄精神继续推动教育实践活动取得实效 [N]. 人民日报，2014–3–19.

[29] 习近平在江西考察并主持召开推动中部地区崛起工作座谈会时强调贯彻新发展理念推动高质量发展奋力开创中部地区崛起新局面 [N]. 人民日报，2019–5–23.

[30] 习近平在中央政治局第十五次集体学习时强调全党必须始终不忘初心、牢记使命在新时代把党的自我革命推向深入 [N]. 人民日报，2019–6–26.

[31] 习近平在"不忘初心、牢记使命"主题教育工作会议上强调守初心担使命找差距抓落实确保主题教育取得扎实的成效 [N]. 光明日报，2019–6–1.

[32] 习近平在内蒙古考察并指导开展"不忘初心、牢记使命"主题教育时强调牢记初心和使命贯彻以人民为中心的发展思想把祖国北部边疆风景线打造得更加亮丽 [N]. 人民日报，2019–7–17.

[33] 习近平在江西调研考察时强调坚持改革创新推动农村发展弘扬优良传统加强党的建设 [N]. 人民日报，2008–10–16.

[34] 习近平在广西调研时强调不断提高党的建设科学化水平在新起点上深入实施西部
大开发战略 [N]. 人民日报，2010-5-12.

[35] 习近平 . 在第十三届全国人民代表大会第一次会议上的讲话 [N]. 人民日报，
2018-3-21.

[36] 习近平 . 坚持实事求是的思想路线 [N]. 学习时报，2012-5-28.

[37] 习近平 . 弘扬"红船精神"走在时代前列 [N]. 人民日报，2017-12-1.

[38] 胡锦涛 . 弘扬崇高革命精神和优良革命传统沿着中国特色社会主义道路奋勇前进
[N]. 人民日报，2007-7-28.

[39] 胡锦涛 . 继承发扬党的优良革命传统加快全面建设小康社会步伐 [N]. 人民日报，
2003-9-3.

[40] 戴木才 . 积极培育和践行社会主义核心价值观 [J]. 思想政治工作研究，2014（2）.

[41] 李小三 . 整合红色资源创新培训理念 [J]. 党建研究，2006（1）.

[42] 张泰城 . 论红色资源与干部教育 [J]. 中国井冈山干部学院学报，2012（6）.

[43] 左冰 . 红色旅游与政党认同——基于井冈山景区的实证研究 [J]. 旅游学刊，2014
（9）.

[44] 朱小理，杨宇光，胡松 . 关于红色资源转化为教育教学资源必然性的思考 [J]. 学
校党建与思想教育，2009（11）.

[45] 匡胜等 . 运用红色资源进行党性党风党纪教育 [J]. 井冈山大学学报(社会科学版)，
2010（4）.

[46] 魏本权 . 传承与创新:构建具有中国特色的红色资源学 [J]. 井冈山学院学报，2009
（3）.

[47] 挖掘革命传统资源，打造党性教育品牌第二届党性教育"延安论坛"观点综述
[J]. 中国延安干部学院学报 [J]. 2010（6）.

[48] 刘孚威 . 论红色资源及其在干部教育中的作用 [J]. 中国井冈山干部学院学报，
2013（2）.

[49] 王家荣，杨宇光等 . 转化:"红色资源"从育人困境中突围的关键 [J]. 南昌大学学报，
2010（1）.

[50] 翁钢民等.基于 AHP 的红色旅游资源综合评价方法及其开发对策 [J].工业技术经济，2006（2）.

[51] 胡松等.近十年来关于红色资源研究述评 [J].江西科技师范学院学报，2011（1）.

[52] 李贤海，李文瑞.对"红色资源"概念界定的思考 [J].井冈山大学学报，2011（3）.

[53] 王文彦.对红色资源界定的研究综述 [J].赤峰学院学报（自然科学版），2013（3）.

[54] 周颖等.近十年来红色资源研究述评 [J].学校党建与思想教育，2013（12）.

[55] 陈钧.试论红色资源开发在中华民族精神教育中的独特价值 [J].南昌航空大学学报，2008（3）.

[56] 李康平，李正兴.论大学德育中红色资源的运用 [J].中国高等教育，2006（23）.

[57] 刘争先.红色资源在大学生爱国主义教育中的价值及运用 [J].广西青年干部学院学报，2007（3）.

[58] 曾绍东.论红色资源在大学生思想道德教育中的应用 [J].江西行政学院学报，2007（7）.

[59] 江玉安.红色资源在大学生民族精神教育中的价值及其运用 [J].沧桑，2008（2）.

[60] 闫萍莉.用"红色资源"培养大学生的爱国主义精神 [J].经济与社会发展，2007(5).

[61] 杨罡.红色资源的心理效应及其在思想政治教育中的运用策略 [J].井冈山大学学报，2010（2）.

[62] 杨六栓.论红色资源与高校社会主义核心价值体系教育的契合 [J].河南师范大学学报，2010（3）.

[63] 黄骁，胡松.红色资源对高校思想政治教育效益优化的特殊价值 [J].党史文苑，2009（7）.

[64] 程东旺，黄伟良.红色文化的价值形态和德育功能探析 [J].现代教育科学，2006(2).

[65] 吴清江，戴淑雯.红色资源开发研究 [J].井冈山学院学报，2009（3）.

[66] 本报评论员.革命理想高于天—谈纪念红军长征胜利80周年 [N].解放军报，2016-10-13.

[67] 不断提高党的建设科学化水平在新起点上深入实施西部大开发战略 [N].人民日报，2010-5-12.

[68] 陈独秀 . 中国农民问题 [J]. 前锋，1923–7–1.

[69] 陈建，雷亮 . 坚持与时俱进开展红安精神革命传统教育 [J]. 军事经济学院学报，2005（4）.

[70] 邓小平 . 在全国科技工作会议作报告后即席作的讲话 [N]. 人民日报，2003–10–8.

[71] 冯春梅，莫福春，冀东屏 . 把红色基因融入血脉 [N]. 人民日报，2014–11–9.

[72] 宫克勤，武传燕，卢丽冰 . 研讨式课堂教学方法探讨 [J]. 教书育人（高教论坛），2017（15）.

[73] 顾佳峰 . 高等教育中的互动式教学——以北京大学"世界课堂"为例 [J]. 黑龙江高教研究，2013（2）.

[74] 郭汉民 . 探索研讨式教学的若干思考 [J]. 湖南师范大学社会科学学报，1999（2）.

[75] 何勇，申智林 . 像保护家人一样保护红军 [J]. 人民日报，2019–6–28.

[76] 户晓坤 . 马克思的历史科学与方法论的哲学变革 [J]. 哲学研究，2018（8）.

[77] 黄理 . 关于发扬艰苦奋斗优良传统的思考 [J]. 新疆教育学院学报，2003（4）.

[78] 坚持不懈地学习中国革命史发扬光大党的光荣革命传统 [J]. 高校理论战线，2006（8）.

[79] 金艳芬 . 论高校革命传统教育 [J]. 吉林师范大学学报（人文社会科学版），2008（6）.

[80] 瞿秋白 . 国民会议与五卅运动 [J]. 新青年（月刊第 3 号），1926–3–25.

[81] 柯华，屈亚 . 研讨式教学法 : 培养系统思维和合作精神的平台 [J]. 理论导报，2011（2）.

[82] 匡胜 . 提升干部院校现场教学水平的思考——以中国井冈山干部学院为例 [J]. 中国井冈山干部学院学报，2009（3）.

[83] 李斌 . 走好新的长征路 [N]. 人民日报，2016–9–24.

[84] 李栋 . 赋魅于一个祛魅的教育世界——全面深化教育综合改革的思维范式转换 [J]. 教育研究与实验，2018（4）.

[85] 李菲 . 充分发挥示范基地作用深入开展爱国主义教育——中宣部负责同志答记者问 [N]. 人民日报，2009–5–23.

[86] 李景源 . 习近平的群众观 [J]. 中共福建省委党校学报，2016（10）.

[87] 刘长义. 革命传统教育是培育一代新人的必修课 [J]. 中国青年政治学院学报，1992（1）.

[88] 刘凌凌，范桂兰. 论网络时代的革命传统教育 [J]. 老区建设，2008（16）.

[89] 刘奇. 推动井冈山高质量发展的调查思考 [J]. 求是，2019（20）.

[90] 龙军. "半条被子"温暖万千百姓心 [J]. 光明日报，2019–7–1.

[91] 陆佳，谢任穷. 不让原则变"圆"则 [J]. 中国纪检监察，2016（15）.

[92] 约翰·西利·布朗，阿伦·科林斯，保尔·杜吉德. 情景认知与学习文化 [J]. 教育研究者，1989（18）.

[93] 荣仕星. 爱国主义是民族精神的核心 [N]. 人民日报，2003–8–26.

[94] 桑洪臣. 世界面临社会和道德危机 [N]. 光明日报，1995–3–3.

[95] 孙金根，沈程程. 延安整风时期党的作风建设的基本经验 [J]. 前沿，2013（24）.

[96] 王青梅，赵革. 国内外案例教学法研究综述 [J]. 宁波大学学报（教育科学版），2009（3）.

[97] 王文章. 中国共产党为什么必须勇于自我革命 [J]. 人民论坛，2018（7）.

[98] 王宪魁. 严守政治纪律强化责任担当 [N]. 人民日报，2014–7–9.

[99] 王琰，汪东亚. 大陆党委讲师团生存报告 [J]. 凤凰周刊，2012（30）.

[100] 王依娜，尹栾玉. "物"与"及物"：涂尔干社会事实方法论的核心范畴 [J]. 社会科学论坛，2018（5）.

[101] 王义林. 略谈革命传统教育的继承和创新 [J]. 东疆学刊，1986（2）.

[102] 王永乐. 网络文化语境下中国主流意识形态构建的战略路径 [J]. 宁夏党校学报，2017（6）.

[103] 我国近代以来约有 2000 万名烈士 [J]. 共产党员（河北），2014（19）.

[104] 邬小花. 挖掘红色资源，创新传统教育 [J]. 读书文摘，2016（8）.

[105] 吴向东. 论马克思人的全面发展理论 [J]. 马克思主义研究，2005（1）.

[106] 肖罗. 西迁精神永放光芒 [N]. 光明日报，2018–1–9.

[107] 薛二勇，刘爱玲. 习近平教育思想：中国教育改革的旗帜与方向 [J]. 中国教育学刊，2017（5）.

[108] 徐海峰，邓辉 . 传承红色基因助推红色教育 [N]. 中国教育报，2019-3-31.

[109] 学习领会"七一"讲话，坚定文化自信之二：文化自信是总源头 [N]. 中国纪检监察报，2016-9-5.

[110] 学习领会"七一"讲话，坚定文化自信之三：历史是最好的老师 [N]. 中国纪检监察报，2016-9-12.

[111] 学习领会"七一"讲话，坚定文化自信之一：历史文化决定道路选择 [N]. 中国纪检监察报，2016-8-29.

[112] 杨静美 . 情景模拟式教学新探索 [N]. 学习时报，2014-5-5.

[113] 杨威，李春燕 . 思想政治教育方法论之现代性探析：借鉴与发展 [J]. 思想政治教育研究，2018（3）.

[114] 尤玮 . 浅谈博物馆、纪念馆讲解员队伍的发展与建设 [J]. 大众文艺，2011（17）.

[115] 游海华 . 苏维埃革命的兴起与南京国民政府的政治制度应对 [J]. 史林，2018（4）.

[116] 虞云耀 . 毛泽东的党建思想 [J]. 瞭望新闻周刊，2014（1）.

[117] 曾宪皆 . 试析郭汉民教授的研讨式五步教学法 [J]. 湖南师范大学社会科学学报，1999（5）.

[118] 张李军 . 高校思想政治教育中两类传统教育探析 [J]. 传承，2009（12）.

[119] 张爽 . 新时期加强革命传统教育宣传的现代思考 [J]. 鸡西大学学报，2012（2）.

[120] 张志华 . 人民出版社，与建党初期的图书出版 [J]. 中国国家博物馆馆刊，2018（8）.

[121] 张琢悦，史瑞琼 ."西迁精神"的由来与内涵 [N]. 人民政协报，2018-2-2.

[122] 赵存生 . 弘扬和培育伟大的民族精神 [N]. 人民日报，2004-6-24.

[123] 赵慧军 . 活动理论的产生、发展及前景 [J]. 东北师大学报（哲学社会科学版），1997（1）.

[124] 赵沁平 . 虚拟现实综述 [J]. 中国科学 F 辑：信息科学，2009（1）.

[125] 赵仁光，李惠让 . 革命理想和共产主义道德 [J]. 学习与探索，1983（3）.

[126] 郑科扬 . 开展批评和自我批评并非重搞"左"的一套 [J]. 求是，2013（16）.

[127] 周金堂 . 把红色资源红色传统红色基因利用好发扬好传承好 [J]. 党建研究，2017（5）.

[128] 王宪魁 . 加强领导干部党性信念作风教育 [N]. 人民日报，2009-10-13.

[129] 张垚 . "红色课堂"生动党性修养入心 [N]. 人民日报，2012-11-3.

[130] 挖掘革命传统资源，打造党性教育品牌 [N]. 光明日报，2010-11-13.

[131] 陈富钢整理 . 红色旅游十年辉煌 [N]. 中国旅游报，2014-8-22.

[132] 肖邮华，何小文 . 井冈山文化遗产保护探析 [N]. 中国文物报，2013-8-23.

[133] 甄学宝，郝芸芸 . 传承红色火种弘扬革命精神 [N]. 中华新闻报，2006-3-8.

[134] 周金堂 . 试论增强党员党性教育的有效性 [J]. 石油化工管理干部学院学报，2011
（3）.

[135] 周金堂，许金华 . 价值共识视域下红色文化的教育探析 [J]. 赣南师范学院学报，
2016（4）.

[136] 周金堂 . 寓理于情于史加强革命传统和理想信念教育 [J]. 党建研究，2008（5）.

[137] 周萌 . 红色旅游：爱国主义和革命传统教育的创举 [J]. 求是，2010（1）.

[138] 周小金，项波 . 论高校革命传统教育机制的构建和完善 [J]. 南方冶金学院学报，
2005（2）.

[139] 周晓光，雷家军 . 新时期高校革命传统教育的路径探析 [J]. 黑龙江教育学院学报，
2012（8）.

[140] 周兴国 . 乡村教育的现代化困境与出路 [J]. 教育研究与实验，2018（4）.

[141] 廖勇 . 如何实现红色遗产的有机传承 [J]. 时代经贸，2014（2）.

[142] 廖勇 . 简论红色遗产的功能与价值 [J]. 文化产业，2014（5）.

[143] 张鑫鑫 . 历史视野下的社会主义核心价值观 [J]. 党政论坛，2014（7）.

[144] 廖勇 . 试析当前我国红色文化遗产的保护 [J]. 青年时代，2014（2）.

[145] 张鑫鑫 . 干部教育培训应以"道"为重 [J]. 广西社会主义学院学报，2013（6）.

[146] 廖勇 . 浅谈党的群众路线的形成过程和毛泽东对群众路线的独创性贡献 [J]. 长沙
民政职业技术学院学报，2014（2）.

[147] 廖勇 . 焦裕禄精神的形成背景、基本内涵及时代价值 [J]. 产业与科技论坛，2013
（9）.

[148] 张鑫鑫 . 试论党性教育的载体建设 [J]. 中共太原市委党校学报，2011（6）.

[149] 廖勇．文化视域下的新型城镇化路径初探 [J]．中外企业家，2014（8）．

[150] 廖勇．红色资源与干部理想信念教育 [J]．宁夏党校学报，2013（4）．

[151] 廖勇．井冈山时期的艰苦奋斗及其启示 [J]．建筑遗产，2013（12）．

[152] 朱小理，胡松，杨宇光．"红色资源"概念的界定 [J]．井冈山大学学报（社会科学版），2010（5）．

[153] 魏本权．从革命文化到红色文化：一项概念史的研究与分析 [J]．井冈山大学学报（社会科学版），2012（1）．

[154] 傅小清，龚玉秀，张国芳．试论红色文化的生成机制 [J]．井冈山大学学报（社会科学版），2010（4）．

[155] 肖发生．论红色资源在马克思主义大众化中的价值和运用 [J]．井冈山大学学报（社会科学版），2012（4）．

[156] 卢丽刚．井冈山红色旅游资源保护与开发的现状、问题及对策 [J]．井冈山大学学报（社会科学版），2010（6）．

[157] 杜早华．论红色文化的精神实质与当代价值 [J]．井冈山大学学报（社会科学版），2015（6）．

[158] 熊辉，谭诗杰．论红色文化在社会主义荣辱观教育中的价值 [J]．井冈山大学学报（社会科学版），2012（2）．

[159] 杨家余，汪翔．论红色文化的强军价值 [J]．井冈山大学学报（社会科学版），2015（2）．

[160] 金民卿．红色文化的精神传承与理想信念的当代建构 [J]．井冈山大学学报（社会科学版），2015（1）．

[161] 肖发生．红色资源在高校思想政治教育中的价值与运用 [J]．井冈山大学学报（社会科学版），2010（2）．

[162] 王员．论革命传统资源在社会主义荣辱观教育中的运用 [J]．井冈山学院学报（哲学社会科学），2008（9）．

[163] 邹平林．论现代性视域中红色资源的整合与转化 [J]．井冈山大学学报（社会科学版），2014（2）．

[164] 刘红梅,张海燕.红色旅游中的导游讲解与红色文化传承 [J]. 井冈山大学学报(社会科学版), 2013（4）.

[165] 吴默闻,丁俊萍."大同""小康"在近现代中国的创造性转化 [J]. 海南大学学报(人文社会科学版), 2017-7-25.

[166] 史一棋. 革命文物带火红色旅游 [N]. 人民日报, 2018-12-20.

[167] 杨少华. 邓小平对中国共产党革命精神的创新发展 [J]. 中共云南省委党校学报, 2015-2-15.

[168] 张勇. 永远不忘人民这个根 [N]. 河北日报, 2020-9-11.

[169] 张雪. 统筹推进革命文物保护利用传承 [N]. 经济日报, 2018-7-31.

[170] 程伟礼,聂筱谕,杨晓伟,施之昊. 永葆执政党的革命精神与创新活力 [N]. 解放日报, 2011-6-13.

[171] 陶李. 浙江良渚古城遗址公园：打磨好产品传承古文明 [N]. 中国旅游报, 2019-8-5.

[172] 徐功献,陈娜. 四重维度下苏区精神的新时代解读 [J]. 红色文化学刊, 2019-12-8.

[173] 杨智勇. 中共革命精神史视域下的方志敏精神 [J]. 上饶师范学院学报, 2020-2-28.

[174] 刘琳. 八一精神：中国共产党革命精神的鲜明坐标 [N]. 江西日报, 2017-7-3.

[175] 雷立明. 弘扬中国共产党人的革命精神 [J]. 湖北社会科学, 2001-8-25.

[176] 翟群. 革命文物保护利用工程迈出第一步 [N]. 中国文化报, 2019-3-21.

[177] 陈金龙. 中国共产党百年历史的主题主线 [J]. 广西师范大学学报（哲学社会科学版）, 2021-3-17.

[178] 闫玉清,王涛,罗洪新,刘润为,孟凡驰,李文阁,徐耀强,朱继东. 红色文化：国企党建的精神支柱 [J]. 红旗文稿, 2016-10-25.

[179] 杨钢. 工匠精神本质上即零缺陷精神 [N]. 工人日报, 2016-9-13.

[180] 周乾松,徐连林. 历史文化名镇的保护与开发——基于中国"四大名镇"的经验启示 [J]. 中共浙江省委党校学报, 2013-5-15.

[181] 曾诚. 在疫情防控战中彰显共产党员本色 [N]. 韶关日报, 2020-2-10.

[182] 李珊．军队政治工作领导者树威立信之道 [J]．南京政治学院学报，2015-7-30.

[183] 杜韶婕．新时代民族精神的内涵要义、理论价值与实践路径浅析 [J]．中共南宁市委党校学报，2020-6-28.

[184] 余卫国．习近平新时代中国特色社会主义思想大众传播的模式转换和方法创新 [J]．西部学刊，2019-2-10.

[185] 彭勃，彭志中．推进红色基因传承的路径探讨 [J]．党史文苑，2021-1-15.

[186] 乔守春．社会实践视域下的高校中华优秀传统文化教育论析 [J]．成都大学学报（社会科学版），2016-8-25.

[187] 胡彬．勇于发声亮剑坚定坚决同"两面人"作斗争 [J]．博尔塔拉报（汉），2017-11-3.

[188] 万彩霞，官琴，艾虹．贵州非物质文化遗产面临濒危的思考 [J]．黑河学刊，2018-9-17.

[189] 饶道良．井冈山红色标语产生的经过及其历史意义 [J]．党史文苑，2011-8-20.

[190] 杜尚泽，霍小光．梦想，从这里启航 [N]．人民日报，2017-12-7.

[191] 张新华．传承红色基因弘扬革命精神——毛泽东对中国共产党的独特贡献 [J]．企业文明，2019-9-15.

[192] 邱小云．论中共民主革命时期的革命精神史 [J]．江西社会科学，2013-3-15.

[193] 胡江霞．长征精神的历史传承与时代接力 [N]．湖北日报，2016-10-24.

[194] 余国鹏．如何走好新时期的长征路 [N]．云南日报，2016-10-25.

[195] 莫志斌，肖芳军．论湖南红色文化遗产的开发 [J]．湖南城市学院学报，2012-5-20.

[196] 杨杰，庞鹏．从遵义会议看民主集中制原则的确立——以制度形成的"偶发性"与"必然性"为视角 [J]．中共山西省委党校学报，2016-6-1.

[197] 张小灵．"让遵义会议精神永放光芒"——遵义会议纪念馆推进党性教育探索 [J]．党政论坛，2017-7-15.

[198] 辛向阳．习近平治国理政思想中的"实事求是" [N]．新华日报，2017-2-9.

[199] 金荣花．弘扬井冈山精神传承红色基因 [N]．中国气象报，2021-2-25.

[200] 周方凌 . 弘扬长征精神走好新长征路 [N]. 北大荒日报，2016-11-17.

[201] 路渊源 . 艰苦奋斗是永恒的精神力量 [J]. 理论学习，2006-10-20.

[202] 李士峰，朱玉超 . 浅析十月革命对中国的影响 [J]. 中共伊犁州委党校学报，
    2008-2-1.

[203] 谢耀南 . 从革命自信到复兴自信——闽西革命史上自信精神的历史社会学分析
    [J]. 兵团党校学报，2018-10-25.

[204] 徐占权，徐婧 . 毛泽东对党的群众路线理论的开创性贡献 [J]. 中国井冈山干部学
    院学报，2014-5-25.

[205] 孙伟 . 井冈山精神的由来与体现 [N]. 人民政协报，2016-8-18.

[206] 余伯流 . 苏区精神是中国共产党人的一座精神丰碑——解读中央领导人关于"苏
    区精神"的新论述 [J]. 中国井冈山干部学院学报，2012-1-25.

[207] 李祥 . 以"红船精神"强化履职担当 [N]. 重庆政协报，2017-12-22.

[208] 马卫光 . 用井冈山精神推动企业高质量发展——以浙江省绍兴市为例 [J]. 中国井
    冈山干部学院学报，2020-1-19.

[209] 王今诚 . 中国共产党历次全国代表大会 [N]. 团结报，2017-9-14.

[210] 赵兵，张文君 . 西柏坡正年轻 [N]. 河北日报，2019-4-11.

[211] 宋广玉 . 吹响开启新征程谱写新篇章号角 [N]. 南京日报，2020-11-2.

[212] 王盛泽 . 红色文化的先进性与坚定文化自信 [J]. 福建党史月刊，2017-6-15.

[213] 王肃之 . 政治规矩视域中的"西柏坡规矩" [J]. 临沂大学学报，2018-10-10.

[214] 罗帆，吴艳屏 . 将红色基因融入坚持和发展中国特色社会主义新征程 [J]. 党史文
    苑，2017-11-20.

[215] 万建兰，滕明政 . 清末民初留日学生群体的历史地位评析 [J]. 湖北省社会主义学
    院学报，2014-8-30.

[216] 费静雯 . 纪念馆在党性教育工作中的功能和困境 [J]. 福建党史月刊，2018-5-15.

[217] 刘付春，廖家鹏 . 井冈山革命根据地及其历史贡献 [J]. 党政论坛，2016-10-15.

[218] 刘奇 . 不忘初心弘扬伟大的长征精神牢记使命走好新时代的长征路 [N]. 经济日报，
    2019-6-16.

[219] 朱殿勇 . 我省举行纪念红军长征胜利 80 周年大会 [N]. 河南日报，2016-10-19.

[220] 郑春牧 . 马克思主义中国化、时代化、大众化与中国共产党人的立场、观点、方法 [J]. 中共宁波市委党校学报，2011-3-15.

[221] 李舫 . "做开天辟地的大事业" [N]. 人民日报，2011-7-1.

[222] 刘振强 . 湖南红色资源有效融入大学生理想信念教育的思考 [J]. 湖北经济学院学报（人文社会科学版），2017-9-15.

[223] 王金水 . 弘扬井冈山精神推动新一轮发展 [J]. 群众，2011-7-5.

[224] 李茸，王杭徽，宋彬彬，等 . 展现新的担当创造美好生活 [N]. 浙江日报，2017-11-3.

[225] 双传学 . 列宁的理想信念观及其现实启示 [J]. 江海学刊，2014-7-10.

[226] 卫兴华，叶小文，李君如，石仲泉，等 . 百位专家学者谈初心 [J]. 人民论坛·学术前沿，2019-7-7.

[227] 童萍 . 不断巩固党的政治建设的思想根基 [J]. 前线，2019-8-5.

[228] 杨建淮 . 制度创新与农村土地流转 [J]. 理论导刊，2009-9-30.

[229] 王国敏，梁晓宇 . 马克思主义视域下的遵义会议精神研究 [J]. 理论学刊，2011-11-15.

[230] 张琼 . 刍议 "红船精神" [J]. 新西部，2018-1-22.

[231] 习近平 . 在 "不忘初心、牢记使命" 主题教育总结大会上的讲话 [J]. 奋斗，2020-7-1.

[232] 周艳红 . 中国红色文化演进与发展的历史评价和现实启示 [J]. 赣南师范大学学报，2019-1-19.

[233] 周艳红 . 论党对中国红色文化的积极构建：1927—1935[J]. 毛泽东思想研究，2018-5-25.

[234] 李勇 . 自觉维护出版发行业生态环境为文化大发展大繁荣作贡献 [N]. 中国新闻出版报，2011-12-5.

[235] 李美玲 . 中国共产党推进马克思主义中国化时代化大众化的基本经验 [J]. 桂海论丛，2012-1-5.

[236] 杨香军. 当前精准扶贫存在的主要问题与对策研究——基于湖南郴州 11 县市区的调查分析 [J]. 世纪桥, 2018-11-20.

[237] 詹红菊、吴佳丽. 大学生红色文化认同的危机消解与重建 [J]. 特区经济, 2016-5-25.

[238] 秦昊扬. 实事求是与知遇之恩——第二次复出的邓小平与毛泽东关系论 [J]. 求实, 2006-12-30.

[239] 张鸿奇. 构建马克思主义日常基础：实现大众化的关键 [J]. 宁夏党校学报, 2018-1-10.

[240] 宋广波. 胡适与周汝昌, 河南教育学院学报（哲学社会科学版）[J]. 2004-5-30.

[241] 莫远明. 国家数字出版基地的政策演进与发展态势分析 [J]. 出版广角, 2012-8-1.

[242] 王军旗, 周益锋. 十七大以来党的理论创新与实践创新（上）[J]. 西安政治学院学报, 2012-6-25.

[243] 毕毅, 杨戈. 新时代红色遗产保护利用趋势的思考 [N]. 中国文物报, 2020-6-26.

[244] 王婷. 思想纯洁：马克思主义政党的不懈追求——学习十八大报告全面提高党的建设科学化水平 [J]. 淮海工学院学报（人文社会科学版）, 2013-3-15.

[245] 鲁琴, 刘鹏. 马克思主义中国化的时代诉求与对策分析 [J]. 江西财经大学学报, 2014-1-25.

[246] 陈仕龙. 道路·成就·经验——中国共产党八十年奋斗历程回眸 [J]. 南京社会科学, 2001-12-30.

[247] 傅小清, 龚玉秀, 张国芳. 试论红色文化的生成机制 [J]. 井冈山大学学报（社会科学版）, 2010-7-15.

[248] 李水弟, 傅小清. 红色文化之源：中国共产党的先进性 [J]. 求实, 2008-5-10.

[249] 刘建军. 发扬红色传统增强党性修养 [J]. 井冈山大学学报（社会科学版）, 2019-3-15.

[250] 刘彦彩. 中国共产党人的故事（第一辑）诞生记 [J]. 出版参考, 2018-3-5.

[251] 孙伟. 井冈山精神的由来与体现 [N]. 人民政协报, 2016-8-18.

[252] 刘田原. 中国共产党领导宪法发展的历史考察 [J]. 实事求是, 2020-1-10.

[253] 苗瑞丹 . 社会主义核心价值观：协调推进 "四个全面" 战略布局的价值支撑 [J].
北华大学学报（社会科学版），2018-7-10.

[254] 王鹏 . 党的思想建设的成功实践：延安整风及其启示 [J]. 新疆社会科学，2013-
11-25.

[255] 何增光 . 习近平创新创业思想的科学内涵及启示 [J]. 岭南师范学院学报，2018-2-2.

[256] 杨俊 . 学习党史：立党兴党强党的必然要求 [J]. 党建，2021-4-1.

[257] 向红 . 以红色旅游为抓手推进乡村全面振兴 [J]. 乡村振兴，2021-7-15.

[258] 王妮，张艳 . 红色文化融入高校思想政治理论课的逻辑理路与实践路径 [J]. 兰州
文理学院学报（社会科学版），2020-5-10.

[259] 张忠祥，赵天姿 . 论桂林红色旅游资源开发现状、对策及对经济的影响 [J]. 边疆
经济与文化，2020-7-15.

[260] 肖文燕，罗春喜 . 习近平的红色情怀与治国理政视野下的红色基因 [J]. 江西财经
大学学报，2017-11-25.

[261] 康渝生 . 毛泽东的群众观与中国共产党的群众路线 [J]. 知与行，2015-10-20.

[262] 史家亮，曹仁军 . 伟大民族精神是决胜全面建成小康社会的强大精神力量 [J]. 临
沂大学学报，2019-2-10.

[263] 陈朴，杨丽 . 西藏红色资源保护和开发利用的调查报告 [J]. 西藏发展论坛，
2019-12-3.

[264] 方彬 . 提升国家文化软实力之探析 [J]. 江西行政学院学报，2010-10-10.

[265] 杨征权，桂花 . 论红军长征对四川羌区的历史影响和时代启示 [J]. 前沿，2014-8-1.

[266] 时统君 . 习近平语言风格及其对高校思政课话语体系建设的现实启示 [J]. 大学教
育，019-5-27.

[267] 牛汝极 . 试论 "现代文化" 的理论与实践 [J]. 新疆师范大学学报(哲学社会科学版)，
2011-5-30.

[268] 杨运敏 . 从党史军史中汲取 "精神营养" [N]. 战士报，2011-5-12.

[269] 崔静，韩海涛，瞿婷 . 天津市高校档案信息资源开发利用现状调查与分析 [J]. 黑
龙江科技信息，2015-7-15.

[270] 王晓锐，吕晶．浅谈健康教育照片档案的规范化管理 [J]．中国健康教育，2007-5-20.

[271] 余子峰．一堂"不忘初心、牢记使命"的生动党课 [N]．江西政协报，2019-6-14.

[272] 李洪峰．试谈中国共产党的精神成长 [J]．党的文献，2016-8-15.

[273] 张泰城．红色资源是优质教育资源 [J]．井冈山大学学报（社会科学版），2010-1-15.

[274] 丁俊萍．伟大建党精神的内在逻辑 [J]．学术论文联合对比库，2020-2-12.

[275] 徐初霞．中国特色社会主义理论体系不断开辟弘扬优秀传统文化新境界 [J]．毛泽东思想研究，2009-3-25.

[276] 刘荣刚．论中国共产党的革命精神的基本特质 [J]．毛泽东邓小平理论研究，2021-5-31.

[277] 汪国富．漫谈文化遗产保护 [J]．史前研究，2011-10-31.

[278] 董慧．中国式现代化新道路的深刻内涵与经验启示 [J]．学校党建与思想教育，2021-7-8.

[279] 刘建军．论加强中国革命精神的研究 [J]．红色文化资源研究，2016-12-31.

[280] 周金堂，周利生，许金华．红色精神：共产党人走向成功的精神密码——"不忘初心、牢记使命"主题教育系列党课之七 [J]．党课参考，2019-7-16.

[281] 唐正芒，彭湘容．谈中国共产党革命精神的形成源流 [J]．红色文化资源研究，2017-12-31.

[282] 许军民．论增强大学生思想政治教育实效性的三个视域 [J]．黑龙江高教研究，2012-12-5.

[283] 艾翔，艾光辉．汉语的未来：世界主要通用语言 [J]．双语教育研究，2014-12-20.

[284] 孙建华．建国后马克思主义中国化思想历程及其特征研究 [J]．理论参考，2015-8-20.

[285] 霍晓玲．试论新中国成立前后开封的"城市建党"工作 [J]．中共党史研究，2017-3-25.

[286] 雷吉来，张闯．马克思主义理论教育的动向研究 [J]．马克思主义哲学研究，2013-10-31.

[287] 习近平．牢记初心使命，推进自我革命 [J]．思想政治工作研究，2019-9-5.

[288] 付文茂 . 影响"思想道德修养与法律基础"课教学实效性的因素分析 [J]. 学校党建与思想教育，2012-2-5.

四、网络文章

[1]《江泽民在陕西考察工作强调：结合新实际大力弘扬延安精神开创新世纪改革发展生动局面》，央视网，2002 年 4 月 2 日，见 http：//www.cctv.com/news/chi-na/20020402/211.html。

[2]《胡锦涛强调坚持马克思主义理论同中国实际相结合》，中央政府门户网站，2005 年 11 月 26 日，见 http：//www.gov.cn/1dhd/2005-11/26/content_109783_2.htm。

[3] 习近平 .《饮水思源不忘初心》，中新网，2019 年 5 月 21 日，见 http：//www.chinanews.com/gn/shipin/2019/05-21/news816583.shtml。

[4]《党面临的"赶考"远未结束——习近平再访西柏坡侧记》，新华网，2013 年 7 月 13 日，见 http：/www.xinhuanet.com/politics/2013-07/13/e_116524927.htm。

[5]《习近平在河北省调研指导党的群众路线教育实践活动》，新华网，2013 年 7 月 12 日，见 http：//www.xinhuanet.com/politics/2013-07/12/c_116518771.htm。

[6]《习近平在七大会址论党的实践创新和理论创新：永无止境》，新华网，2015 年 2 月 15 日，见 http：/www.xinhuanet.com/politics/2015-02/15/e_1114372592.htm。

[7] 习近平 .《紧紧围绕坚持和发展中国特色社会主义学习宣传贯彻党的十八大精神》，人民网，2012 年 11 月 19 日，见 http：/cpc.people.com.cn/n/2012/1119/c64094-19615998.html。

[8]《习近平强调在全党大兴学习之风依靠学习和实践走向未来》，人民网，2013 年 3 月 1 日，见 http：/q2lx.people.com.cn/n/2013/0615/e365162-21850137.html。

[9]《习近平：承前启后继往开来继续朝着中华民族伟大复兴目标奋勇前进》，新华网，2012 年 11 月 29 日，见 http：/cpc.people.com.cn/n/2012/1129/c64094-19744088.html。

[10]《习近平：坚持用好批评和自我批评的武器提高领导班子解决自身问题能力》，新华网，2013 年 9 月 25 日，见 http：/www.xinhuanet.com/politics/2013-09/25/c_117507853.htm。

[11] 习近平 .《领导干部要读点历史》，人民网，2011 年 9 月 1 日，见 http：/theory.people.com.cn/n/2013/0428/c40531-21322097.html。

[12]《习近平在颁发"中国人民抗日战争胜利 70 周年"纪念章仪式上的讲话》，新华网，2015 年 9 月 2 日，见 http：//www.xinhuanet.com/politics/2015-09/02/c_1116454204.htm。

[13]《习近平:认真做好新形势下老干部工作传承党的光荣传统和优良作风》,人民网,2014年11月26日,见http://cpc.people.com.cn/n/2014/1127/c390485-26104111.html。

[14]《习近平致首届世界互联网大会贺词》,中国政府网,2014年11月19日,见http://www.gov.cn/xinwen/2014-11/19/content_2780747.htm。

[15]《习近平重访河南兰考诵追思焦裕禄词作》,中新网,2014年3月19日,见http://finance.chinanews.com/gn/2014/03-19/5966159.shtml。

[16]《习近平在中国政法大学考察时强调立德树人德法兼修抓好法治人才培养励志勤学刻苦磨炼促进青年成长进步》,新华网,2017年5月3日,见http://www.xinhuanet.com/politics//2017-05/03/c_1120913310.htm。

[17]习近平:《领导干部要树立正确的世界观权力观事业观——习近平在中央党校2010年秋季学期开学典礼上的讲话》,中共中央党校网,2010年9月6日,见http://www.ccps.gov.cn/zt/dxxd/ljxzldxxd/201812/t20181211_116763.shtml。

[18]《习近平;贯彻新发展理念推动高质量发展奋力开创中部地区崛起新局面》,新华网,2019年5月22日,见http://www.xinhuanet.com/2019-05/22/c-1124529225.htm。

[19]《习近平在红土地上这样谈"心"》,央视网,2019年5月27日,见htp:1/news.cctv.com/2019/05/25/ARTIaJFHg8MHYfYRDyDCKenC190525.shtml。

[20]《习近平在甘肃强调:弘扬党的优良传统和革命精神》,中国网,2009年6月12日,见http://www.china.com.cn/policy/txt/2009-06/12/content_17934043.htm。

[21]《习近平:结合学习实践活动弘扬党的优良传统》,中国经济网,2009年6月11日,见http:/china.cnrcn/news/200906/t20090612_505364345.shtml。

[22]刘少奇.《论共产党员的修养》,人民网,2019年10月12日,见http:/cpc.people.com.cn/GB/69112/73583/73601/73623/5068947.html。

[23]黄颖.《干部学院要成为党性锻炼的熔炉》,求是网,2017年5月31日,见htp://www.qstheory.cn/CPC/2017-05/31/c_1121061940.htm。

[24]《中宣部新命名一批全国爱国主义教育示范基地》,新华网,2017年3月29日,见http://www.xinhuanet.com/politics/2017-03/29/c_1120717784.htm。

[25]《2018 年全国教育事业发展统计公报》，中华人民共和国教育部门户网站，2019 年 7 月 24 日，见 http：//www.moe.edu.cn/jyb_sjzl/sjzl_fztjgb/201807/t20180719343508.html。

[26]《独家专访全国红办负责人：推动红色旅游跨越发展》，第一旅游网，2011 年 11 月 16 日，见 http：/www.toptour.cn/tab1648/info202514.htm。

[27] 潘心怡、闫玲艳.《红色带动浙江旅游新发展一艘红船载起嘉兴旅游新增长》，浙江在线，2018 年 6 月 30 日，见 http：/gotrip.zjol.com.cn/xwl4873/ycll14875/201806/t20180630_7661915.shtml。

[28] 陈扶宜.《全国红办公布 65 条全国抗战主题红色旅游精品线路》，中国网，2015 年 8 月 31 日，见 http：/news.ifeng.com/a/20150831/44556945_0.shtml。

[29] 何微.《全国红色旅游讲解员导游员倡议书弘扬文化传承精神》，央广网，2015 年 8 月 31 日，见 http：//travel，cnr.cn/zt_1/mjls/jjmjls/20150831/t20150831_519725962.shtml。

[30] 钱春弦、罗捷.《全国红色旅游万里行活动全面启动》，新华网，2015 年 8 月 31 日，见 http：//www.gov.en/xinwen/2015-08/31/content_2922583.htm。

[31] 何毅亭.《在海南省委党校座谈会上的讲话》，中共中央党校网，2014 年 6 月 20 日，见 htp：/www.ceps.gov.en/xrld/heyiting/201812/t20181212_118460-3。

[32]《中国十二个重点红色旅游景区》，中红网，见 http：/www.ct.com.cn/ ' second.htm。

[33] 中国互联网络信息中心.第 43 次"中国互联网络发展状况统计报告"，中共中央网络安全和信息化委员会办公室网站，2019 年 2 月 28 日，见 http：/www.cnnic.cn/hlwfzyj/hlwxzbg/hlwtjbg/201902/P020190318523029756345.pdf。

[34]《教育部关于中小学教材革命传统教育有关情况的声明》，中华人民共和国教育部网站，2015 年 12 月 17 日，见 http：//www.moe.edu.cn/jyb_xxgk/s5743/s5746/201512/t20151217_225311.html。

[35] 韩震、林鸣、徐川.《奋斗精神，一种拼搏无往不胜》，光明网，2019 年 9 月 24 日，见 http：/epaper.gmw.cn/gmrb/html/2019-09/24/nw.D110000gmrb_20190924_1-06.htm。

[36]《中办国办印发〈2004—2010 年全国红色旅游发展规划纲要〉》，人民网，2005 年 2 月 24 日，见 http：/travel.people.com.cn/GB/41636/41637/44670/44672/3200281.html。

[37]《陈晋：传承和弘扬中国共产党的"精神谱系"》，人民网，2016-6-29. 见 http : /
dangjian.people.com.cn/n1/2016/0722/c399426-28577481.html。

五、研讨会论文

[1] 李莉莉 . 习近平总书记关于红色文化的重要论述研究，中国社会科学院当代中国研
究所"中国共产党百年红色文化研究"学术研讨会 [C]. 湖南·郴州，2021。

[2] 周艳红 . 从中国红色文化百年历史演进中探寻传承之路，中国社会科学院当代中国
研究所"中国共产党百年红色文化研究"学术研讨会 [C]. 湖南·郴州，2021。

[3] 张慧双 . 中国共产党百年历程中红色基因传承的历史经验及现实启示，中国社会科学院
当代中国研究所"中国共产党百年红色文化研究"学术研讨会 [C]. 湖南·郴州，2021。

[4] 欧阳雪梅，檀斯琦 . 中国共产党保护利用红色资源传承红色基因的历史考察，中国
社会科学院当代中国研究所"中国共产党百年红色文化研究"学术研讨会 [C]. 湖
南·郴州，2021。

[5] 程小强 . 把红色资源利用好把红色传统发扬好把红色基因传承好——基于习近平总
书记关于红色基因重要论述的分析，井冈山大学第七届红色文化资源研究理论研
讨会 [C]. 江西·井冈山，2020。

[6] 罗勇，廖勇 . 从井冈山斗争到中国梦的实现——深入学习领会习近平总书记关于
实现中华民族伟大复兴中国梦的重要论述，全国党建研究会"中国梦与中国共产
党——学习习近平总书记系列重要讲话专题研讨会"[C]. 青海·西宁，2013。

[7] 廖勇 . 永葆党的思想纯洁性的几点思考，中国浦东干部学院"保持党的纯洁性研究"
研讨会 [C]. 上海，2014。

[8] 廖勇 . 利用红色资源加强青年领导干部理想信念教育，中国井冈山干部学院"红色
资源与干部教育"学术研讨会 [C]. 江西·井冈山，2012。

[9] 林道喜 . 井冈山旅游开发与革命旧居旧址保护的成功实践 . 中国博物馆学会纪念馆
专业委员会第三次年会暨城市建设与文化遗产保护论坛论文集 [C].2009-12-21 国
际会议。

[10] 游海华 . 从革命摇篮到旅游胜地——井冈山 60 年发展考察 . 中国国际共运史学会
2010 年会暨学术研讨会论文集 [C].2010-10-25。

[11] 何小文.践行科学发展观,加大井冈山红色文化遗产保护力度.中国博物馆学会纪念馆专业委员会第三次年会暨城市建设与文化遗产保护论坛论文集 [C].2009–12–21。

[12] 彭勇.井冈山红色资源融入大学生野外生活教育的可行性研究.中国红色资源教育教学理论研讨会论文汇编 [C]. 江西·吉安,2008。

[13] 王志迁.新时代对红色文化再认识——兼论红色文化影响力提升,井冈山大学第七届红色文化资源研究理论研讨会 [C]. 江西·井冈山,2020。

[14] 黄志兴.习近平"传承红色基因"思想的基本内涵,井冈山大学第七届红色文化资源研究理论研讨会 [C]. 江西·井冈山,2020。

[15]刘家桂.红色资源转化为教育教学资源的有效载体———以音乐舞蹈史诗《井冈山》为例.中国红色资源教育教学理论研讨会论文汇编 [C]. 江西·吉安,2008。

[16] 邓普迎.红色文化与革命文物之关系探析,井冈山大学第七届红色文化资源研究理论研讨会 [C]. 江西·井冈山,2020。

六、博士、硕士论文

[1] 朱小理.红色资源转化为教育教学资源的方式及路径研究,博士论文,南昌大学,2011–6–30.

[2] 韩燕平.红色文化遗产及其保护研究——以井冈山为例,硕士论文,湘潭大学。

[3] 付晓刚.红色旅游开发研究——以井冈山市为例,硕士论文,云南师范大学。

[4] 刘佩英.井冈山红色旅游资源分析与品牌传播研究,硕士论文,华中科技大学。

[5] 夏金花.红色旅游目的地吸引力评价体系构建与提升策略研究——以井冈山为例,硕士论文,扬州大学。

[6]喻彩霞.红色旅游地核心竞争力分析与评价——以井冈山为例,硕士论文,湘潭大学。

[7] 陈春晖.中国共产党革命传统教育发展研究,硕士学位论文,江西师范大学。

[8] 周晓光.新时期高校革命传统教育研究,硕士学位论文,浙江农林大学。

[9] 曹学文.红色文化遗产及其开发利用研究——以湘潭市为例,硕士论文,湘潭大学,2008–9–25.

[10] 张文佺.米脂杨家沟红色文化遗产再认知与展示初探,硕士论文,西安建筑科技大学,2019–4–17.

[11] 龙琦.乔治斯坦纳阐释学翻译理论视角下的翻译实践报告,硕士论文,江西师范大学,2021-6-30.

[12] 赵莉敏.河南清丰单拐红色文化遗产研究,硕士论文,河南大学,2019-3-28.

[13] 董懿.基于"两型社会"建设的湘潭市红色文化遗产利用研究,硕士论文,湘潭大学,2011-6-7.

[14] 谢桂花.保存历史记忆造福后代子孙——论政府在文化遗产保护中的作用,硕士论文,厦门大学,2006-10-25.

[15] 荣婷.红色旅游景区的文化遗产保护评估——以延安红色遗产地为例,硕士论文,北京理工大学,2016-12-12.

[16] 陈成.马克思主义中国化视域下贵州长征文化研究,硕士论文,大理大学,2021-12-6.

[17] 田帅.基于价值认知的延安红色遗产体系研究,硕士论文,西安建筑科技大学,2021-6-1.

[18] 陈宁.河南省研学旅游基地空间分异特征及联动发展路径研究,硕士论文,湖南师范大学,2020-6-30.

[19] 秦豫阳.关于中国共产党执政合法性的思考,硕士论文,湖北省社会科学院,2015-3-30.

[20] 蓝公晏.沂蒙地区初中红色历史课程资源的开发与利用,硕士论文,山东师范大学,2011-3-28.

[21] 施佳慧.行政区划意义上的红色名人印迹研究,硕士论文,浙江理工大学,2020-12-18.

[22] 孙根紧.中国西部地区自我发展能力及其构建研究,博士论文,西南财经大学,2013-8-4.

[23] 高翔莲,曹阳.论习近平的历史观,学术论文联合对比库,2017-8-22.

[24] 王曦.中国共产党国家认同建构的文化路径研究,博士论文,西北大学,2019-4-12.

[25] 闫晓蓉.新民主主义革命时期中国共产党幸福观研究,硕士论文,贵州师范大学,2020-11-18.

[26] 王婉迟.列宁"一国胜利"论探究,硕士论文,辽宁师范大学,2015-4-19.

[27] 江晓云.基于文化原位性的中华二十四节气衍生品设计研究,硕士论文,福州大学,2018-5-14.

[28] 彭珊珊.红军长征湖南段红色文化遗产廊道旅游开发研究,硕士论文,湘潭大学,2010-9-18.

[29] 于庆峰.邓小平人权思想与实践研究,硕士论文,东北师范大学,2002-5-23.

[30] 郭月.生态文明建设下的关中地区传统村落保护与更新研究,硕士论文,西安建筑科技大学,2021-6-1.

[31] 亓春元.基于游客感知的红色旅游目的地开发与建设研究——以延安红色旅游为例,硕士论文,北京交通大学,2013-11-27.

[32] 周晓雷.江西发展红色旅游的实践及其理论贡献,硕士论文,江西师范大学,2005.年10月14日。

[33] 王升斌.红色文化的历史演进,硕士论文,遵义医学院,2014-5-11.

[34] 曹学文.红色文化遗产及其开发利用研究——以湘潭市为例,硕士论文,湘潭大学,2008-9-25.

[35] 陆宏.辽宁红色文化融入高校思想政治理论课研究,硕士论文,沈阳航空航天大学,2019-12-5.

[36] 高婷.中国共产党对马克思主义中国化的探索——以六大以来,六大以前,为研究文本,硕士论文,曲阜师范大学,2015-4-22.

[37] 韩燕平.红色文化遗产及其保护研究——以井冈山为例,硕士论文,湘潭大学,2008-6-26.

[38] 马晓茜.文化自信视角下红色文化的当代价值研究,硕士论文,湘潭大学,2019-5-9.

[39] 褚尔康.新时期中国共产党党内监督思想研究,博士论文,山西大学,2016-7-26.

[40] 许明明.红色文化融入高校思想政治教育研究,硕士论文,沈阳师范大学,2020-10-21.

[41] 李倩. 民族地区构建和谐社会中的民生问题研究，硕士论文，西北民族大学，2010-12-10.

[42] 张春宇. 新时代中国共产党推进责任型政党建设研究，博士论文，东北师范大学，2020-9-1.

[43] 李佳欣. 红色文化融入大学生思想政治教育研究，硕士论文，辽宁师范大学，2019-3-3.

[44] 赵双双. "红色基因"融入高校思想政治教育研究，硕士论文，吉林农业大学，2019-4-21.

[45] 刘红梅. 红色旅游与红色文化传承研究，博士论文，湘潭大学，2012-11-28.

[46] 丁俊萍. 伟大建党精神的内在逻辑，学术论文联合对比库，2020-2-12.

[47] 鲍伯丰. 马克思主义与 20 世纪上半叶中国农村文化的变迁——以苏区、北方抗日根据地、北方解放区为例，博士论文，天津师范大学，2009-12-27.

[48] 凌取智. 马克思主义意识形态领导权思想研究，博士论文，苏州大学，2014-10-10.

[49] 任洁. 基于多源数据的天津中心城区空间结构特征研究，硕士论文，天津大学，2019-5-1.

[50] 孙群雯. 甘肃传统农耕文化的现代价值探讨——基于文化生产力视角，硕士论文，西北师范大学，2014-12-29.

[51] 刘春健. 体验经济视角下临沂市红色旅游资源价值评价与开发研究，学术论文联合比对库，2021-10-15.

[52] 刘树燕. 民主执政视阈下的中国网络民主建设研究，博士论文，山东大学，2015-5-16.

[53] 张超. 延安时期中国共产党政治建设及其当代启示研究，硕士论文，西南大学，2021-6-30.

[54] 孔晓菲. 二十世纪三四十年代的马克思主义中国化论争，硕士论文，陕西师范大学，2017-3-27.

[55] 王常冉. 中国道路中的当代中国马克思主义大众化，硕士论文，合肥工业大学，2015-12-31.

[56] 刘立平 . "红色文化"在高校思想政治教育中的运用研究，硕士论文，河南大学，2012-9-21.

[57] 柯唐润栎 . "十七年"（1949-1966）马克思主义大众化传播研究，硕士论文，广西师范大学，2015-8-29.

[58] 张锋 . 中国共产党红色文化基本理论研究，博士论文，南京师范大学，2021-3-20.

[59] 盛少清 . 新中国建立初期马克思主义大众化的实践与经验研究（1949-1956），硕士论文，曲阜师范大学，2010-9-17.

[60] 李安君 . 马克思主义视域下福山"历史终结论"的批判，硕士论文，东南大学，2016-7-11.

[61] 冯茜 . 新中国成立以来党员干部理论教育研究，博士论文，武汉大学，2015-4-15.

[62] 姜梦梦 . 新民主主义革命时期革命文化建设研究，硕士论文，中国矿业大学，2021-6-30.

[63] 翟林彬 . 论形成权，硕士论文，西南政法大学，2005-7-9.

[64] 贾伟婷 . 习近平青年人才观研究，硕士论文，重庆理工大学，2020-2-17.

[65] 钱美玲 . 意识形态安全的传播维护路径研究，博士论文，中国矿业大学，2021-6-1.

[66] 谢伏瞻 . 在把握历史发展规律和大势中引领时代前行——为中国共产党成立一百周年而作，学术论文联合对比库，2019-1-2.

[67] 李翠林 . 新媒体时代社会思潮对高校思想政治教育的影响及对策，硕士论文，华中师范大学，2017-11-1.

[68] 苑丽丽 . 国际金融危机背景下重读马克思东方社会理论及启示，硕士论文，汕头大学，2011-10-5.

[69] 李曼 . 马克思生态观下的陕北经济可持续发展研究，硕士论文，西安工业大学，2014-6-3.

[70] 李钱 . 不同历史时期的马克思主义大众化特点研究，硕士论文，河南师范大学，2014-1-22.

[71] 崔龙飞.河北省体育旅游资源开发研究，硕士论文，河北师范大学，2017-8-6.

[72] 许文娟.新时代增强中国共产党生机活力问题研究，硕士论文，山东师范大学，2020-2-18.

[73] 向明.郭沫若与中国科学院，学术论文联合比对库，2017-9-1.

[74] 郑欢欢.毛泽东反对本本主义的哲学思想及其价值研究，硕士论文，陕西科技大学，2021-5-27.

[75] 田天亮.改革开放以来中国共产党对我国社会主要矛盾的认识，博士论文，东北师范大学，2020-6-1.

[76] 陈春晖.中国共产党革命传统教育发展研究，硕士论文，江西师范大学，2013-9-24.

[77] 余海波.中国共产党革命传统精神及其现代化，硕士论文，武汉理工大学，2005-2-25.

[78] 曹蒙.新媒介环境下中国共产党革命精神传播研究，硕士论文，华北水利水电大学，2020-9-10.

[79] 邓布兰.柏拉图正义观述评——从唯物史观角度的审思，硕士论文，西南政法大学，2005-9-19.

[80] 刘洋.中国传统文化对毛泽东民主思想的影响研究，硕士论文，湖南工业大学，2012-9-27.

[81] 高红.城乡一体化目标下保定红色文化作用机制研究，硕士论文，华北电力大学，2014-1-19.

[82] 韩平.毛泽东认识和处理公与私关系思想研究，博士论文，湖南科技大学，2018-6-1.

[83] 刘海儿.全面建设社会主义时期毛泽东干部队伍建设思想研究，学术论文联合比对库，2021-8-31.

[84] 高栓成.非物质文化遗产旅游体验质量研究——以甘南藏戏为例，硕士论文，西北师范大学，2011-3-24.

[85] 刘淼.列宁思想建党理论及其新时代意义研究，学术论文联合比对库，2021-9-1.

[86] 李长真 . 大学文化与当代中国先进文化研究, 博士论文, 华中师范大学, 2006-1-14.

[87] 黄天华 . 高校"红色文化教育"路径研究——以南昌大学为例,硕士论文,南昌大学, 2012-3-10.

[88] 宋闪闪 . 红色文化传承的立法保护, 学术论文联合比对库, 2021-9-1.

[89] 孙晓青 . 进一步, 退两步中党的组织建设思想研究, 硕士论文, 内蒙古师范大学, 2012-8-20.

[90] 申恒胜 . 整合与反蚀:政治变迁中的国家与基层干部——以晋县为表述对象 (1945-1976), 博士论文, 华中师范大学, 2011-5-14.

[91] 许璐 . 中央苏区时期党的思想政治教育研究, 硕士论文, 云南师范大学, 2021-5-29.

后记

　　《红色遗产传承保护——基于井冈山的实证研究》一书，历经反复打磨，终于就要付梓了。拙作主要是根据本人国家社会科学基金西部项目《文化视域下井冈山红色遗产的传承、保护和利用研究》（课题编号：17XDJ006）最终成果修改而成。

　　文稿付梓之时，首先想要感谢的就是时任中央党校党史教研部主任的罗平汉教授，由于本人在中国井冈山干部学院从事干部教育培训工作，有机会当面聆听罗平汉教授的教诲和指导，选题的灵感也离不开罗教授等前来学院传经送宝的专家学者，与他们的学术交流使我受益匪浅。我还要感谢前往井冈山及其周边红色遗产的历史遗存地进行田野调查时，尽可能给我们提供帮助的党史文物部门以及每一个现场访谈对象，正是这些因课题而相遇的具体单位以及具体的人，所给予的支持和配合，才使课题组获得了极其宝贵的第一手资料。

　　我必须要感谢整个研究团队，课题组成员共同克服种种困难，历经5年素材准备、材料积累、田野调查、反复研讨，从红色遗产传承、保护和开发利用进行历史回溯和现状考察着手，对党政干部、大学生、普通游客等不同对象开展调研，就红色遗产传承保护与对中国共产党的认同进行实证研究。尤其要感谢来自北京化工大学的罗必馨同学，通过建构模型和提出假设，采用 IBM SPSS Statistics 24.0 和 Amos 26.0 作为描述性及验证性分析的工具，应用 SEM 方法来验证各研究变量之间的相关性，力求找到红色遗产与对中国共产党的认同两者之间内在的逻辑关联、传承机理，形成基于党政干部、大学生、普通游客等不同对象的三份研究报告和实证研究总报告。

　　研究发现，红色遗产可以使研究对象更直观地了解中国共产党的光辉历程，使之更加明白我们是从哪里来的？要到哪里去？在潜移默化中达至"知史爱党、知史爱国"，不断增强对中国共产党的情感认同、思想认同、价值认同、政治认同，从而"确保我们的江山不易色、政权不丢失、道路不改变"。因此，传承和保护红色遗产，是培根固本的基因工程，是厚植血脉的基础工程，是高扬旗帜、走向复兴的强国工程。

本书在素材收集、史料梳理过程中，借鉴了有关专家学者的研究成果和学术观点，后记中恕未一一写明，在此表示深深的谢意！囿于作者的理论素养、研究能力和认知水平，书中难免存在错漏和不当之处，恳请各位专家和读者不吝赐教、批评指正。

愿井冈星火，燎若繁星！

廖勇

甲辰春于井冈山